数据犯罪
类型化研究

Typology Study of Data Crimes

赵 桐 著

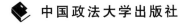

中国政法大学出版社

2025·北京

图书在版编目（CIP）数据

数据犯罪类型化研究 / 赵桐著. -- 北京：中国政

法大学出版社, 2025. 6. -- ISBN 978-7-5764-2155-2

Ⅰ. D922.174

中国国家版本馆CIP数据核字第202579LX82号

书　　名	数据犯罪类型化研究　Shuju Fanzui Leixinghua Yanjiu
出 版 者	中国政法大学出版社
地　　址	北京市海淀区西土城路 25 号
邮　　箱	fadapress@163.com
网　　址	http://www.cuplpress.com（网络实名：中国政法大学出版社)
电　　话	010-58908435(第一编辑部) 58908334(邮购部)
承　　印	固安华明印业有限公司
开　　本	720mm×960mm　1/16
印　　张	15.75
字　　数	189 千字
版　　次	2025 年 6 月第 1 版
印　　次	2025 年 6 月第 1 次印刷
定　　价	76.00 元

序言

赵桐博士的博士论文《数据犯罪类型化研究》即将出版发行，作为她的博士生导师，我欣然应邀为本书作序。

在赵桐 2018 年保研至南京大学后，我就担任她的硕士生导师。记得入学之初，她就向我表达了将来读博并从事学术研究的兴趣与追求。期间，她结合课程学习，撰写专业论文，多篇文章发表在专业期刊或者被会议论文集收录，表现出较强的理论研究潜力。更可贵的是，硕士研究生学习期间，她选择了德语作为第二外语，短短两年，德语就达到了 B2 水平，能够顺畅地阅读文献与日常交流。2020 年，赵桐通过硕博连读考核，如愿成为南京大学刑法学博士研究生，跟随我继续学习。

德国是刑法教义学的故乡，拥有丰富的刑法理论资料。2021 年，赵桐申请的国家高水平大学公派研究生项目获批，赴德国慕尼黑大学进行为期一年半的联合培养。在德国教授的指导下，研读德国刑法学家不少经典文献，储备了学术研究的专业基础。

晚近以来，网络、数据、人工智能技术的迭代发展，在迅速改变社会生活的同时，其形成的社会风险尤其是带来的新型犯罪也迫切需要刑法予以回应。数字时代产生的新型犯罪不但挑战传统刑法对犯罪的归责模式，而且也形成了与传统刑法理论的紧张关系。尽管学界对网络、数字、人工智能等犯罪的研究呈爆发性增长态势，但既往的研究多侧重于对个罪描述性的分析，存在着理论深度不足、体系性不强等问题。因此，研究普遍的、具有规律性的刑法理论，以妥当解决数智时代带来的刑法新问题，就成为现代刑法研究无法回避的课题。由于数据已成为推动社会发展的核心资源，不少犯罪围绕着数据展开。赵桐以数据犯罪类型化作为研究对象，是数据刑法的一个基础问题，具有重要的理论研究价值与实践意义。

借助她较好的德语功底与国外学习背景，结合我国本土的实践，赵桐在论文中形成了自己的分析和观点，具有较强的理论创新意义。综合来看，本书有以下三个特点：

第一，从交叉比较的角度构建数据刑法保护的体系。数据刑法领域中大量的理论实践争议实际上源于概念争议，尤其是对"数据""信息"之间的交叉领域，以及"数据犯罪""网络犯罪"之间的内涵和外延重叠部分，存在大量歧义，而我国刑法的相关立法用语中也并没有给"数据"和"数据犯罪"以明确的定义，基于数据本身的复杂性，加之在立法与司法中的混合使用，导致了大量认定上的难题，也导致了讨论中杂糅了新旧问题，难以捋清真正的理论脉络。既往的研究中，多是从理论出发，提出实践中新出现的单一争议问题适用于何种理论规则。本书在前期大量文献与案例收集的基础上，首先梳理交叉学科中的数据相关概念、概念之间的从属关系。同时按照犯罪构成的顺序，将案例按照争议归属于不同的犯罪构成要件进行分类，并总结出争议中的核心问题，从而避免同一问题的重复讨论，也便于抓住问题的本质。此外，采用对比研究和交叉学科研究的方法，确保研究的完整性。以比较研究为视角，考察普通法系国家与大陆法系国家不同制度的区别，考察国际上相关法规的构建以及最新动态，有利于我国自主知识体系的研究，尤其是给予国内尚且空白的研究以启发与经验。结合民法、经济法、知识产权法等其他部门法研究，有利于为司法认定中问题的解决提供完整的、体系化的建议，实现部门法之间的协调与法秩序统一。

第二，以具有新颖性与前沿性的数据议题作为研究对象。以虚拟数据为对象的数据犯罪突破了刑法分则教义学原理，网络平台、服务提供商等数据传播方成为新的归责主体，为犯罪参与理论和不作为犯教义学带来了新的挑战。而由于数据主体大多深入参与了数据活动，被害人教义学有了新的内涵与应用，数据虚拟与共享特性也带来了新型实行行为，同时为数据犯罪的风险性特征带来了预备行为实行化的新转向。针对数据犯罪所带来的冲击与突破，刑法的理论与观念也需完成转向。在既往的研究中，法学研究总是相较于犯罪手段具有一定的滞后性，尤其是人脸支付技术普及之后，大数据产品的定性与保护成为社会各界关注的问题，但国内刑法学者对其讨论较少，更没有系统性的梳理性文献。本书以具有安全保护价值与财产保护价值的数据作为研究重点，介绍数据在刑法保护中的具体性质与定位，探讨技术发展带来的刑事风险，为刑法领域提供宝贵的前沿性资料。此外，关注实践中已经存在的前沿争议问题，从理论上寻找行为定性依据，确保法律适用的准确与统一。

第三，具有较强的问题意识与实践意义。本书关注实践中网络犯罪与数据犯罪的复合型讨论，尤其注重数据犯罪发展对传统刑法教义学理论的冲击，尝试对实践中的具体问题，如人脸识别问题、爬虫问题、流量劫持问题、身份窃取问题等提出解决方案，确保问题切实符合实践需求，提出详细的问题分析模式以及司法适用指南。书中提到，由于概念本身的模糊性和研究对象的特殊性，为"数据"或"信息"

作出明确的范围界定是不可实现的，划定数据的范畴也存在一定交叉的可能，因此，本书提出在具体场景中进行层级判断的标准，个人信息数据与财产性数据分别指向公民的人格权与财产权，二者的范畴可依靠各自的法益决定，即信息自决权与财产安全，而一般数据的范围则更为广泛，指向更为一般的网络生活安宁权。因而判断时应首先考察是否属于个人信息数据或财产性数据，然后判断是否属于受刑法保护的一般数据。本书融合了教义学理论与数据犯罪，从宏观的数据安全与数字经济发展的角度出发，体系性地解决了司法实践中由数字技术所带来的新问题。我认为，赵桐研究的题目具有创新性和重要意义，其研究的内容也具有合理性与可行性，可以期待其研究成果将给我国法学理论和实践带来重要价值。

本书是赵桐博士期间学习成果的总结，也是她学术研究道路的起点。在博士研究的基础上，赵桐近年来发表了数篇数据犯罪相关的文章，正成为这一领域崭露头角的年轻学者。作为她的导师，我为赵桐取得的成绩感到高兴。当然，美好的愿望难以一蹴而就，学术之路从来都是充满挑战与艰辛的漫长旅程。面对日新月异的技术发展，数据犯罪需要持续关注和研究，书中的一些观点也需要不断深化与修正。如此，继续本课题研究的动力强大。期待赵桐始终秉持着"行远自迩，笃行不怠"的精神，在数据犯罪领域深耕细作，不断探索创新，有更多的理论成果问世。

是为序。

孙国祥

2025 年 6 月 13 日

内容
简介

　　我国目前对于"数据"概念的界定十分模糊，一是因为在立法用语上并没有对相近概念进行特别区分，二是因为在司法实践中实际使用的是广义的"数据"概念，包含多种数据表现形式，也杂糅了多种法益类型。此外，数据技术的发展也带来了新类型犯罪，这也为传统刑法教义学带来了挑战，教义学必须适时回应新时期的理论挑战，为数据犯罪厘清入罪的体系与脉络。

　　通过梳理数据概念与数据法益的讨论误区与争议重难点，应当将数据犯罪的研究对象限定于指向数据自身特征的犯罪类型中，即"核心的数据犯罪"中。针对概念边界模糊、数据权利认定不清的难题，类型化研究能够填补概念研究的不足，可以根据数据上所承载的法益类型不同，将数据的刑法保护分为个人信息数据保护、财产性数据保护、一般数据保护。在三类数据的判断层级上，首先依照法益指向人格权还是财产权，判断数据应归于个人信息数据还是财产性数据，在排除了以上两类数据之后，再进一步考察一般性的数据是否具有刑法保护的必要性与可行性。

　　其一，在个人信息数据的刑法保护问题上，有必要从数据安全这一上位概念出发，保障数字人权。数字时代的人权概念既承继了传统人权的防御逻辑，又融合了数据技术带来的合作共治理念，这一特征尤其体现在个人信息数据的人身与社会双重权利属性上。在数字人权视阈下，刑法对个人信息数据的保护应从信息自决权与信息安全双重法益出发，构建以信息自决权为基础，兼具信息安全的信息分级保护治理模式。其中，对于公民隐私领域或拒绝公开的核心信息，实行严格的信息自决权保护；对于公民有限授权的一般信息，结合比例原则与客观合目的性原则判断合理使用的范围；对于完全公开的公共信息，转向信息流通风险的防范与维护。

其二，在财产性数据的刑法保护问题上，需结合数据流通和集合的原理，以及财产犯罪与计算机犯罪的教义学理论研究。其中，大数据集合体的价值来源于数据流通，无法确立财产权，而流量数据体现了企业的竞争利益，也无法被视为财物，故而不应被纳入财产犯罪中保护。数字货币和虚拟财产之上只能确立债权，不符合当前的财产犯罪理论，有必要构建新的计算机诈骗罪与数据变更罪。大数据产品的价值来源于知识产权，应当适用更为具体的侵犯商业秘密罪保护。应当转变财产数据的刑法保护观念，从权利确认转为秩序维护，同时衔接《中华人民共和国数据安全法》中的相关规定，规制非法窃取数据行为，落实交易秩序和安全保障义务。

其三，目前我国刑法没有直接规定一般数据的保护，而《德国刑法典》第 202a 条至第 202d 条对与公民秘密或信息无涉的一般数据进行保护。一般数据受保护的理论根据在于数据的完整处置权，更上位的权利来源于人格权中的互联网生活安宁权，因而一般数据需受到不可感知性、无权处置性、特殊保护性与非公开性的范围限制。德国刑法从刺探和截取的实行行为、预备行为、赃物行为建构一般数据犯罪体系，对我国的数据刑法保护具有较大启示作用。一般数据应当采用二元保护模式，针对私人一般数据，应设置《中华人民共和国刑法》第

252条之二侵犯公民一般数据罪，针对企业或网络一般数据，扩张计算机犯罪的规制范围。同时也必须规避立法体系上的矛盾和形式化考察带来的过度刑罚化问题，由此建立我国一般数据刑法保护体系。

目录

导 言 ……………………………………………… 001

一、问题的提出 …………………………………… 001

二、文献综述 ……………………………………… 004

三、研究价值及意义 ……………………………… 034

四、主要研究方法 ………………………………… 038

五、创新及不足 …………………………………… 038

第一章 核心数据刑法的概念厘定与立法现状 ……… 041

第一节 数据概念与数据犯罪 ……………………… 041

一、数据犯罪研究中的概念混淆 ………………… 041

二、数据犯罪所保护的法益 ……………………… 045

三、虚拟世界的核心数据犯罪行为 ……………… 049

第二节 核心数据刑法的规制对象与立法现状 …… 052

一、个人信息数据 ………………………………… 052

二、财产性数据 …………………………………… 058

三、一般数据 ……………………………………… 062

四、数据分类的意义与判断层级 ………………… 065

第三节　核心数据刑法的独立性与协同性 ·············· 069

一、数据犯罪与传统犯罪的本质区别 ············ 069

二、刑法基础理论对核心数据刑法的辐射 ······· 074

三、基本法、其他部门法与核心数据刑法的协同 ······· 077

第四节　小结 ······································· 082

第二章　数字人权下个人信息数据的刑法保护 ·········· 087

第一节　个人信息数据刑法保护的现状与争议 ········· 087

第二节　个人信息数据的双重属性 ·················· 090

一、人身属性中体现的信息自决权 ············· 090

二、社会属性中体现的信息安全秩序 ··········· 091

第三节　个人信息数据的双重法益 ·················· 093

一、个人法益与超个人法益的对立统一 ········· 094

二、以自决权为基础兼具信息安全的双重法益 ······· 097

第四节　自由与安全平衡下的个人信息数据刑法保护 ······· 100

一、使用保护措施的核心信息 ················· 101

二、有限授权的一般信息 ····················· 107

三、完全公开流通的公共信息 ················· 110

第五节　小结 ······································· 116

第三章　财产性数据的刑法保护及功能面向 ··········· 118

第一节　财产性数据的保护目的 ···················· 118

第二节　财产性数据的确权难题：从价值确认到权利本质 ······· 120

一、财产性数据的价值确认 ··················· 121

二、财产性数据的权利本质 ··················· 126

第三节　财产性数据的财产犯罪保护边界 ……………… 132

一、数据作为财产犯罪对象的认定边界 ……………… 132

二、财产犯罪构成要件对数据的涵摄范围 ………… 136

第四节　财产性数据的知识产权犯罪认定 …………… 141

一、著作权保护方案 ………………………… 141

二、商业秘密保护方案 ………………………… 142

第五节　财产性数据刑法保护的功能转向 …………… 143

一、数据保护观念的转向 ……………………… 144

二、财产性数据刑法保护罪名调整 …………… 146

第六节　小结 …………………………………………… 149

第四章　一般数据刑法保护的比较研究 ……………… 152

第一节　一般数据刑法保护体系建构的意义与目标 …………… 152

第二节　一般数据刑法保护的必要性 ………………… 154

一、一般数据处置权体现的是私域中数据的支配自由 ……… 154

二、处置权保障体现了对生活安宁权的保护 ………… 155

第三节　我国当前刑法一般数据保护方案选择 ………… 157

一、财产犯罪保护方案 ………………………… 158

二、信息犯罪保护方案 ………………………… 160

三、计算机犯罪保护方案 ……………………… 162

第四节　德国一般数据犯罪的规范体系构造 ………… 165

一、德国一般数据犯罪的法益保护目的 ………… 165

二、德国一般数据犯罪的构成要件 …………… 170

第五节　我国一般数据犯罪立法体系参考 …………… 177

一、规避法条间的体系性矛盾 ………………… 178

二、避免保护形式化带来的构成要件争议 ……………… 181

三、降低具体认定的模糊 ……………………………… 182

第六节 小结 ……………………………………………… 184

第五章 数据犯罪立法修正方案 ………………………… 188

第一节 立法活性化时代的刑法功能 …………………… 188

一、积极刑法观下的刑法治理特征 …………………… 189

二、确立刑罚规范的正当性标准 ……………………… 193

第二节 一般数据的二元治理路径 ……………………… 197

一、增设《刑法》第 253 条之二 ……………………… 197

二、修改《刑法》中的计算机犯罪 …………………… 199

三、具体实践争议难题解决 …………………………… 201

第三节 财产犯罪在数据领域的发展方向 ……………… 204

一、增设数据变更罪 …………………………………… 204

二、增设计算机诈骗罪 ………………………………… 206

三、具体实践争议难题解决 …………………………… 208

第四节 小结 ……………………………………………… 211

结　论 …………………………………………………… 214

参考文献 ………………………………………………… 220

导　言

一、问题的提出

随着数字技术的快速发展，网络犯罪呈现犯罪成本低、犯罪手段隐蔽、犯罪获利高的特点，成为各国重点打击的对象。尤其是数据安全方面，根据 IBM 发布的《2024 年数据泄露成本报告》，在 2023 年 3 月至 2024 年 2 月期间发生的数据泄露事件中，全球平均总成本为 488 万美元，比上年报告中的 445 万美元增长了 10%。[1] 数据保护问题具有极强的跨国性和高成本性，为此，国际社会高度重视打击全球网络犯罪。而对于我国来说，自《个人信息保护法》[2]《数据安全法》颁布以来，实务界与学界也涌现了一大批对个人信息保护、企业数据保护、新型数据财产保护的讨论。

然而，随着大数据时代的来临，实践中窃取数据的行为呈现多样化，数据上也涉及信息价值、经济价值、使用价值等多种权利，判决中对非法获取数据行为的定性仍存在较大争议。首先，实践中对于非法获取公民个人信息罪和出售、非法提供公民个人信息罪的认定问题主要集中在对象、行为、情节三个构成要件上。从行为对象上来看，如何认定个人信息仍然存在争议，尤其是实践中的信息通常以信息组

---

〔1〕　*Cost of a Data Breach Report*，IBM，2024.
〔2〕　本书涉及的我国相关法律名称均省略"中华人民共和国"。

的形式存在，信息组中含有多条不同类型的信息，因而在定性上争议较大。如在耿治涛侵犯公民个人信息案中，涉案信息既包括公民的姓名、联系方式、住址等核心个人隐私信息，又包含了车主的车牌号、车型等一般个人信息，似乎无法统一定性。[1] 从行为类型上来看，利用合法渠道获取个人信息的行为是否属于非法获取也存在争议。例如，在赖金峰非法获取公民个人信息案中，法院认为购买个人信息也构成非法获取，[2] 而在周广进非法出售公民个人信息案中，购买个人信息的一方则没有被认定为犯罪。[3] 而在"情节严重"的认定上，实践中则倾向于直接做综合认定，尚且缺乏具体的标准。

另外，许多新型犯罪的罪名认定上也仍然存在争议。如窃取电子账号并获利的行为中，上海市第一中级人民法院认为电子账号属于虚拟财产，进而认定该行为属于盗窃罪，[4] 而广西壮族自治区河池市中级人民法院则认为电子账号的价值无法被固定确认，该行为只能被认为属于非法获取计算机信息系统数据罪。[5] 再如近年来出现的流量劫持案，行为人使用恶意修改代码的行为，将用户访问 A 网站的流量转移到 B 网站，有的法院将其解释为"导致原网站不能正常运行"从而认定构成破坏计算机信息系统罪。[6] 而有的法院则认为该行为属于采用技术手段获取用户的网络数据，应当认定为非法获取计算机信息数据罪。[7] 此外，还有一度引发热议的爬虫抓取数据案，实践中立场也

---

〔1〕 江苏省无锡市中级人民法院（2018）苏 02 刑终 226 号二审刑事裁定书。

〔2〕 参见凌鸿等：《非法获取公民个人信息罪的认定》，载《人民法院报》2010 年 6 月 17 日，第 7 版。

〔3〕 参见韩芳等：《北京首例出售公民个人信息案宣判——三被告人都曾在机场巴士工作 法院建议加强教育管理》，载《人民法院报》2010 年 6 月 13 日，第 3 版。

〔4〕 上海市第一中级人民法院（2014）沪一中刑终字第 134 号二审刑事裁定书。

〔5〕 广西壮族自治区河池市（地区）中级人民法院（2021）桂 12 刑终 199 号刑事裁定书。

〔6〕 上海市浦东新区人民法院（2015）浦刑初字第 1460 号刑事判决书。

〔7〕 重庆市沙坪坝区人民法院（2016）渝 0106 刑初 1393 号刑事判决书。

犹疑不定，有的法院认为构成非法获取计算机信息系统数据罪，[1] 有的法院认为构成侵犯公民个人信息罪，[2] 有的法院认为只构成经济法上的不正当竞争。[3] 存在争议的原因在于数据概念和信息概念具有天然的竞合关系，但是否应当在一类案件中讨论一种法益侧面，仍是值得思考的问题。同时，这类与个人信息和秘密无涉却具有经济价值的数据在我国理论与实践中定位模糊，也具有单独讨论的必要。

而在理论层面，由于数据犯罪领域中的各种概念之间存在交叉和混淆，学界在讨论相关问题时极易陷入概念争议的误区，例如，"个人信息""企业信息""商业秘密""医疗信息"应当分属不同种类的数据，体现了不同的权利与价值，但由于其都被承载于数据之上，往往被直接归为"计算机信息系统数据"从而视为同类，由此全部作为非法获取计算机信息系统数据罪的对象讨论。此外，当前研究中，网络犯罪日渐成为一个整体领域，然而网络空间犯罪、人工智能犯罪、数据犯罪应当属于不同种类的研究范畴，在讨论时也应当侧重于不同方法和重点。人工智能与元宇宙问题虽然也属于新型犯罪问题，但这些问题并不直接指向数据的属性和权利本身，有必要在讨论数据犯罪时剔除那些涉及数据但并不单纯指向数据的犯罪。层出不穷的新型犯罪不断突破着现有罪名的构成要件解释范围，但学界对数据犯罪的研究仍然被限制于具体问题具体解决的思路，刑法研究尚且有赖于打通与其他部门法之间的联系与融合，以及吸收域外数据保护的宝贵经验。

党的二十大报告中指出，加快发展数字经济，促进数字经济和实体经济深度融合，打造具有国际竞争力的数字产业集群。确保国家安

---

〔1〕 山东省济南市历下区人民法院（2020）鲁 0102 刑初 351 号刑事判决书。
〔2〕 湖南省岳阳县人民法院（2020）湘 0621 刑初 241 号刑事判决书。
〔3〕 北京知识产权法院（2020）京 73 民终 3422 号民事判决书。

全和社会稳定。为了保障数字经济平稳快速发展，同时也为了保证刑法理论内部的逻辑自洽，刑法有必要建立健全数据保护体系，拨开概念的迷雾，提炼出数据刑法领域的研究脉络，为理论与实践中的争议寻找合理的解释路径。

二、文献综述

（一）国内研究现状

我国刑法对数据犯罪的研究脱胎于网络犯罪的研究，同时纳入了对侵犯公民个人信息犯罪的研究和计算机犯罪的研究。学界在 2010 年前后就开始关注数据安全犯罪的问题，此后几年，随着数据技术的发展，实践中出现了许多新类型的犯罪，自 2015 年开始，学界的讨论重心逐渐从数据犯罪概念的内涵与类型分析，转移到具体犯罪行为的性质分析。在积累了一定各罪的讨论之后，学界当前又重新正视对数据犯罪所保护法益、数据犯罪类型、数据犯罪体系建构等基础问题的讨论，呈现出以下的理论图景：

1. 数据概念内涵与数据犯罪分类之争

目前理论研究和司法实践中对于"数据"概念的界定十分模糊，一是因为在立法用语上并没有对相近概念进行特别区分，尤其是对"数据"和"信息"，立法与实践中经常出现混用的情况；二是因为在司法实践中实际使用的是广义的"数据"概念，包含多种数据表现形式，也杂糅了多种法益类型。因此理论中也存在不同的对"数据"解释的主张：

（1）扩张解释方案。这类观点认为我国《刑法》第 285 条第 2 款非法获取计算机信息系统数据罪所保护的数据的范围过窄，仅限于计算机信息系统内部的、侧重于信息系统自身功能维护的、以访问控制为主要考虑的数据，因此，主张应当"将'非法获取计算机信息系统数据罪'修正为'非法获取网络数据罪'。具体而言，修正《刑法》第 285 条第 2 款'非法获取计算机信息系统数据罪'，去除前提性的技术行为限定。修正制裁履职过程中的数据犯罪的罪名。建议将罪状中的'将本单位在履行职责或者提供服务过程中获得的公民个人信息'中的'公民个人信息'修正为'数据'。"[1] 该类观点过多附属于计算机信息系统功能，未关注数据的价值与保护必要性，且范围过分局限于以验证为内容的数据，存在诸多不足。

（2）限缩解释方案。这类观点认为应当限制数据犯罪中的"数据"范围，目前立法中作为犯罪对象的数据范围过于广泛，几乎涵盖了所有可在计算机信息系统中储存、显示、获取的权利客体，导致"数据"概念与"信息"概念交叉，极易引起混乱。因此，有学者主张，并非所有数据都应作为犯罪对象保护，破坏计算机信息系统罪中的数据必须是核心数据。[2]

由于"数据""信息""计算机""网络"等概念之间天然存在交叉或包容关系，学者们意识到，在进行研究时，不能寄希望于简单地用概念区分犯罪类型，而需要引入其他的分类标准。因此理论中也存在多种对数据犯罪分类的主张：

（1）以犯罪对象为区分标准。根据犯罪对象不同，以陈兴良教授为代表的学者主张将网络犯罪区分为三类：一是针对计算机信息系统的犯罪，包括非法侵入计算机信息系统罪、非法获取计算机信息系统数据非法控制计算机信息系统罪、提供侵入非法控制计算机信息系统

---

〔1〕 赵春玉：《大数据时代数据犯罪的法益保护：技术悖论、功能回归与体系建构》，载《法律科学（西北政法大学学报）》2023 年第 1 期。

〔2〕 杨志琼：《非法获取计算机信息系统数据罪"口袋化"的实证分析及其处理路径》，载《法学评论》2018 年第 6 期。

的程序工具罪、破坏计算机信息系统罪、拒不履行信息网络安全管理义务罪、非法利用信息网络罪、帮助信息网络犯罪活动罪；二是利用计算机网络实施的传统犯罪，包括人身犯罪和财产犯罪；三是妨害网络业务与网络秩序的犯罪，应当设立专门罪名予以规制。[1] 也有学者如皮勇教授则在以上三类犯罪之外将侵犯个人数据的犯罪也纳入讨论。[2]

（2）以网络犯罪与传统犯罪关系为区分标准。从网络犯罪是否完全脱离了传统犯罪的角度，刘宪权教授认为可以将网络犯罪分为"与传统犯罪本质无异的网络犯罪""较传统犯罪呈'危害量变'的网络犯罪""较传统犯罪呈'危害质变'的网络犯罪"。[3] 这种分类方式具有一定启发意义，但是量变与质变的划分仍不清晰，因为网络的介入势必会带来传统犯罪的"危害量变"，而"危害质变"的犯罪中则完全有必要进一步区分。

（3）以问题意识为导向的区分标准。根据犯罪所反映出的理论问题不同，苏青教授从经验上将网络犯罪区分为"针对计算机系统犯罪""数据犯罪""计算机工具、程序犯罪""与网络犯罪内容高度相关的犯罪"，而从规范上将网络犯罪按照法益侵害形态区分为"侵犯公法益的网络犯罪与侵害私法益的网络犯罪""实害网络犯罪与危险网络犯罪""作为网络犯罪与不作为网络犯罪""纯正网络犯罪与不纯正网络犯罪"。[4] 这种分类方式同样具有启发意义。

2. 公民信息类数据犯罪的法益之争

目前针对侵犯公民信息罪，学界主要围绕该罪所保护的法益属性

---

〔1〕 陈兴良：《网络犯罪的类型及其司法认定》，载《法治研究》2021年第3期。

〔2〕 皮勇：《论中国网络空间犯罪立法的本土化与国际化》，载《比较法研究》2020年第1期。

〔3〕 刘宪权：《网络犯罪的刑法应对新理念》，载《政治与法律》2016年第9期。

〔4〕 苏青：《认识网络犯罪：基于类型思维的二元视角》，载《法学评论》2022年第2期，第84页。

而展开讨论，争议可以分为两大阵营：个人法益与超个人法益。而两大阵营之下，又区分为个人信息权说、个人人格权说、个人隐私权说、个人生活安宁说、个人信息自决权说；集体法益权说、公共信息安全说、新型社会管理秩序说。此外，也有对以上法益进行组合的综合法益说。

（1）个人法益说阵营。支持本罪保护的法益是个人法益的学者们，主要从该罪的本质是自然犯的角度进行分析。其中又分为个人信息权说、个人人格权说、个人隐私权说。目前，个人信息自决权说的支持者占大多数。个人信息自决权说认为，本罪侵犯的是信息自决权，即主体对于信息具有的选择和决定权，或者说基于主体自我意志的排他权。[1]

（2）超个人法益说阵营。持超个人法益说观点的学者们主要从社会公共利益与国家安全的角度出发，认为公民个人信息不仅直接关系个人信息安全与生活安宁，而且关系社会公共利益、国家安全乃至信息主权。所以"公民"一词表明"公民个人信息"不仅是一种个人法益，而且具有超个人法益属性，还需要从公民社会、国家的角度进行解释。[2] 主要包括集体法益权说、公共信息安全说、新型社会管理秩序说。

（3）其他学说。除了以上学说之外，也有学者主张较为综合的法益说。例如有学者主张本罪的法益是"自由+安全+隐私权"，[3] 还有学者主张该罪法益既包括公民个人隐私权，也包括公民对个人信息的

〔1〕 曾粤兴、高正旭：《侵犯公民个人信息罪之法益研究》，载赵秉志主编：《刑法论丛（2018年第3卷）》，法律出版社2019年版，第217页。

〔2〕 曲新久：《论侵犯公民个人信息犯罪的超个人法益属性》，载《人民检察》2015年第11期。

〔3〕 陈兴良主编：《刑法学》，复旦大学出版社2016年版，第342页。

控制权。[1] 综合法益说的学者大部分也属于个人法益说阵营，只是在界定法益时将几种方案相结合。

3. 计算机犯罪的法益之争

我国对于侵害一般计算机系统数据的行为主要规制在非法获取计算机信息系统数据罪和破坏计算机信息系统数据罪当中。但在实践中，针对一般计算机数据的犯罪的司法中存在较多认定问题，原因仍然是对一般数据属性或者保护法益的定位不清，法益保护的解释功能和界分功能缺失。因而目前学界对这类犯罪的讨论，也是围绕法益属性展开的。

（1）计算机信息系统安全说。传统观点认为，计算机犯罪保护的法益是计算机信息系统安全，其保护目的在于保障计算机信息系统的处理数据功能能够安全运行，以使计算机信息系统能够正常地、符合操作人预期地完成数据处理需求。[2]

但是，一方面，该罪的保护法益与一定的社会秩序或公共秩序并没有必然的联系，公民个体的计算机信息系统（包括笔记本电脑、智能手机等）中的数据同样值得刑法保护。另一方面，计算机信息系统安全的概念相当宽泛，将其作为保护法益加以确立不够具体和明确，无法对确定构成要件不法内涵给予助力。尽管本罪构成要件采用了"侵入……计算机信息系统""计算机信息系统中存储、处理或者传输的数据"这样的表述，但是计算机信息系统只是发生侵害数据行为的空间要素，一般数据及相关权利本身才是刑法保护的重点。

---

〔1〕 刘艳红主编：《刑法学（下）》，北京大学出版社 2016 年版，第 576 页。

〔2〕 持此观点的文献有：高铭暄、马克昌主编：《刑法学》，北京大学出版社、高等教育出版社 2016 年版，第 534 页；孙道萃：《网络刑法知识转型与立法回应》，载《现代法学》2017 年第 1 期；胡云腾等主编：《刑法罪名精释（下）》，人民法院出版社 2022 年版，第 898 页；俞小海：《破坏计算机信息系统罪之司法实践分析与规范含义重构》，载《交大法学》2015 年第 3 期。

另外，批评者也主张，这种观点没有说明数据的本质。按照传统对计算机犯罪的解释，数据是依附于计算机信息系统而得以储存、传输、处理的，而计算机信息系统的判断以具有数据处理功能为关键，这就导致了两个概念互相解释。[1]

（2）数据安全法益说。数据安全法益说在关照数据本身的基础上，提出了数据安全三要素：数据的保密性、完整性、可用性。[2] 认为数据犯罪保护的法益应当是公众对数据储存状态及其内容的信赖感，确保数据不被侵犯、修改，以保护数据利益主体对数据的"排他性使用权限""数据的排他性复制、用益与处分权限"，以及数据的"正确性"。因而主张数据安全法益说的学者认为，数据安全法益是基于数据自身内容、使用价值和侵害风险所进行的独立规范评价，能更合理地解释数据犯罪的构成要件。[3]

数据安全法益目前已经得到了欧盟的确认，但是与我国目前的计算机犯罪立法并不适配，我国刑法中的非法侵入计算机信息系统数据罪只将范围限定在国家事务、国防建设、尖端科学技术领域的计算机信息系统内，而破坏计算机信息系统数据罪所指向的是计算机信息系统功能，即使有对破坏数据的规制，最终指向的也是破坏数据所导致的计算机信息系统功能损害。当然，主张数据安全法益说的学者基本都主张重构我国的计算机犯罪法条设置，将法益保护转移到数据安全上。

但是，数据安全法益说的学者首先需要解决的问题是，我国目前

〔1〕 王倩云：《人工智能背景下数据安全犯罪的刑法规制思路》，载《法学论坛》2019 年第 2 期。
〔2〕 ［德］乌尔里希·齐白：《全球风险社会与信息社会中的刑法：二十一世纪刑法模式的转换》，周遵友、江溯等译，中国法制出版社 2012 年版，第 125 页。
〔3〕 杨志琼：《我国数据犯罪的司法困境与出路：以数据安全法益为中心》，载《环球法律评论》2019 年第 6 期。

的非法侵入计算机信息系统和非法获取计算机信息系统数据罪究竟是不是面向一般数据的，或者说，国家事务、国防建设、尖端科技领域的数据，是不是具有区别于一般数据的特殊的保护必要性，倘若普通领域的数据和国家领域的数据具有不同属性，那么本罪现在所保护的国家重大利益就具有独立的必要性，那么就不应一味地将一般数据纳入目前的计算机犯罪中保护，而应思考如何构建新的罪名。

同时，站在思考新罪名构建的角度，目前学者们所提出的数据安全法益说虽然将考察重心转移到数据上，但也仍然没有解决法益具体是什么的问题。按照数据安全法益说的观点，数据犯罪所保护的对象应当是宽泛的、一般的数据，而保护的内容则是抽象的、笼统的数据安全。况且数据安全三要素中的"保密性、完整性、可用性"其实是指向三种法益，因而数据安全法益说仍有必要进一步论证其内涵中的具体法益指向。

（3）数据财产权说。除了数据安全法益说之外，也有学者主张数据犯罪所保护的法益是数据财产权。在数据是否具有财产属性这个问题上，刑法学者较为保守，一般认为只有大数据产品才能成为数据财产权的客体，而个人对其数据的财产性利益则应当通过人格权的商业化利用来实现。[1]

与之相对的，不少民法学者则主张数据可以成为民事权利的客体，例如有学者认为作为个人信息存在形式的个人数据，是可商品化人格利益中分离出来的财产性利益，人格利益包含精神性人格利益与财产性人格利益，而数据主体基于个人信息这一人格利益享有个人数据上

---

〔1〕 张忆然：《大数据时代"个人信息"的权利变迁与刑法保护的教义学限缩——以"数据财产权"与"信息自决权"的二分为视角》，载《政治与法律》2020 年第 6 期。

的财产利益，因而具有支配权。[1] 只是具体该权利是物权等可以积极利用的绝对权，还是只有在被侵害而导致其他民事权利被侵害时，才能得到侵权法保护，存在一定争议。而至于企业对于大数据产品的权利，大部分民法学者认为是财产，有学者主张是一种新型的财产权，[2]但也有学者则认为不属于财产。[3]

因而实际上，刑法学者所主张的数据财产说并非面向一般数据而言，有必要进一步论证如何将大数据产品纳入财产犯罪，抑或是否应构建新的罪名。但是，倘若沿用民法学者的主张，认为一般数据本身也具有财产性，那么就有必要论证其财产性到底是什么、如何评价，而且此时对一般数据的保护就无法放在计算机犯罪之下，而有必要构建新的罪名。

4. 数据犯罪体系构建的不同主张

由于目前我国的计算机犯罪限定了数据的范围，大部分主张对一般数据进行保护的学者都试图从各自主张的法益出发，构建新的立法，或者对现有法条进行修正，包括增加数据分类化治理，以及修改目前计算机犯罪的行为类型，或增加新的行为类型。

（1）从数据安全法益说出发的思路。

a. 数据类型化

持有数据安全法益的学者们，由于"数据安全"中包含的内涵较多，大多主张将数据予以类型化并分别进行保护。而关于分类的标准，有的学者主张按照数据存在体系不同，分为"未经技术加工的数据集

---

〔1〕 任丹丽：《民法典框架下个人数据财产法益的体系构建》，载《法学论坛》2021 年第 2 期；冯晓青：《数据财产化及其法律规制的理论阐释与构建》，载《政法论丛》2021 年第 4 期。
〔2〕 程啸：《论大数据时代的个人数据权利》，载《中国社会科学》2018 年第 3 期。
〔3〕 梅夏英：《数据的法律属性及其民法定位》，载《中国社会科学》2016 年第 9 期。

合体"和"经技术加工的数据产品";[1] 有的学者主张按照数据安全等级不同,分为强等级保护数据和次强等级保护数据、弱等级保护数据、最弱等级保护数据。[2]

按照数据存在体系分类的办法,未经技术加工的数据的收集者不具有法律意义上的支配权,其非法获取的行为侵犯的是用户的保密性需求,而经技术加工的数据产品具有使用和经济价值,从加工者的占有、使用、收益、处分权益的角度予以保护。这种分类的方法实际上也是承认了大数据产品的财产性,将数据法益分为"秘密路径"与"财产路径"。但是,关于保护未加工数据中用户的"保密性需求",是否有必要、以及如何区分其与个人信息自决权的内涵外延,也有待进一步思考。

而按照数据安全等级分类的办法,数据保护等级由强到弱,可分别赋予其"非特定情形不得处理""收集数据需获得明示同意""收集数据需获得默示同意"的保护方案。这种"安全性等级"的分类方式,无法作定量划分,只能采用列举的方式,但论者同时也提出了"行为人违法所得、被害人经济损失、被侵害的数据或数量、影响国家社会或个人正常的工作或生活秩序、造成恶劣社会影响"的综合判断标准。可以看出,该分类方法没有区分数据的"秘密路径"与"财产路径",而是综合判断后根据法益的需保护性重新划分,也没有区分"个人信息"与"一般数据"的概念。

b. 行为类型

计算机犯罪的行为类型的讨论,主要是关于对"获取""删除、修

---

〔1〕 杨志琼:《我国数据犯罪的司法困境与出路:以数据安全法益为中心》,载《环球法律评论》2019年第6期。

〔2〕 张勇:《数据安全分类分级的刑法保护》,载《法治研究》2021年第3期。

改、增加" 的解释或修改，另有对 "数据赃物行为" 加入未来立法中的建议。重点围绕数据安全法益所主张的 "保密性、完整性、可用性" 展开。例如有学者主张调整 "非法获取" 的认定标准，降低目前的 "手段行为必要性" 要求，同时应当为 "破坏一般数据行为" 设置独立的构成要件，以保护一般数据的完整可用性，也可以在未来的立法中加入 "对他人非法获取的一般数据进行购买、出售、转移、储存、公开的行为"。[1] 也有学者主张围绕数据保密性需求来界定 "非法获取" 行为，围绕数据的完整性、可用性需求界定 "删除、修改、增加"。[2] 当然，有的学者主张取消特定领域与一般领域计算机信息系统的划分，[3] 有的学者则主张坚持这种区分。[4]

除了对数据进行类型化和修改行为类型之外，也有学者主张增加体现数据安全法益侵害程度的数额与情节，其中数额包括被害人经济损失与行为人违法所得，情节包括影响国家、社会或个人正常的工作秩序或生活秩序，或恶劣社会影响。[5] 实际上，数据分级分类方法就是按照以上标准进行综合判断得出分级的结论的，也就是说，二者的区别在于数额和情节标准应当被作为判断数据的保护手段的办法，还是判断行为人可罚性程度的办法。

（2）从数据财产权说出发的思路。如上所述，刑法学者主要以大数据产品为对象进行讨论。对此，有学者分析了目前立法中对于保护大数据产品的罪名缺憾：其一，非法获取计算机信息系统数据罪和破

---

〔1〕　王华伟：《数据刑法保护的比较考察与体系建构》，载《比较法研究》2021 年第 5 期。

〔2〕　杨志琼：《我国数据犯罪的司法困境与出路：以数据安全法益为中心》，载《环球法律评论》2019 年第 6 期。

〔3〕　王华伟：《数据刑法保护的比较考察与体系建构》，载《比较法研究》2021 年第 5 期。

〔4〕　张勇：《数据刑法保护的比较考察与体系建构》，载《法治研究》2021 年第 3 期。

〔5〕　杨志琼：《我国数据犯罪的司法困境与出路：以数据安全法益为中心》，载《环球法律评论》2019 年第 6 期。

坏计算机信息系统罪保护的是计算机信息系统内的数据，而非浏览记录、下载记录、搜索记录等大数据产品的核心组成部分，无法对其予以保护；其二，侵犯商业秘密罪要求数据符合"商业秘密"的标准，但并非企业中所有的数据都能被结构化为数字资产，许多大数据产品也将处在刑法保护的真空地带；其三，侵犯公民个人信息罪的内涵与外延也无法包括所有的跨视角、跨媒介、跨行业的大数据产品。[1]

基于这种逻辑，该学者主张增设新罪名来对大数据财产属性进行刑法确认。可以直接增加"窃取或者以其他方法非法获取他人的数据信息，情节严重的，处五年以下有期徒刑或者拘役，并处或者单处罚金"的规定，放置在侵犯财产罪一章中，也可以直接在刑法第 92 条公民私人所有财产的范围中，增加"数据信息"作为财产的一种。[2]

按照这种立法表述，似乎此处的"数据信息"并不指向企业所有的加工后的大数据产品，而是指向个人的数据信息。因此，首先应当阐明的是，大数据产品究竟是因为加工之后才具有了财产属性，还是原始的集合体就具有财产属性，还是原始的单条数据本身就具有财产属性。如果是加工后才具有财产属性，为何有别于商业秘密。如果单条数据本身就具有财产属性，是否也应保护例如单条搜索记录、单条聊天记录等数据信息，抑或必须要达到一定的数额才值得刑法保护。如果需要达到一定数额，如何计算数据信息集合体的价值。然而这一系列问题目前仍然未得到妥善解决。

（二）国外研究现状与立法经验

数据犯罪依托于网络犯罪而存在，同样具有极强的跨国性。在数

---

〔1〕 安柯颖：《个人数据安全的法律保护模式——从数据确权的视角切入》，载《法学论坛》2021 年第 2 期。

〔2〕 安柯颖：《个人数据安全的法律保护模式——从数据确权的视角切入》，载《法学论坛》2021 年第 2 期。

字经济时代，维护好数据安全就是维护好经济发展的优势资源。为此，我国在讨论数据犯罪的理论与实践问题时，有必要关注其他国家对数据犯罪的立法经验与司法现状，同时考察与其他国家达成国际合作和共识的必要性与可行性。

1. 国外数据犯罪立法概况

世界上第一部专门针对打击网络犯罪的国际公约是 2001 年在布达佩斯签署的《网络犯罪公约》，该公约的参与国包括欧盟 26 个成员国以及美国、加拿大、日本、南非等 30 个国家，规定了非法侵入、非法截取、数据干扰、系统干扰、设备滥用、伪造计算机资料、计算机诈骗、儿童色情、著作权犯罪九类网络犯罪行为，其中，非法侵入、非法截取、数据干扰、计算机诈骗都属于指向数据安全的犯罪行为。截至 2021 年，《网络犯罪公约》共有 68 个国家签署、批准或加入，也在各方面推动了缔约方国内法的发展。

不过，《网络犯罪公约》在起草过程中并未充分考虑到亚非拉地区的发展中国家，因而，目前以俄罗斯、中国为代表的新兴国家立足于主权原则，在 2017 年提出了《联合国打击网络犯罪合作公约（草案）》，并以此推动网络犯罪的国际治理模式。2022 年，联合国正式启动了对该公约的谈判会议，这是国际社会围绕网络犯罪取得的重要进展。为了更好地在联合国框架下制定打击网络犯罪的统一规则，需要各国通力合作，协调各国的立法和实践。

随着我国陆续颁布《网络安全法》《数据安全法》，数据安全已经成为维护国家主权、安全、发展利益的重要保障。而目前世界一些主要经济体和大国也发布了以发展数字经济、保护数据安全为核心的数据战略。尤其是德国乃至欧盟很早就开始关注数据保护问题，在德国刑法中也存有较为完备的数据犯罪规制体系。德国对数据的刑法保护存在两种路径：一是通过《德国联邦数据保护法》的附属刑法规范对个人数据进行保护，二是通过《德国刑法典》第 202a 条至第 202d 条对一般数据进行保护。我国刑法并未区分一般数据与个人数据保护，尤其缺乏对一般数据刑法保护的深入研究和体系建构，导致实践中对于非法获取一般数据的定性问题存在分歧。因此，对《德国刑法典》第 202a 条至第 202d 条中关于德国一般数据的刑法保护体系的研究具有重要现实意义。《德国刑法典》第 202a 条规制的是窥探数据的行为，第 202b 条规制的则是截取数据的行为，第 202c 条规制的是窥探与截取数据的预备行为，第 202d 条则是针对非法获取数据以求自己或他人谋利的数据赃物罪。这 4 条与第 303a 条数据变更罪构成《德国刑法典》中对一般数据的刑法保护体系。此外，德国通过附属刑法保护个人信息数据，也对我国讨论个人信息数据的法益来源与保护体系构建具有重要启发。而《德国刑法典》中第 263a 条计算机诈骗罪、第 303a 条数据变更罪则是以数据为依托的财产犯罪发展的体现，对于我国讨论财产性数据的保护具有重要参考意义。

除以德国为代表的欧盟国家外，美国的数据保护也较具特色：美国主要采用分散式立法方案，将数据保护以附属刑法的方式规定在各个领域内。这也有利于对数据保护的具体考察，在当前数据定性不明、数据权利不清的情况下，也存在一定的参考价值。

2. 美国"分散式"数据保护体系

美国的治理模式强调自由市场的功能，对数据的保护更侧重于维护数据的商业利用价值和共享流动秩序，因而保护条款分散在不同行业规范中。由于美国对数据的保护主要以附属刑法的形式存在，因而考察美国的数据保护刑法体系需结合整体数据保护体系。

（1）金融信息领域。美国对金融领域的数据立法保护主要涉及金融消费者的金融信息数据，包括《格雷姆-里奇-比利雷法案》（GL-BA）、《金融消费者保护法》（CFPA）、《公平信用保护法》（FCRA）。其中，GLBA 保护的对象是非公开的个人信息，金融消费者对于自己的金融数据具有一定的控制权，而金融机构对此具有管理和防护的义务，对于不遵守 GLBA 的行政人员和雇员，可判处罚金刑或监禁刑。[1] 而 CFPA 则旨在规制与数据有关的处理活动中所存在的滥用或不公平及欺骗情况，由专门的消费者金融保护局（CFPB）落实相关规则和法律监督、执行，不过，CFPB 并没有权利实施刑事处罚，因而 CFPA 主要采用民事处罚的方式进行规制。[2]

FCRA 保护的是消费者的信用信息，规定了信用机构的报告应保证消费者信用信息的准确性，同时保护消费者免受错误信用信息的侵害，并对披露消费者信用信息设置了严格的条件。而对于以不正当手段获得信用信息的行为，可以判处罚金刑或最高 2 年的监禁刑。[3] FCRA 首次提出保护金融消费者信用信息，同时赋予了消费者选择退出权，令其享有拒绝分享金融数据的权利。

此外，美国对金融领域的数据保护也体现在与各国所签订的交易协议中，如《北美自由贸易协定》《美新自由贸易协定》中均有关于个人金融信息及数据保护的内容，而《美韩自由贸易协定》和《美墨加协定》中则规定了具体的金融信息数据跨境流动和转移的制度。美国通过双边与多边协定，在保障数据安全和尊重金融消费者的前提下，推动金融数据在市场自由有序流动，以创造更多的金融数据价值。

总的来说，美国在金融领域对数据的保护是围绕金融主体的信息展开的，而对比我国对公民信息数据进行整体规制的立法情况而言，

---

〔1〕　See Gramm-Leach-Bliley Act of 1999.

〔2〕　See Consumer Financial Protection Act of 2010.

〔3〕　See Fair Credit Reporting Act of 2006.

美国的金融信息保护更为具体，涉及金融机构的数据管理义务、数据处理的具体秩序、信用信息披露的具体规则等。但是，美国的金融信息保护出发点并非个人隐私的保护，而是挖掘与保护个人数据的金融市场价值，因而其更注重保护金融数据的自由流通，而非出于隐私需求限制其跨境交流。

（2）隐私领域。除了金融领域外，美国同时也站在人格权和隐私权的角度保护个人数据。信息性隐私权最早在 1977 年的 Whalen v. Roe 案中得到确立，该案涉及对个人的医疗健康数据的保护，即当时的纽约州通过了《纽约州管制药物法》，该法案要求医疗部门对患者的医疗数据进行强制性报告和储存，这被地区法院判定为违宪，而后虽然联邦最高法院最终没有判定违宪，但该案也为信息隐私的宪法保护奠定了基础。[1] 此后，美国设立了包括《电子通信隐私法》（ECPA）、《家庭教育权和隐私权法》（FERPA）、《儿童在线隐私保护法》（COPPA）等一系列法律。其中，ECPA 规制的是对信息传递的窃听或监听行为，是目前美国关于电子信息最全面的立法，对于违反 ECPA 的个人将面临最高 5 年的监禁刑和最高 25 万美元的罚金刑。[2] 而 FERPA 和 COPPA 都旨在保护学生或儿童的隐私。

ECPA 由 1967 年 Katz v. United States 案推动订立，该案判决明确了国家监听私人电话的行为违反了宪法，并由此确立通信数据隐私保护。[3] ECPA 第一章规制信息数据在通讯传输中的保护措施，第二章主要针对储存在电子设备中的个人信息数据，第三章则规制了具体的监视或追踪行为。总体而言，ECPA 回应了公民的隐私合理期待和执法

---

〔1〕 参见连雪晴：《人工智能时代美国个人数据保护研究》，载《上海法学研究》集刊（2021 年第 6 卷）。

〔2〕 See Electronic Communications Privacy Act of 1986.

〔3〕 Katz v. United States, 389 U. S. 347 （1967）.

的合法需要，同时也防止政府未被允许而去接取监听私人的电子通讯。

FERPA 规制的是教育机构收集的有关学生的教育信息，并对教育信息的共享和披露规则进行了相关规定。而 COPPA 则保护 13 岁以下的儿童的个人信息，规定了使用或披露儿童个人信息的规则。COPPA 的违反者可被判处罚金刑，不过 FERPA 能否规制犯罪行为目前则仍具有讨论和解释的空间，但是教育信息受侵犯的家长或学生有权依照该法向教育部门提起投诉。[1]

由于隐私领域的数据保护来源于更上位的宪法中的隐私权，因而在入罪判断时，该隐私必须具备合理期待的可能性，倘若是个人自愿暴露给他人的信息，就不具备合理期待。[2] 例如，在个人主动将自己的隐私信息移交给银行时，美国法院就以"不存在合理的隐私预期"为理由认为银行不构成对个人数据的侵犯。[3] 这种对"隐私的合理期待"的判断实际上体现的是对个人信息数据的需保护性与应保护性的判断，无论是欧盟还是我国，实际上在数据犯罪的立法中都有相关构成要件的体现。

此外，在美国的司法实践中，除了通过"合理隐私预期"判断受保护的个人信息数据之外，还发展出了对个人信息数据的使用的公平信息实践法则：记录并保存个人数据的系统必须被明示；个人有权被告知何种私人数据被记录以及将如何被使用；同意使用原则仅使用一次，二次使用数据时必须再次征求个人同意；保障个人随时改正、补充个人数据的权利；个人可识别数据的创建、储存、使用和传播必须

---

〔1〕　See Family Educational Rights and Privacy Act of 1974; Children's Online Privacy Protection Act of 2000.

〔2〕　California v. Greenwood, 486 U. S. 35 (1988).

〔3〕　United States v. Miller, 425 U. S. 435 (1976).

保证可靠性，并采取措施防止数据误用。[1] 这5条法则虽然面临着需随着数据技术发展而发展的转型要求，但是仍然在司法实践中发挥着基础性作用。

（3）计算机数据领域。对计算机数据的保护主要规定在《计算机欺诈和滥用法》（CFAA）中，CFAA规制了侵入计算机信息系统并获取数据的行为，将未经授权访问和超越授权访问认定为犯罪行为。CFAA是美国法典中规制数据犯罪影响力最深远的刑事法律之一，不过，CFAA中对于"未经授权"或"超越授权"的规定并不明晰，因而由判例中形成了对不同技术场景下"授权"的判断标准。

例如，数据网站合同协议可以作为判断是否授权的依据，倘若行为人违反了合同内容而获取数据，就属于未经授权。此外，在存在雇佣关系的数据窃取案件中，可以根据行为人是否违反了雇员代理义务来判断其爬取、删除、修改雇主计算机数据的行为是否属于"未经授权"。而倘若行为人突破了数据网站技术安全措施，则也可以从客观上判断其属于未经授权。当行为人之前被授权而后被撤销，但仍然继续访问并获取数据，则也属于未经授权的情况。[2]

美国立法中的"未经授权"与我国刑法所规定的违反国家规定一样，都属于开放性构成要件，随着网络技术的发展而在认定上有所不同。近年来，出于促进数字产业快速发展的目的，美国判例中对"未经授权"和"超越授权"的认定逐渐缓和，同时美国联邦法院结合典型案例，对是否属于"未经授权"提出了3条客观判断依据：其一，根据程序编码设定的权限，判断行为人对数据的获取是否符合授权范

---

〔1〕 U. S. Department of Health, Education and Welfare, Records, Computers and the Rights of Citizens: Report of the Secretary's Advisory Committee on Automated Personal Data Systems, 1973, p. xxiii.

〔2〕 参见杨志琼：《美国数据犯罪的刑法规制：争议及其启示》，载《中国人民大学学报》2021年第6期。

围；其二，根据服务协议条款规定的权限，判断访问是否获得授权；其三，以代理人法为根据，通过判断是否存在代理关系从而判断是否获得授权。

不过，上述判断标准也各自存在相应问题，如根据服务协议条款的规定来判断是否获得授权并非一律可行，在美国诉洛莉·德鲁一案中，被告没有遵守社交网站的服务协议而使用了虚假的身份注册社交账号，然后访问并使用了该网站，但是联邦法院并没有认可这种情况属于"未经授权"，进而推出"并非所有违反服务协议的行为都属于刑法中的未经授权"。[1] 而对于雇员代理义务的判断，也实际上存在很大的争议空间，因为倘若将代理原则适用于数据刑法保护，那么只要雇员没有以雇主的利益为目的使用数据，就构成数据犯罪，这会导致"未经授权"的认定范围过于宽泛。但倘若采用是否突破技术安全措施作为客观判断标准，则面临着技术逻辑过于固化而限制了数据保护方式的问题。

除了以上法案之外，美国各州也各自制定了相应的符合各州情况的法律。如 2020 年加州制定的《加州消费者隐私法案》《加州隐私权法》，以及 2019 年内华达州制定的《内华达州数据隐私法》等。总的来说，美国的数据保护更为分散，在各个领域与各州法律中都有相应法条体现，这种数据保护模式与美国的整体立法模式相适应，既有解决具体问题的优越性，又存在不成体系、法案间重叠度高等问题。

3. 德国"三模式"数据保护体系

德国为了落实《德国联邦数据保护法》（GDPR）的各项规则而发展出了以"刑法典中核心数据犯罪条款—联邦数据保护法附属刑法条款—财产犯罪补充条款"为框架的数据刑法保护体系。也就是说，核

---

〔1〕 See United States v. Drew, 259 F. R. D. 449（C. D. Cal. 2009）.

心刑法典中主要保护一般数据，而个人信息数据则以附属刑法的形式规制，同时财产犯罪发展出新的条款来保护财产性数据。

（1）德国对个人信息数据的保护。德国对个人数据的刑法保护被规定在《德国联邦数据保护法》（BDSG）的第 42 条之中，BDSG 所针对的数据是"能确定或可确定的自然人的个人或事实情况的个别信息"，而这类数据并不要求像刺探数据罪中那样受到特殊保护，可以说，BDSG 保护任何种类的个人数据，只要能够指向公民个人，就不存在"微不足道"的数据。[1] 因而，对个人数据保护的认定范围与一般数据的范围并不相同。

德国对个人数据的保护法益是公民的信息自决权，即出于对人格的自由发展保护的目的，应当保障公民有权利决定对自己信息的处置与公开，对抗其他人对其个人信息的搜集、储存、使用与传送。[2] 信息自决权是德国宪法赋予公民的基本权利，它意味着，个人原则上具有决定披露和使用个人数据的权利，同时也必须能够知道"谁在什么时候在哪种情况下得知他们的信息"。[3] 信息自决权是人格权在信息数据领域的体现，早期 BDSG 直接规定了该法的目的在于保护人格权在个人数据处理过程中不受侵害，而后该目的条款被删除，但按照一般的理解，该法仍然旨在通过数据保护来实现一般人格权的保护。[4]

近年来，德国学界也掀起了对个人数据商业侧面法益的讨论。因为对于信息数据而言，无法否认其完整性利益和可用性利益反映出商业价值。例如有学者认为，个人数据是一种重要的经济上的可交易的商品，在市场研究、广告、信用评估、劳动力研究等各个领域，都具

---

〔1〕 BVerfGE 65, 1 (45).

〔2〕 BVerfGE 65, 1 (41).

〔3〕 BVerfGE 65, 1 (43).

〔4〕 参见王华伟：《数据刑法保护的比较考察与体系建构》，载《比较法研究》2021 年第 5 期。

有使用个人数据的经济意义。[1] 不得不承认，像信息自决权这样的人格权在最初的构造中具有财产性的一面，这进一步引发了学者们的讨论：信息自决权本身是否就存在财产权的特征，或者在其最初设想的内容之外，是否还存在独立的处置权。[2]

实际上，早期德国刑法保护隐私的目的确实是与保护财产联系在一起的，因而即使是当前的数据保护法刑事条款仍然要求行为人具有非法获利目的。[3] 而对于数据处置权而言，也持续有学者认为应当支持独立的对个人数据的处置权。例如有学者主张人格要素能够成为事实上的个人资产权利，或曰一种知识产权。[4] 也有学者主张通过将数据保护法转向经济交易中的财产法来实现对数据保护的全面化和灵活化。[5] 但是，这种观点并没有得到主流学说的认可，因为在个人数据上确立独立的处置权或财产权，将进一步激励数据的处理者以市场为导向处理数据，反而不利于对个人隐私的保护。而且，虽然《德国刑法典》中明确提出了保护一般数据的处置权，但这种处置权并不意味着经济方面的财产权，而是对数据的完整可用性的更全面的利益。[6] 同样，对个人数据的保护也不是从财产保护出发的，即使二者之间具有一定联系，但在数据保护法的保护法益中，最重要的仍然是人格的自由发展，[7] 而非保护财产。

因此，目前德国的主流观点仍认为保护目的还是应当从一般人格

---

〔1〕　Weichert, NJW 2001, 1463（1464）.

〔2〕　Sebastian J. Golla, Die Straf-und Bußgeldtatbestände der Datenschutzgesetze, 2015, S. 97.

〔3〕　§ 1 I BDSG.

〔4〕　Ullmann, AfP 1999, S. 209, 210.

〔5〕　Ladeur, DuD 2000, S. 12, 18.

〔6〕　Wieck Noodt, in: Münchener Kommentar StGB, Band 5, 3. Aufl. , 2018, §303a Rn. 2ff.

〔7〕　§ 1 I BDSG.

权出发，财产性保护最多只是在规范上的反映。[1] 基于此，对数据的保护并不能带来一种"绝对的、无限制的支配权"，因为个体的发展仍要依靠社群与交流，个人信息不能归于当事人单独的个体。[2]

在排除了财产权作为个人信息数据的刑法保护法益的同时，德国学界对信息自决权作为数据保护法的法益是否足够明确也开展了相应的讨论。根据明确性原则，规范的对象必须能够根据法律规定的措辞预见行为是否应受到惩罚。[3] 而规范的明确性标准就在于其规范效力及范围能否通过解释来确定，与此相对的，解释时也必须考虑该规范所保护的法益。[4] 需要承认的是，BDSG 中所规定的信息自决权则具有一定的抽象性，根据广义的解释，它甚至能被理解为一种"万能的权利"，以保护个人数据在任何危险情况下不被滥用。[5] 因而，也有学者主张应当在信息自决权的宪法定义范围内作为法益被保护。[6]

在个人数据保护刑事条款的规范构造上，BDSG 第 42 条刑事条款规定了两类应当受到刑事处罚的行为：其一，在未获得许可的情况下，以商业模式故意将多人未公开个人数据传输给第三方或以其他方式公开；其二，在未获得许可的情况下，为获取报酬或为自己或他人谋取利益，或者为了给他人造成损失，而处理未公开的个人数据或通过虚假信息骗取未公开的个人数据。[7]

首先，本条款的适用范围与 BDSG 所规定的总的适用范围大致相

〔1〕 Wolff/Brink, in: BeckOK Kommentar BDSG, 2. Aufl., 2022, § 42, Rn. 6.
〔2〕 BVerfGE 65, 1 (44).
〔3〕 Claus Roxin/Luís Greco, Strafrecht Allgemeiner Teil, Band 1, 5. Aufl., 2020, § 5 Rn. 67.
〔4〕 Claus Roxin/Luís Greco (Fn. 9), Rn. 75.
〔5〕 Marion Albers, Informationelle Selbstbestimmung, 2015, S. 235 f.
〔6〕 Vgl. Heghmanns, in: Hans Achenbach/Andreas Ransiek/Thomas Rönnau (Hrsg.), Handbuch Wirtschaftsstrafrecht, 4. Aufl., 2015, S. 88.
〔7〕 § 42 I II BDSG.

同,即联邦公共机构、各州公共机构,对于非公共机构,则适用于全部或部分自动处理个人数据的情况,以及虽然并非自动处理个人数据,但数据被储存在档案系统中,除非该数据处理是自然人进行的完全用于个人和家庭行为。[1] 但存在争议的是,该条款所适用的行为人是否只能是数据的控制者和处理者,抑或所有人非法获取或处理数据都应受到本条款的规制。主流观点认为,由于 BDSG 是德国对 GDPR 的国内法落实,因而在立法表述中沿用了 GDPR 的适用范围,即必须是负责数据控制和处理的机构,所以本条款只适用于数据的控制者和处理者。但是,其他人仍然可以成为犯罪的共犯,按照刑法对共犯的规定予以处罚。[2]

其次,GDPR 中规定了个人数据的定义:识别或能识别自然人有关的任何信息。而倘若数据具有匿名性,则不在 BDSG 所保护的范围内。倘若数据被加密,则需要考察行为人或数据的接收者是否知道密码,或者是否具有获得这种知识的能力。BDSG 对于"非公开"的定义与核心刑法典中相同,是指在技术上、事实上或法律上受到访问限制的个人数据,而对于能够从公开网络甚至暗网中获取的数据,则不符合"非公开"的定义,即使这类网站存在一定的限制(例如未成年人不允许进入等)。[3]

对比核心刑法典中对一般数据的定义范围,个人数据的范围一方面较窄,因为只涵盖了个人数据,即涉及重大保密利益的信息;另一方面范围较广,因为不需要权利人对数据设置特别的访问安全措施。[4] 可以说,二者虽然有本质区别,但并不相互排斥,而是相互重叠,所

---

〔1〕 §1 I BDSG.

〔2〕 Wolff/Brink, in: BeckOK Kommentar BDSG, 2. Aufl., 2022, §42, Rn. 17.

〔3〕 BGH, NJW 2013, 2530 (2533).

〔4〕 Hilgendorf/Valerius, Computer-und Internetstrafrecht, 2. Aufl., 2012, Rn. 735.

以在具体适用上往往也存在竞合。而在竞合的情况下，由于联邦数据保护法属于原则性条款，应当优先适用联邦数据保护法的相关规定。

最后，指向个人数据的非法行为主要包括非法传输、非法公开，同时本条款主观要求行为人具有故意且具有非法盈利目的。非法传输是指行为人将个人数据传送给第三方，也包括不作为的非法传输，但前提是行为人负有为数据权利人保护数据的义务。根据法条表述，非法传输要求侵犯的对象是大量个人数据，且必须完全由一个行为人（可能是反复的）行为造成，并且传输指向的是同一个第三方。[1] 非法公开是指行为人将个人数据向第三方展示，使得第三方可以访问这些数据，并通过这种方式获得有关的具体的个人信息的内容。[2] 对非法公开行为的规制，避免了第三方非法获取个人数据的抽象危险，因此，个人数据无需已经在第三方的控制范围内，也无需伴随着传输或转移。典型的非法公开包括在互联网上提供对个人数据的下载或检索、发布在公开发行物上等。[3]

非法传输行为与非法公开行为存在系统性的区分，在非法公开的行为中，第三方可以访问和处理数据（如突破密码、复制、打印），但并未将数据从行为人的控制范围内转移出去。[4] 因此有学者将其比喻为——为了实现数据的"赠送"（Weggabe），第三方必须首先"拿走"（wegnehmen）数据。[5] 对比德国对个人数据的前置性保护，我国目前对侵犯公民个人信息罪的行为类型规制包括"出售或提供"行为，其中，是否应当区分"提供"中的转移和公开行为，应当属于进一步讨

---

〔1〕 Kühling/Buchner, DS-GVO BDSG §42 Rn. 50.
〔2〕 Kühling/Buchner, DS-GVO BDSG §42 Rn. 21.
〔3〕 Sebastian J. Golla, Die Straf-und Bußgeldtatbestände der Datenschutzgesetze, 2015, S. 147.
〔4〕 Kühling/Buchner, DS-GVO BDSG §42 Rn. 16-22.
〔5〕 Wolff/Brink, in: BeckOK Kommentar BDSG, 2. Aufl., 2022, §42, Rn. 30.

论的问题。

而在故意层面，行为人应当至少对犯罪客体具有认识，包括行为人的行为对象指向大量公民的个人数据、且该类数据无法被公开获取，同时行为人应当对其行为和结果（非法传输或非法公开）或危险（使第三人可获取）之间具有因果关系存在认识。[1] 此外，在非法盈利目的的判断上，则需要结合行为人的行为目的来判断，考察是否追求通过反复实施行为来为自己获得一定时间和范围内的持续收入来源，即是否具有致富目的。[2]

（2）德国以数据为依托的财产犯罪发展。随着计算机技术的发展，德国财产犯罪中延伸出相应的针对数据的财产性规范，最为典型的是《德国刑法典》第 263a 条计算机诈骗罪、第 303a 条数据变更罪。计算机诈骗罪的出现是为了弥补电子交易中的立法空白，德国刑法中，诈骗罪的构成要件严格限制了被害人基于错误认识并转移财产，因而无法使用诈骗罪规制行为人利用计算机进行的犯罪，计算机诈骗罪的增设正是为了规制这类犯罪行为。因此，计算机诈骗罪被安置在诈骗罪的项下，同样保护整体财产法益。

实际上，早在德国修改立法并增设计算机诈骗罪时，也一度出现了有无必要增设此罪的观点争议。反对的观点认为，计算机的数据处理的最终效果仍然可以归属于计算机背后的人的欺诈与错误，完全可以将这类行为包容于传统的诈骗罪中。[3] 但是，数据处理的指令毕竟并非由自然人作出，金钱损失也不是由自然人，而是由数据处理设备系统的干预造成的，因而引入与诈骗罪平行的计算机诈骗罪条款是必

---

〔1〕　Wolff/Brink, in: BeckOK Kommentar BDSG, 2. Aufl., 2022, §42, Rn. 40.

〔2〕　BGH, BeckRS 2019, 21728 Rn. 27.

〔3〕　Sieber, Computerkriminalität und Informationsstrafrecht, 1995, S. 100.

要的。[1]

除了计算机诈骗罪之外，德国刑法也在第303条毁损物品罪的基础上发展出了第303a条虚拟空间的对数据的损坏（变更）行为，数据变更罪。数据变更罪是对毁损罪的补充，意在保护数据可用性不受损害和破坏，即保护数据权利人在任何时候都可以不受干扰地使用数据的权利。[2]

德国学界和实务界并不认可数据上存在物权，而认为物权只存在于数据载体上，因而本条所保护的权利人的权利是数据的完整可用权和处置权。具体而言，可以是处置数据的直接权利，也可以是防止他人不当处理数据的排他性权利。同样，本条保护的也并非信息自决权，因而倘若对表面信息的更改没有影响到数据的使用时，也并不构成本条，而应当由联邦个人数据保护法予以规制。但是，作为第303条毁损罪的补充，本书认为第303a条也标志着以数据为依托的财产犯罪的发展，只是对比于以财产的形式进行保护而言，以完整的可用性和可处置性进行保护更为全面。

因此可以看出，为了适应数据的出现和填补处罚漏洞，《德国刑法典》在原有的财产犯罪项下增添了新的犯罪类型，但同时德国并未将数据作为财产进行保护，而是在新的犯罪框架内单独予以规制，同样对于我国而言，数据由于流通性强、确权难等问题，无法被全部纳入财产犯罪保护，德国的单独规制路径具有较大的借鉴意义。

除了个人数据保护和财产犯罪的发展，德国在核心刑法典中主要规制的是对一般数据的保护，《德国刑法典》第202a条规制的是窥探数据的行为，第202b条规制的则是截取数据的行为，第202c条规制的

---

〔1〕 Schönke/Schröder, Strafgesetzbuch, 30. Aufl., 2019, §263a, Rn. 1.

〔2〕 Wieck Noodt, in：Münchener Kommentar StGB, Band 5, 3. Aufl., 2018, §303a Rn. 1.

是窥探与截取数据的预备行为，第202d条则是针对非法获取数据以求自己或他人谋利的数据赃物罪。由于《德国刑法典》中主要规制的是一般数据保护，而我国刑法中并未规定相对应的条款，因而本书将在一般数据刑法保护部分主要讨论对德国具体立法情况的比较考察与相应条款的借鉴性。

（三）国内外数据犯罪的对比与借鉴

1. 美国数据保护模式的借鉴性

可以看出，数据流通与数据安全是数据犯罪中一直存在的对立价值，对二者之间的平衡与取舍也是数据刑法立法过程中一直存在的难题与重点。在美国的立法中，体现在金融领域和隐私领域的平衡点是不同的：金融领域中体现为消费者"选择退出权"，隐私领域中体现为公民"合理的隐私期待"，计算机领域中则体现为对"未经授权"的判断。在金融领域中，由于更注重金融信息的流通价值，因而金融消费者的退出权利更为被动，只有消费者在主张拒绝提供金融信息并退出金融信息市场时，金融机构才不能继续使用该信息；而在隐私领域中，由于更注重公民隐私保护，因而只要该信息符合公民的"合理期待"就应当予以保护，只有在公民自行将隐私信息公开或者授权他人使用时，才认为该信息不符合宪法上对隐私权的要求，不存在合理期待的可能性，进而降低对其保护的程度；在计算机领域中则较为折中，计算机数据的保护性来源并非金融价值或宪法上的隐私，而是数据安全，因而需要依靠具体情况对"授权"进行判读。

美国的这种分散式立法模式对于场景化数据犯罪的规制具有判断上的优势，同时借鉴、吸收美国的裁判经验也有利于形成适合我国司法实践的客观入罪标准。如在金融犯罪领域中，我国目前并没有专门对滥用或不正当获取金融数据的行为提出规制，而金融数据不仅包含了大量经济价值，而且海量金融消费者的数据聚集之后，蕴含着国家经济市场的发展和走向等重要信息，对于我国数据安全具有重要意义。所以，通过借鉴美国对金融机构的数据监管制度，以及与其他国家的双边或多边协议中的相关规定，有利于我国在金融领域乃至跨国贸易中占据有利地位。在信息犯罪领域中，美国司法实践所总结出的公平信息实践原则也为我国司法实践的具体判断提供了重要参考，我国实务界和学界目前对信息犯罪的法益与具体构成要件仍然存在较大争议，尤其是公民信息授权他人处理后的二次公开问题，仍没有形成合理的结论。美国通过一系列的司法判决，确立了较为严格的隐私保护制度，要求二次使用数据时必须再次获得权利人的同意，同时填补了"隐私的合理期待"这一规制对象的实质判断标准，具有一定的合理性，有必要进一步讨论其能否被运用于我国的司法实践当中。在计算机犯罪领域，我国计算机犯罪中并没有"未经授权"这一构成要件，但在司法实践中实际上仍然需要判断行为人是否已被"授权"，因而美国司法实践中所总结出的客观判断标准就具有较大的参考价值。其一，数据网站的服务协议可以作为是否授权的判断资料，但是该违反协议条款的内容必须与使用数据的行为具有直接相关性；其二，在雇佣关系中，从客观的雇佣合同或代理权限中推导行为人是否"未经授权"，而不能依赖于雇佣者的主观目的；其三，是否突破技术安全措施也可作为判断的标准，但对"技术安全措施"的判断标准需更为实质全面。

然而，分散式立法模式对于成文法国家而言，缺乏体系性与逻辑一贯性，我国仍需要探索建立系统的数据刑法保护制度。例如，对于金融领域的信息保护，与美国的立法现状不同，我国法律有专门的章节规定经济犯罪和信息犯罪，对金融领域中涉及经济价值或会导致被害人产生财产损失的行为，可以直接规定在经济刑法中，而对金融领域中仍然涉及公民个人隐私的信息数据，则可以直接以信息犯罪予以保护。而电子通信隐私和儿童隐私等公民隐私内容，也应当被规制在核心刑法的信息犯罪条款当中。计算机领域的数据保护，则对应我国的计算机犯罪。美国立法中的诸多同性质法案虽然规制了更多的数据保护侧面，但是也确实存在较大的重叠度，在适用中也存在相互抵触的部分。不过，我国目前立法与司法中对一般计算机数据、个人信息数据、财产性数据的区分尚且不足，笼统地规制的确会带来概念上的混乱和认定上的混淆，因此，一方面有必要认识到建立统一的数据刑法规制体系的重要性，另一方面也有必要结合国外经验与实践进行数据刑法的具体化与专门化研究。

综上，对我国刑法的立法现状而言，无需采用分散式立法模式。但是，由于数据犯罪在实践中牵涉领域众多、概念交叉程度高、行为手段和行为对象复杂多变，因而对数据犯罪的入罪判断应当依托场景分析，我国的确有必要对当前的数据犯罪进行进一步的专门研究。美国司法实践中所发展出的针对金融领域、隐私领域、计算机领域等具体领域的客观规则，对应我国刑法当前的金融犯罪领域、信息犯罪领域、计算机犯罪领域，而相较于我国的规定更为细致化，因而对于我国构建具体性、专门性的数据犯罪体系具有一定借鉴意义。

2. 德国数据犯罪立法的启示

美国分散式立法虽然在现阶段数据性质定位模糊、数据权利错综复杂的情况下，具有较快解释与适用的优点，但长远来看，我国仍需要建立恰当的、成系统性的数据保护体系，以保证司法适用的一贯性和逻辑性。而德国对一般数据保护进行刑事立法的背景和目的具有较强的说服性，针对数据的处置权设立完整的保护措施也有利于处理我国司法实践中的处罚漏洞与认定分歧。对于德国的相关立法目的与构成要件解释的研究，对我国数据犯罪法益面向的转型和数据犯罪体系的构建具有较大的启示作用。

在一般数据的保护问题上，德国的立法经验有助于弥补我国目前对一般数据保护的缺失。当然，随着实践中问题的凸显与数据技术的发展，德国早期的立法也逐渐出现了不合理与争议。主要集中在一般数据犯罪的体系结构和具体要件认定上：体系上来看，最初《德国刑法典》中只有第202a条刺探数据罪，而后立法者出于对处置权更周延保护的目的，增加了第202b条截取数据罪与第202c条预备刺探、截取数据罪。但是，一方面，刺探数据罪和截取数据罪的构成要件大部分重合，却在具体的既遂要求上不同；另一方面，已经设置了预备刺探、截取数据罪，却不处罚刺探数据和截取数据的未遂行为，也不具有合理性。在具体要件认定上，德国司法中的主要争议集中于数据赃物罪中是否需对数据内容作实质考察，以及刺探数据罪中"突破特别保护"的要件如何认定的问题。通过对德国立法与实践的考察，本书认为我国也有必要建立相应的一般数据刑法保护体系。数据犯罪的法益面向应当是针对一般数据的处置权与针对个人数据的信息自决权，对于处置权的保护实际上是电子形式的通信自由与数据财产价值保护的双重体现。目前我国的侵犯公民个人信息罪保护的是公民的信息自决权，即必须实质考察数据内容是否属于公民信息；而现有的计算机犯罪虽然不要求被非法获取的数据体现个人信息，但是其中规制的非法侵入行为指向的是国家与科技相关的重要数据，而非法获取行为要求违反国家规定，也并不指向私域中的个人数据处置权。因此，我国刑法无法将一般数据保护纳入现有的法条解释中，有必要实现保护观念上的转向和新的构成要件的构建。具体而言，应当规制非法侵入数据系统的行为，数据系统既包括数据储存系统，又包括数据传输系统，而

"侵入"的认定上，不仅要考虑破坏保护措施的行为，也要考虑非权限的进入系统行为。此外，一般数据犯罪也需规制非法获取数据的行为，在认定"获取"时，需考察行为人是否获得了数据的实际控制权。最后，虽然我国司法解释已有数据赃物行为的规制，但数据赃物行为是否应当被纳入掩饰隐瞒犯罪所得罪中统一评价，抑或单独评价，仍是值得讨论的问题。

而在个人信息数据的保护问题上，美国和德国的立法与实践经验都提出了对个人信息的保护正当性来源于对公民人格权的保护，进而提出了具体的保护规范。实际上，无论是德国司法中对"未公开"的解释和范围限定，还是美国司法中对"隐私的合理期待"，都是对个人信息数据的应保护性与需保护性的考察。我国目前对侵犯公民个人信息罪的认定争议很大一部分来源于对行为对象，即个人信息数据的定性问题。而我国立法中尚且缺乏对个人信息数据的"未公开"标准或"授权程度对于受保护程度的影响"的判断方式，因而对美国和德国信息犯罪的考察，以及论证其能否被运用于我国信息犯罪，对于构建我国信息犯罪体系具有重要意义。

在财产性数据的保护问题上，美国和德国都没有将数据认定为财产，也没有直接使用财产犯罪保护财产性数据。美国以附属刑法的形式规范财产性数据的流通，主要体现为对金融消费者数据的使用、转移秩序的维护，且在价值取向上更偏重对数据流动价值的发掘，因而对消费者隐私的保护相对较宽松。而德国在原有财产犯罪的基础上发展出了专门针对数据的构成要件：在诈骗罪的基础上发展出了计算机诈骗，在毁坏罪的基础上发展出了数据变更罪，在赃物罪的基础上发展出了数据赃物罪。由此解决了对数据的财产价值侧面的保护，同时维护了原有财产犯罪的构成要件定型性，也符合数据载体上无法构建产权的经济原理。我国目前对于财产性数据的刑法保护方式争议较大，实践中既有案例通过扩张财产的解释范围来使用财产犯罪规制，又有案例直接使用计算机犯罪规制。而正如本书即将展开论述的，这两种做法都有过度扩张具体罪名范围的嫌疑。对域外相应立法和实践的考察，为我国发展专门针对于财产性数据的保护方案提供了相应经验。

综合域外比较考察，可以看出，对我国目前的立法与实践状况而言，美国分散式立法模式只能提供具体保护措施的判断标准，而德国对一般数据的保护规范具有较高的借鉴性。由于数据天然具有高流通性，数据保护势必成为全球议题，对域外数据刑法的研究，一方面有利于我国国内数据立法的完整构建，另一方面也有利于我国参与国际数据贸易和维护我国数据主权与信息安全。

三、研究价值及意义

（一）现有理论研究的不足

1. 现有理论仍未厘清数据犯罪中的基础概念，导致讨论间缺乏对话性

当前讨论中，对于"数据"的概念、"数据犯罪"的类型的划分还未统一，导致许多文章看似使用了同样的主题或关键词，实际上讨论的重心并不一致。例如，孙道萃副教授《大数据法益刑法保护的检视与展望》一文中，将网络数据界定为包含信息数据与大数据，张忆然博士《大数据时代"个人信息"的权利变迁与刑法保护的教义学限缩——以"数据财产权"与"信息自决权"的二分为视角》一文中，所主张的数据财产权的数据则指向企业所拥有的大数据产品。

在数据犯罪的类型划分上，有学者是通过先分析数据犯罪中所涉及的法益，再对数据犯罪进行分类，例如王华伟助理教授，区分数据

安全法益与信息自决权法益，将数据分为一般数据与个人信息；有学者是先根据犯罪特征进行分类，再分析相关分类中所涉及的法益，例如刘宪权教授，根据犯罪特征是否与传统犯罪有关，划分不同相关程度的犯罪类型，而其中一类犯罪所涉及的法益则包含多种；再如劳东燕教授，根据公私域进行划分，对私域中的个人数据进行专门分析。而数据的概念和数据犯罪的类型，直接影响到选择怎样的研究视角、研究对象，倘若没有统一的标准或稳定的概念，许多讨论恐怕不具有对话性。

2. 现有理论中不同数据犯罪体系的主张者各自为战，缺乏具有统摄力的研究

目前来看，学者们在提出自己主张的数据保护体系之初，都会先点明自己所主张的数据概念范围，然后论证自己所主张的数据分类方式的合理性与周延性，再结合不同的法益立场，得出不同的构建方案。

例如杨志琼副教授在她的《我国数据犯罪的司法困境与出路：以数据安全法益为中心》一文中，提出了"数据安全法益"作为一般数据犯罪所应保护的法益，而"数据安全"包含"保密性、完整性、可用性"的内涵，因而她围绕着以上三点区分了不同数据类型，并按照相应的侵犯行为构建体系。而张勇教授在《数据安全分类分级的刑法保护》一文中，提出了"数据的安全保护等级"，因而他的体系是按照安全等级进行构建的，但实际上，在判断等级的重要程度时，他也使用了"保密性、完整性、可用性"标准。两位学者实际上的判断并无本质区别，但却构建了两套判断体系。

而至于主张数据财产权法益的学者，则致力于论证数据的财产属性，之后试图将其纳入财产犯罪中。这与上述数据安全法益说的构建思路就完全不在同一层面了。

3. 刑法教义学的基础理论在本领域的运用不足

数据犯罪涉及被害人的互动、多个参与人、个人与超个人法益、平台的参与等许多复杂情况，故数据犯罪领域具有广阔的基础理论演练空间。例如，在个人数据领域，"知情同意规则"就是被害人同意的体现，能否运用被害人教义学解决个人对数据的处置与保护问题，也存在研究的空间。而在当前热议的帮信罪中，帮助犯的正犯化问题则涉及共犯理论。在争议最大的数据犯罪所保护的法益的问题上，也有必要对法益理论进行深入考察。在平台责任问题上，则涉及义务犯理论。但是目前看来，还缺乏系统性的基础理论在本领域的讨论和应用。

4. 现有理论中对具体问题的讨论缺乏"新旧犯罪"区分

目前很多具体问题的讨论，例如"元宇宙""网络黑灰产""爬虫问题"等，同一类讨论话题中涉及多种犯罪，有的犯罪是因为"数据"这一新的犯罪对象表现形式而带来的，有的犯罪只是披着"数据"的外衣，本质还是传统犯罪。如本次梳理中的"利用个人数据实施的人身犯罪"，就侮辱诽谤他人而言，以数据的形式发布在网上，和直接以语言或文字的形式发布在现实世界，性质相同，仍然属于"旧"的犯罪，因而讨论空间不大；但就猥亵罪而言，能否因为数据技术的发展而突破"需要身体接触"的界限，则属于是"新"的犯罪，因而具有讨论的意义。在研究时有必要进行区分和提炼，以免徒增泡沫型讨论。

（二）研究的实践意义

党的十八届四中全会通过的《中共中央关于全面推进依法治国若干重大问题的决定》明确指出，坚持立、改、废、释并举，完善以宪法为核心的中国特色社会主义法律体系。当前，中国特色社会主义法律体系已经形成，保障法律的精确解释及适用成为我国社会主义法治建设的重要工作。因而，本研究对于解决网络中出现的数据犯罪问题具有如下实践意义：

1. 解决侵犯公民个人信息罪的罪名认定问题，确保法律适用的统一

随着《个人信息保护法》的出台，实践中也越来越重视侵犯公民个人信息罪的认定问题，但是目前仍有许多具体构成要件存在疑问。为此，有必要从保护数据安全的角度出发，重新厘定本罪所保护的法益，并在数据技术发展和个人信息保护之间寻找平衡，把控数据技术发展的良性发展方向，消除数据应用乱象的可能途径。对概念、行为方式、罪数认定等问题做理论梳理，以便于减少实践中可能出现的争议。

2. 解决新型数据犯罪行为定性争议，确定数据保护适用框架

移动互联网与数字内容产业融合后，产生了大片数据定性的模糊地带。尤其是大数据产品及其未加工前的原始数据是否具有财产价值，实践中存在很大争议。此外，目前关于非法获取计算机信息系统数据罪的裁判文书中，有超过50%的案件存在控辩审三方争议，非法获取计算机信息系统数据罪也有"口袋罪"的倾向。因此，重新梳理各类数据的性质以及法律保护路径，确定数据保护的适用框架，有利于解决目前认定模糊的状况。

3. 确定数额和情节的认定标准，保障司法准确性

流量时代，数据犯罪中行为人所获得的并不一定是直接的金钱，而可能是可资利用从而获取利益的流量，因而违法所得数额更具有易变性与抽象性。而在实践中如何衡量情节、损失情况等问题，这些情节或损失是否应当成为入罪的要件，也具有一定争议。因而，针对以上实践中涌现的疑难问题，仍存在较大的研究空间与实践意义。

四、主要研究方法

本书以数据安全法益观为研究线索，结合司法实践中存在争议的大量案例，以建构核心数据刑法体系为基本思路，对于非法获取公民信息认定、非法获取企业大数据产品行为认定、非法获取公民互联网一般数据等问题，在案例分析、教义学分析基础上，提出更优的理论解决方案。具体研究方法包括比较研究法、实证研究法、教义学研究法。

首先，采用类型研究法。类型化研究是本书主要使用的研究方法，本书以数据上所承载的三种属性，即信息性、财产性、一般性，分类研究数据当前的刑法保护路径，以及未来的立法保护方向。

其次，采用比较研究法。立足全球化数据保护视野，总结欧盟、美国在数据安全保护问题上的摸索经验，其中重点关注与我国刑法理论相近的德国，探究域外理论在数据犯罪体系建构上的可借鉴性。

再次，采用实证研究法。总结既有的文本在实践中如何系统运用，在无讼、北大法宝以及中国裁判文书网等大数据网做支撑下，以典型案例、类型案件作为问题研究的起点。

最后，采用教义学研究法。在法释义学的著作和论文可资参照基础上，对于可能涉及罪名进行法律解释，明确适用情形。

五、创新及不足

（一）研究的创新点

1. 研究方法具有统摄力与体系性

既往的研究中，多是从理论出发，提出实践中新出现的单一争议问题适用于何种理论规则。本书在前期大量文献与案例收集的基础上，首先梳理交叉学科中的数据相关概念、概念之间的从属关系，同时按照犯罪构成的顺序，将案例按照争议归属于不同的犯罪构成要件进行分类，并总结出争议中的核心问题，从而避免同一问题的重复讨论，也便于抓住问题的本质。其次，采用对比研究和交叉学科研究的方法，确保研究的完整性。以比较研究为视角，并考察普通法系国家与大陆法系国家不同制度的区别，考察国际上相关法规的构建以及最新动态，有利于给予研究，尤其是给予国内尚且空白领域的研究启发与经验。此外，结合民法、经济法、知识产权法等其他部门法研究，有利于为司法认定中问题的解决提供完整的、体系化的建议，实现部门法之间的协调与法秩序统一。

2. 研究对象的新颖性与前沿性

在既往的研究中，法学研究总是相较于犯罪手段具有一定滞后性，尤其是人脸支付技术普及之后，大数据产品的定性与保护成为社会各界关注的问题，但国内刑法学者对其讨论较少，更没有系统性的梳理性文献。本书以具有安全保护价值与财产保护价值的数据作为研究重点，介绍数据在刑法保护中的具体性质与定位，探讨技术发展带来的刑事风险，为刑法领域提供宝贵的前沿性资料。同时关注实践中已经存在的前沿争议问题，从理论上寻找行为定性依据，确保法律适用的准确与统一。

3. 较强的问题意识与实践意义

本书关注实践中网络犯罪与数据犯罪的复合型讨论，尤其注重数据犯罪发展对传统刑法教义学理论的冲击，尝试对实践中的具体问题，如人脸识别问题、爬虫问题、流量劫持问题、身份窃取问题等提出解决，确保问题切实符合实践需求，提出详细的问题分析模式以及司法适用指南。

（二）研究仍存在的不足

本书以实践中存在的新类型数据犯罪为重点研究对象，以数据上所承载的法益为主要分类脉络，采用类型化的研究方法，探究三类数据犯罪的刑法解释限度与立法转向。但是，由于数据技术的发展日新月异，本书所提出的类型界定在未来恐怕将无法涵盖所有犯罪的情况，在当下也无法直接穷尽实践中的所有侵犯行为。但是，本书认为，数据刑法保护体系研究有必要具备一定的开放性，同时，针对数据犯罪的研究也需要依照不同场景而设置不同方法，以使数据刑法保护体系具有灵活性与包容性。

第一章　核心数据刑法的概念厘定
与立法现状

当前研究中缺乏对数据的明确界定，也缺乏对新旧研究对象的区分，在构建数据刑法体系时，有必要限缩数据犯罪或者数据刑法的范围，并非所有涉及计算机数据的犯罪都属于数据犯罪，更具有研究价值的对象应当是数据的定性，以及指向数据的行为的定性。只有指向数据本身的、涉及数据特性的犯罪类型，才属于核心数据刑法的研究范畴。在此基础上，可以根据数据上所承载的权利不同，将数据犯罪区分为指向个人信息数据的犯罪、指向财产性数据的犯罪、指向一般数据的犯罪。数据的出现突破并挑战了刑法传统理论，但也仍然需要贯彻刑法的基本原则与原理。

第一节　数据概念与数据犯罪

一、数据犯罪研究中的概念混淆

我国目前对于"数据"概念的界定十分模糊，一是因为在立法用语上并没有对相近概念进行特别区分，二是因为在司法实践中实际使用的是广义的"数据"概念，包含多种数据表现形式，也杂糅了多种法益类型。

我国《刑法》中同时存在"数据"与"信息"两个概念，例如《刑法》第 253 条之一使用的是"个人信息"的概念，第 291 条之一也使用"虚假恐怖信息""虚假信息"等信息概念。而第 285 条、286 条则使用"计算机信息系统数据""数据"的概念。"数据"和"信息"两个概念分别指向两个侧面，但同时又在很多情况下存在于同一个客体上，因而在同时使用两个概念时，如果不加区分，必然会带来语义上的重叠和歧义，尤其是"计算机信息系统数据"，同时存在"信息"与"数据"，容易带来极大混淆。

在司法解释中，也是同时使用信息与数据的概念。比如，《最高人民法院、最高人民检察院关于办理危害计算机信息系统安全刑事案件应用法律若干问题的解释》第 1 条第 1 款规定的非法获取计算机信息系统数据的情形包括：其一，获取支付结算、证券交易、期货交易等网络金融服务的身份认证信息 10 组以上的；其二，获取第一项以外的身份认证信息 500 组以上的。第 11 条第 2 款指出，该解释所称"身份认证信息"，是指用于确认用户在计算机信息系统上操作权限的数据，包括账号、口令、密码、数字证书等。

此外，司法实践中使用的"数据"概念范围极广，能够体现为"数据"的犯罪对象指向所有能以代码形式储存于计算机信息系统中的权利客体，包括：①以电子数据方式记录的公民个人信息，如考生信息、学籍管理信息、人才信息、评标专家信息、违法犯罪记录、驾驶证信息、户口信息等；②其他身份认证信息，如淘宝购物账号密码、网络游戏账号密码、微信账号密码、Wi-Fi 账号密码、苹果手机 APP 账号密码等；③网络虚拟财产，如网络游戏装备、网络游戏道具等物品类虚拟财产和 Q 币、金币等货币类虚拟财产；④网络知识产权，如游戏源代码、网络课堂教学视频资料、公司的设计图纸等网络著作权、商业秘密等；⑤财产性利益，即以数据形式储存于电脑系统之中又具有经济价值的网络积分、手机靓号、电信资费套餐、会员卡资金等；⑥数据产品，如医院用药统方数据、客户订单数据、考试成绩、考试志愿、环保监测数据、生产经营数据等。这种广义的"数据"范畴使数据犯罪呈现出不同种类和不同程度的法益侵害，涉及个人信息权、财产权、知识产权等权利，导致数据犯罪保护法益的内涵和外延极其模糊。[1]

由于"数据"概念边界的模糊与牵涉法益杂糅，我国司法实践中对于数据犯罪的罪名认定问题存在极大争议。有学者于 2018 年对所收集的 100 份破坏计算机信息系统罪判决书进行梳理，发现检察机关、辩护人和法院最终认定罪名之间出现过争议的案件有 56 件，比例约 56%。[2]

针对这种情况，学界提出或扩张或限缩的方案。如有学者认为目前我国《刑法》第 285 条第 2 款非法获取计算机信息系统数据罪所保护的数据的范围过窄，仅仅限于计算机信息系统内部的、侧重于信息系统自身功能维护的、以访问控制为主要考虑的数据，过多附属于计算机信息系统功能，未关注数据的价值与保护必要性，且范围过分局限于以验证为内容的数据。[3] 因此，持该观点的学者主张应当"将'非法获取计算机信息系统数据罪'修正为'非法获取网络数据罪'。具体而言，修正《刑法》第 285 条第 2 款'非法获取计算机信息系统

---

〔1〕 杨志琼：《我国数据犯罪的司法困境与出路：以数据安全法益为中心》，载《环球法律评论》2019 年第 6 期。

〔2〕 周立波：《破坏计算机信息系统罪司法实践分析与刑法规范调适———基于 100 个司法判例的实证考察》，载《法治研究》2018 年第 4 期。

〔3〕 赵春玉：《大数据时代数据犯罪的法益保护：技术悖论、功能回归与体系建构》，载《法律科学（西北政法大学学报）》2023 年第 1 期。

数据罪'，去除前提性的技术行为限定。修正制裁履职过程中的数据犯罪的罪名。建议将罪状中的'将本单位在履行职责或者提供服务过程中获得的公民个人信息'中的'公民个人信息'修正为'数据'。"[1]而有学者则认为应当限制数据犯罪中的"数据"范围，目前立法中作为犯罪对象的数据范围过于广泛，几乎涵盖了所有可在计算机信息系统中储存、显示、获取的权利客体，导致"数据"概念与"信息"概念交叉，极易引起混乱。[2]也有学者主张，并非所有数据都应作为犯罪对象保护，破坏计算机信息系统罪中的数据必须是核心数据。[3]

实际上，"数据"和"信息"两个概念本就存在范围重叠，在欧盟的立法中就并不对二者进行区分，统一使用"数据"的概念，而将信息的保护规制在个人数据保护框架下。但是我国由于同时颁布了《个人信息保护法》和《数据安全法》，进而确立了信息保护和数据保护两条并行轨道，因此产生了区分上的问题。

"数据"和"信息"概念解释上的交叉被有的学者总结为研究范式之争：倘若采用数据范式，则只以电磁记录意义上的数据作为网络犯罪的对象，而信息只被视为数据的内涵形式或结构形式；而倘若采用信息范式，则网络犯罪的对象是更体现内容属性的信息，强调的是实质上的信息安全，而数据只被视为信息内容的载体。[4]因为数据是信息的载体，而信息是数据的内容，所以从物理上完全将二者进行割裂是没有意义的。对信息和数据进行区分，只是为了区分行为在同一客

---

〔1〕赵春玉：《大数据时代数据犯罪的法益保护：技术悖论、功能回归与体系建构》，载《法律科学（西北政法大学学报）》2023年第1期。

〔2〕杨志琼：《非法获取计算机信息系统数据罪"口袋化"的实证分析及其处理路径》，载《法学评论》2018年第6期。

〔3〕俞小海：《破坏计算机信息系统罪之司法实践分析与规范含义重构》，载《交大法学》2015年第3期。

〔4〕王肃之：《我国网络犯罪规范模式的理论形塑——基于信息中心与数据中心的范式比较》，载《政治与法律》2019年第11期。

体上所指向的重点侧面，或者说采取怎样的研究视角。在构建所谓的数据犯罪或信息犯罪或网络犯罪体系时，首先也必须点明采用的是何种视角或范式。

因此，有必要限缩数据犯罪或者数据刑法的范围，并非所有涉及计算机数据的犯罪都属于数据犯罪，应当以数据作为研究载体，区分数据所承载的内容，对于明显有别于传统犯罪的新类型数据进行核心化研究，而只有在有必要对数据内容进行实际判断的时候，才需采用信息的概念，并以之作为判断内核。

二、数据犯罪所保护的法益

长久以来，学界对数据上的法益究竟是什么而争论不休。主要可以区分为两大阵营：个人法益阵营与超个人法益阵营。由于早期讨论中对"数据"和"信息"的概念区分界限并不明显，学界在讨论数据上所承载的法益时，主要以侵犯公民个人信息罪为研究对象。

（一）数据犯罪所保护法益之争

个人法益阵营主要从信息权、人格权、隐私权、生活安宁权等人身属性方面论证数据犯罪所保护的法益。其中，个人信息权说认为，个人信息权是指本人依法对其个人信息所享有的支配、控制并排除他人侵害的权利。[1] 这一观点直接使用了信息保护的概念，但实际上并未从根本上论证该法益究竟是什么。个人人格权说认为，侵犯公民个人信息罪所保护的法益是公民人格尊严与个人自由。[2] 这一观点与民

〔1〕 齐爱民：《论个人信息的法律保护》，载《苏州大学学报》2005 年第 2 期。
〔2〕 高富平、王文祥：《出售或提供公民个人信息入罪的边界———以侵犯公民个人信息罪所保护的法益为视角》，载《政治与法律》2017 年第 2 期。

法典保持一致，与刑法中的人身权利具有近因性。[1] 个人隐私权说认为，该罪侵犯的法益是民主权利中的名誉隐私权，公民个人信息也因此限于包括公民姓名、年龄等能够识别身份或者涉及个人隐私的信息、数据资料。[2] 个人生活安宁权说认为，刑法视野中的公民个人数据判断应以"私人生活安宁"为标准，即任何与公民个人相关的信息，一旦泄露，可能威胁到私人生活安宁的，都是公民个人信息。[3] 个人信息自决权说认为，本罪侵犯的是信息自决权，即主体对于信息具有的选择和决定权，或者说基于主体自我意志的排他权。[4] 目前这一学说的支持者占大多数。

超个人法益说则主要从社会公共利益与国家安全的角度出发，认为公民个人信息不仅直接关系个人信息安全与生活安宁，而且关系社会公共利益、国家安全乃至于信息主权；所以"公民"一词表明"公民个人信息"不仅是一种个人法益，而且具有超个人法益属性，还需要从公民社会、国家的角度进行解释。[5] 其中，集体法益权说认为，侵犯公民个人信息罪所保护的法益，是具备实质权利内涵的集体法益，具体为信息专有权。[6] 也有观点认为是个人信息安全的社会信赖，[7] 但总体而言，集体法益权说认为本罪的法益建立于公共关系基础上。公共信息安全说认为，本罪法益应当限于公共信息安全，只有对公共

---

〔1〕 姜涛：《新罪之保护法益的证成规则——以侵犯公民个人信息罪的保护法益论证为例》，载《中国刑事法杂志》2021 年第 3 期。

〔2〕 张明楷：《刑法学（下）》，法律出版社 2021 年版，第 936 页。

〔3〕 胡胜：《侵犯公民个人信息罪的犯罪对象》，载《人民司法》2015 年第 7 期。

〔4〕 曾粤兴、高正旭：《侵犯公民个人信息罪之法益研究》，载赵秉志主编：《刑法论丛（2018 年第 3 卷）》，法律出版社 2018 年版，第 207 页。

〔5〕 曲新久：《论侵犯公民个人信息犯罪的超个人法益属性》，载《人民检察》2015 年第 11 期。

〔6〕 敬力嘉：《大数据环境下侵犯公民个人信息罪法益的应然转向》，载《法学评论》2018 年第 2 期。

〔7〕 江海洋：《侵犯公民个人信息罪超个人法益之提倡》，载《交大法学》2018 年第 3 期。

信息安全法益造成了损害的侵犯公民个人信息行为，才能构成犯罪。[1]
社会新型管理秩序说认为，侵犯公民个人信息罪的入罪标准设置为具
有规模性、整体性的个人信息保护，而非单纯个体权利的保护，根据
其立法目的以及规范方式，其法益应当评价为社会信息管理秩序。[2]

（二）数据的本质特征与法益界定

数据犯罪所指向的法益之所以呈现多样性与争议性，根本原因在
于数据的本质无法承载单一的法益。即使以最为抽象的个人法益与公
共法益二分结构来看，数据法益也无法被单独归为二者其一。

首先，数据的可识别性与共享性决定了数据无法被归为个人法益。
将数据纳入个人法益的理由基本上是认为，数据上承载着公民的秘密
和生活隐私，因而有必要确定隐私边界。但是，数据、信息、隐私三
个概念只是范围交叉，本质并不相同。个人信息并非隐私权的外化，
相反，个人信息具有可识别性，而隐私具有私密性，二者存在天然的
区别，二者保护的重心和规范的行为对象完全不同。法律保护隐私是
为了规范公开和泄露隐私的问题，而法律规范数据上的个人信息则是
从保护权利主体的自我控制与决定权出发，规范不当或违法收集、加
工或使用个人信息的行为。[3] 而数据与信息也不是同一客体，数据是
信息的载体，[4] 数据会被损坏，但已经产生的信息并不会被灭失。例
如，将个人身份信息记录在电脑磁盘中，即使计算机数据受损而无法
读取，个人身份信息也没有消失。因此，数据相对于信息而言更具有

---

〔1〕 王肃之：《被害人教义学核心原则的发展——基于侵犯公民个人信息罪法益的反思》，载《政治
与法律》2017 年第 10 期。

〔2〕 凌萍萍、焦冶：《侵犯公民个人信息罪的刑法法益重析》，载《苏州大学学报（哲学社会科学
版）》2017 年第 6 期。

〔3〕 参见吕炳斌：《个人信息权作为民事权利之证成：以知识产权为参照》，载《中国法学》2019 年
第 4 期。

〔4〕 胡元义主编：《数据结构教程》，西安电子科技大学出版社 2012 年版，第 2 页。

可操作性,信息一旦被记录在数据之上,就开始了传递和共享。可以看出,在使用数据这一研究对象时,实际上已经离个人核心生活领域越来越远。将数据归为个人法益,意味着放弃了数据流动性所带来的共享价值,也相当于混淆了数据、信息、隐私三者之间的交叉关系,从而带来了定义上的混乱和性质上的分歧。

其次,数据的信息性与隐私性决定了数据无法被归为公共法益。如上所述,数据、信息、隐私三个概念之间有部分交叉,但又无法等同。因此,一味地舍弃数据的信息性与隐私性,而将数据纳入公共法益中的做法也会带来疑问。随着数字技术的发展,数据收集、处理和分析的手段越来越多,通过技术工具甚至可以精准定位公民的所有生活轨迹。倘若认为数据犯罪所保护的法益是公共利益,那么就无法妥善保护数据上所承载的公民个人信息,甚至公民的隐私信息。因此,必须承认,数据无法被划分到任何一个阵营,其作为一个全新的权利客体,无法用传统的体系予以规制,数据犯罪应当采取全新的研究视角。

所以,数据法益的定位应当是权利束,或曰架构法益。数据既不是私权之物,也不是公共用品,而有必要将其理解为权利束。正如财产的概念所经历的发展那样,不被认为是物质对象本身,而是个人在"物"之上享有的权利组合,即财产是由权利构成,而不是物构成。[1]在这种意义上,对数据的保护框架应当建立于数据在不同场景中的不同权益性质,重点不是数据归属于谁,而是相应的主体对数据是否享有权利、享有何种性质的权利或利益。因此,对数据法益进行二元划分的思路存在天然的悖论,数据之上承载着隐私、个人信息、财产、商业价值、国家安全等诸多法益,本就无法使用单一标准划分。欲讨

---

[1] 劳东燕:《个人数据的刑法保护模式》,载《比较法研究》2020年第5期。

论数据保护的刑法模式，只能构建场景依存的架构型数据保护，依照数据权属争议的不同场景，判断数据保护的秩序和方式。

三、虚拟世界的核心数据犯罪行为

由于数据之上的法益呈现权利束的样态，数据犯罪也与信息犯罪、财产犯罪、经济犯罪具有很大程度的重合，因而，广义的数据犯罪实际上包含两类：一是基于数据特征或新型行为类型而发生的犯罪，这类犯罪有的可以通过扩大解释传统犯罪构成要件予以规制，有的已经突破了传统犯罪的解释范围，需要建立新的规范；二是行为类型与侵犯法益、传统犯罪无异的犯罪，只是由于发生在虚拟空间，而被纳入数据犯罪的讨论范畴之中。实际上，正如经济刑法具有广义经济刑法与核心经济刑法之分，为聚焦讨论范围、抽象犯罪本质，数据刑法也应当划分广义数据刑法与核心数据刑法。因此，有必要划定核心数据犯罪的范围，考察数据犯罪的行为是否真正突破了传统犯罪手段类型。目前实践中对数据的非法操作大致可分为两类：利用数据进行犯罪；指向数据本身的犯罪，即获取或破坏数据而产生的犯罪。

（一）利用型数据犯罪仍属于传统犯罪

利用型数据犯罪主要包含的是实际指向传统犯罪的数据犯罪，这类犯罪不涉及"数据"本身是什么的问题，而涉及数据指向的客体与相应行为的性质是什么的问题。这类利用型数据犯罪又可以再被区分为利用他人数据实施的财产犯罪、人身犯罪和秩序犯罪。

实践中常见的利用他人数据实施的财产犯罪包括：非法获取他人第三方账户内钱款类案件、偷换二维码案件。这类犯罪涉及的问题本质是盗窃罪与诈骗罪或者信用卡诈骗罪的区分认定问题，实际上只是披着数字化外壳的传统犯罪，其犯罪行为的最终指向也不是数据本身，而是以数据为载体的财产性利益。涉及第三方支付平台的案件实际上与传统银行卡犯罪的性质相同，无论是认为支付平台被骗而做出处分行为，从而认为构成诈骗罪，[1] 还是认为行为人以平台账户密码、关联协议为依据，秘密占有和使用银行卡内的资金，从而认为构成盗窃罪。[2] 第三方支付平台扮演的角色与银行 ATM 机相同，都承担着对用户资金的保管责任，也都只能通过形式上的审核决定财产处分，因而这一问题并非由于数据本身特征而带来的新问题，不应被纳入核心数据犯罪中。而偷换二维码的案件也属于三方关系中的盗窃和诈骗的区分问题，盗窃债权说或盗窃贷款说的观点是认为消费者只是行为人转移商家财产的所借助的手段，而认为属于诈骗的观点则认为消费者属于商家财产的处分者，而这一犯罪模型即使不依托于数据或电子支付，也有可能发生。

利用他人数据实施人身犯罪的情况主要包括利用个人数据进行网络诽谤或网络侮辱、敲诈勒索行为等，以及实践中存在的利用幼女数据要求其拍摄裸照进而实施猥亵的案件[3]。这类犯罪实际上只是由于发生于网络空间所以才涉及公民数据，本质与现实生活中所发生的侮辱、敲诈勒索、猥亵并无差别，虽然具有实际认定上的讨论空间，但并不具备学术增量。

利用数据实施的秩序犯罪主要包括妨害网络业务的犯罪和妨害网络秩序的犯罪，前者如刷单炒信行为，目前在实践中主要被认定为破

---

〔1〕 参见石坚强、王彦波：《将他人支付宝账户内资金私自转出构成诈骗罪》，载《人民司法（案例）》2016 年第 11 期。

〔2〕 参见吴波：《秘密转移第三方支付平台资金行为的定性——以支付宝为例》，载《华东政法大学学报》2017 年第 3 期。

〔3〕 徐日丹：《最高检发布第十一批指导性案例 依法严惩侵害未成年人权益犯罪——最高检向教育部发出检察建议推动校园安全建设》，载《检察日报》2018 年 11 月 19 日，第 2 版。

坏生产经营罪，但也有学者主张应当单独增设利用计算机妨碍业务罪；[1] 后者如网络聚众赌博、故意传播虚假恐怖信息、网络传谣行为和辱骂他人行为等，对此我国刑法与司法解释中存有部分规定，例如，《刑法》第 303 条赌博罪包括了网络聚众赌博行为，第 291 条之一的编造、故意传播虚假恐怖信息罪，也包含了网上传播的行为，但也有无法规制的部分，如传谣和网暴行为，因而也有学者主张建立妨害网络秩序犯罪。[2]

以上利用数据实施的秩序犯罪虽然有的的确属于新类型犯罪，也一定程度上突破了当前《刑法》条文的解释，但是与其说这些犯罪是数据犯罪，不如说是网络犯罪，行为人只是利用数据实施破坏网络空间秩序的行为，但实际上没有涉及数据本身是否应当被保护、数据性质和权属问题、数据保护模式的选择等以数据为研究客体的讨论。

（二）核心数据刑法仅包含指向型犯罪

指向型数据犯罪需要实际考察数据作为行为对象的性质和权属，在行为方式上，主要包括非法获取数据、非法更改数据、非法破坏数据的行为。而根据行为指向的是数据形式或数据内容，可以分为指向一般数据的犯罪、指向信息数据的犯罪、指向财产数据的犯罪。指向型数据犯罪无论是操作数据的行为还是涉及的行为对象都与传统犯罪不同，因而具有集中讨论的必要，尤其是这类行为是否突破了传统犯罪的解释边界、在何种程度上产生了突破，是否带来了方法论上的转变，从而是否推动了传统教义学理论的发展。

应当承认的是，实践中对数据的非法获取和利用通常同时进行，但是必须认识到，哪些犯罪涉及的是数据本身的属性从而应当被作为

---

〔1〕　参见陈兴良：《网络犯罪的类型及其司法认定》，载《法治研究》2021 年第 3 期。
〔2〕　参见陈兴良：《网络犯罪的类型及其司法认定》，载《法治研究》2021 年第 3 期。

新问题研究，而哪些犯罪只是传统犯罪在虚拟世界的表现形式，需要在具体案件中根据具体情况讨论认定问题。因此，核心数据刑法研究应当将确定数据的性质和保护模式作为重点。

通过考察两类数据犯罪的行为类型，可以看出，虽然利用数据进行的犯罪涉及数据，广义数据犯罪也应当包含利用型犯罪，但是实际上利用数据型犯罪中数据只是手段或工具，犯罪所指向的仍是传统犯罪中的财产权、公共秩序、人格权等对象，这类犯罪只是网络空间中披着数字外衣的传统犯罪。而指向型数据犯罪则由于直接将数据作为犯罪对象，从行为方式到行为对象上都产生了有别于传统犯罪的异变，因而狭义的核心数据刑法应当限定在指向型数据犯罪中。通过行为方式进行划分可以筛选出真正有别于传统犯罪的新型数据犯罪，而在数据犯罪中，又可以按照不同行为对象划分出不同研究模式。

第二节　核心数据刑法的规制对象与立法现状

正如上文所述，数据法益应当被定位为权利束，无法从根本上对数据载体、信息内容、价值外观等概念进行直接区分。因此，对数据刑法规制对象的划分只是反映了数据上所体现的权利侧面。其中，个人信息数据反映了数据权利人的人格权，财产性数据反映了数据权利人的财产权，一般数据则是剩余流通于互联网领域的数据，保护一般数据体现了权利人的生活安宁权。

一、个人信息数据

对于个人信息数据的范围，学界存在不同解读。如有观点认为，个人信息是指能实现对公民个人情况的识别，被非法利用时对公民个人生活和安宁构成损害和威胁的信息；[1] 也有观点认为，个人信息是体现个人隐私权的信息；[2] 还有观点认为，个人信息是指本人不希望扩散，具有保护价值，一旦扩散将可能对公民权利造成损害的信息。[3] 根据最高人民法院、最高人民检察院（以下简称两高）颁布的《关于办理侵犯公民个人信息刑事案件适用法律若干问题的解释》（以下简称司法解释），公民个人信息是指"以电子或者其他方式记录的能够单独或者与其他信息结合识别特定自然人身份或者反映特定自然人活动情况的各种信息"。司法解释提出的这一范围为个人信息数据提出了"识别性"的标准。而 2021 年颁布实施的《个人信息保护法》则进一步明确提出了"身份可识别性"作为个人信息的判断基准，指出个人信息是"以电子或者其他方式记录的与已识别或者可识别的自然人有关的各种信息"。总之，应当以"身份可识别性"为核心，结合信息犯罪所保护的法益，为个人信息数据划定保护界限。

（一）以身份可识别性为核心的个人信息数据

身份可识别性是指个人信息数据彰显了公民个人独一无二的特性，以致能够根据该信息而锁定到特定主体。个人信息数据都应当具有身份可识别性，这是个人信息数据区别于一般性数据和财产性数据的最本质特征，也是个人信息数据受保护的正当性根据。个人信息数据所涉及的法益包括私人领域中的信息自决权和公共领域中的信息安全秩序。信息自决权的正当性来源于宪法所保障的公民人格权，只有在信息具备身份可识别性时才会威胁到人格权的安全；而信息安全秩序的

---

〔1〕参见庄绪龙：《侵犯公民个人信息罪的基本问题——以"两高"最新颁布的司法解释为视角展开》，载《法律适用》2018 年第 7 期。

〔2〕参见蔡军：《侵犯个人信息犯罪立法的理性分析——兼论对该罪立法的反思与展望》，载《现代法学》2010 年第 4 期。

〔3〕参见张磊：《司法实践中侵犯公民个人信息犯罪的疑难问题及其对策》，载《当代法学》2011 年第 1 期。

保护正当性，根本上也是由于数据上所承载的国民信息，一旦泄露后将带来国家或社会层面的安全风险，这也表征着个人信息数据上身份可识别性的基本属性。此外，从国际合作的视角来看，欧盟工作小组将身份被识别性和可识别性认定为个人数据的基石，统一的认定标准对融入国际信息安全保护也具有重要意义。

在对身份可识别性的具体判断上，需要结合案件实际情况和社会客观期待标准。例如有学者区分了隐私信息和身份可识别性信息，认为公民的堕胎情况虽然属于个人隐私，但是不属于具有身份可识别性的个人信息。[1] 但在兰州市城关区 2016 年的一起非法获取、出售患者个人信息的案件中，法院就将患者就医时被医院记录的信息认定为个人信息。[2] 应当承认，"隐私"和"个人信息"的概念范围并不能等同，这是由"隐私"的文义本身决定的：对"隐私"的判断大多需结合权利人主观意志，权利人不希望公开的信息即属于隐私信息，而身份可识别性的判断则更为客观，即依照社会的一般标准他人依靠该信息能否认定权利人。如随着智慧医疗系统的建立，患者的就医信息可以反映患者的基本生物信息、每次就医记录，甚至包括医保信息和联系信息等，依照社会的一般标准，根据这些信息可以锁定特定患者本人，这些信息就属于具有身份可识别性的个人信息。而倘若涉案信息只有堕胎信息，无法锁定特定患者，那么该信息就只能被认定为民法上的隐私，而不属于刑法信息犯罪中的个人信息。

根据司法解释，除了能够识别特定自然人身份之外，能够反映特定自然人活动情况的信息也属于个人信息的范畴，这实际上也是身份可识别性的一种体现。特定自然人的活动情况能够反映该自然人的生

---

〔1〕 参见庄绪龙：《侵犯公民个人信息罪的基本问题——以"两高"最新颁布的解释为视角展开》，载《法律适用》2018 年第 7 期。

〔2〕 甘肃省兰州市城关区人民法院（2016）甘 0102 刑初 605 号刑事判决书。

活或工作的基本状况，通过这些信息可以直接锁定该自然人。因此，个人信息的核心是身份可识别性，随着可识别程度的不同，个人信息也呈现出不同的保护必要性级别。

（二）个人信息数据的分级保护

侵犯公民个人信息罪司法解释中实际上已经提出了个人信息数据的分级治理，在"情节严重"的认定标准中，非法获取、出售或者提供行踪轨迹信息、通信信息、征信信息、财产信息 50 条以上即可构成；而非法获取、出售或者提供住宿信息、通信记录、健康生理信息、交易信息等其他可能影响人身、财产安全的公民个人信息，需 500 条以上才能构成；非法获取、出售或者提供以上个人信息之外的信息，则需 5000 条以上才能构成。司法解释的这种分类与信息的私密性相关，与此相类似的还有目前普遍被讨论的领域理论。领域理论将个人信息数据按照私密性高低，区分为最核心层的隐私领域数据、中间层的私人领域数据、最外层的社会领域数据。[1] 这种划分方式的原理是，随着个人信息数据的私密性不同，其体现出的公民个人属性也不同，进而其泄露后对人身、财产安全的危险也不同，因而个人信息数据的受保护程度应当不同。

领域理论最初由德国联邦宪法法院提出并发展，用以分析个人信息数据保护的不同需要和人格权的不同保护侧面，一度成为德国信息保护的通说。[2] 然而，随着信息处理技术发展，领域理论逐渐难以被适用，尤其是自动信息处理的情况下，个人信息数据的收集发生在生活的各个领域，并可能被用于各种处理目的。通过信息技术的自动处理和链接方法，任何被认为本身无关紧要的数据都可以通过与另一个

---

〔1〕 参见欧阳本祺：《侵犯公民个人信息罪的法益重构：从私法权利回归公法权利》，载《比较法研究》2021 年第 3 期。

〔2〕 Udo Di Fabio, in: Maunz/Dürig, GG, 73. EL 2014, Art. 2 Rn. 157ff.

数据的链接而具有新的意义，成为对人格权的威胁，对所谓的"领域"的区分变得越来越不现实。[1]

虽然领域理论面临着难以区分的争议，但是这种对个人信息数据进行分级的保护观念具有重要意义。这是由个人信息数据的刑法保护根据所决定的：信息犯罪主要侵犯的是信息主体的人格权，而不同类别的个人信息数据所反映出的信息主体隐私不同、法益侵害程度不同，也就导致了行为可罚性不同，这势必导向个人信息数据的分级与行为的分类治理。个人信息数据的受保护程度一方面由以身份可识别性为客观体现的私密程度所决定，另一方面也由权利人的自决权使用程度所决定，也就是说，即使个人信息数据直接体现了权利人的核心隐私，倘若权利人自己决定将其公开或授权他人使用，那么该个人信息数据的需保护性也会大大降低。通过身份可识别性的客观标准和权利人决定的主观标准，能够进一步限定个人信息数据分级保护的划分，本书将在第二章进一步展开论述。

（三）个人信息数据的刑法保护现状

《刑法修正案（七）》颁布实施之前，我国刑法立法中并没有直接规定对个人信息数据的保护，而只是规定了对国家秘密信息、军事秘密信息、金融领域重要信息、内幕信息的保护规范，而公民个人信息数据大多被直接认定为计算机信息系统数据而以计算机犯罪予以保护。《刑法修正案（七）》将非法获取公民信息和非法出售、提供公民信息确立为犯罪，从而在我国刑法中增加了对个人信息的保护，而后《刑法修正案（九）》正式将获取、出售、提供公民信息的行为统一规定为侵犯公民个人信息罪，将信息法益从计算机犯罪中独立出来，此外，两高司法解释也进一步明确了本罪的定罪量刑标准。截至目前，实践

---

〔1〕 BVerfGE 65, 1, （45）.

中以侵犯公民个人信息罪为案由的判决已经超过一万例，而 2021 年颁布实施的《个人信息保护法》更进一步推动了刑事判决中对侵犯公民个人信息行为的认定。

然而，实践中对于本罪的定罪量刑仍然存在一定问题：首先，对个人信息的认定仍然存在争议，尤其是具有身份可识别性的个人信息数据是否一律能够构成本罪的对象，仍有待商榷。例如行为人利用企业发布在网上的法定代表人的身份信息实施诈骗，被法院认为同时构成侵犯公民个人信息罪和诈骗罪。[1] 其中公开的法定代表人身份信息能否成为侵犯公民个人信息罪对象，存在一定争议。[2] 其次，司法解释中分级认定的"情节严重"要件划分仍存在不足。司法解释中对第一级信息采用列举式规定，"行踪轨迹信息、通信信息、征信信息、财产信息"四类信息仅非法获取 50 条以上就构成犯罪，但正如有观点指出的，这一范围过于狭窄，包括生物识别信息等信息也完全具有与以上四类信息相当的需保护性，[3] 因而是否需要增加实质判断标准仍值得进一步讨论。最后，尽管司法解释中对信息进行了分级规定，但法院在实际认定中对信息分级的考量仍然不足。有学者对 2009 年至 2021 年间的侵犯公民个人信息刑事判决进行了实证研究，发现法院在处理普通信息和敏感信息时，各法定因素的衡量权重基本一致。[4] 可见，虽然司法解释进行了信息分级，但实践中并没有较充分地落实分级认定。

---

〔1〕 广西壮族自治区宾阳县人民法院（2018）桂 0126 刑初 486 号刑事判决书。

〔2〕 参见郑朝旭：《论侵犯公民个人信息罪的司法适用误区及其匡正》，载《财经法学》2022 年第 1 期。

〔3〕 参见黄陈辰：《侵犯公民个人信息罪"情节严重"中信息分级保护的结构重塑》，载《东北大学学报（社会科学版）》2022 年第 1 期。

〔4〕 参见冯洋、李珂、张健：《侵犯公民个人信息罪司法裁量的实证研究》，载《山东大学学报（哲学社会科学版）》2023 年第 1 期。

与此同时，学界目前对于个人信息数据体现的究竟是特殊人格权还是隐私权、信息犯罪所侵犯的法益究竟是个人法益还是超个人法益也仍然存在争议，这些基础问题的争议直接影响到对侵犯公民个人信息罪构成要件的解释。可见，欲解决个人信息数据刑法保护的争议问题，首先需重新界定个人信息数据的性质，进而讨论信息犯罪的法益，最终才能以此为基准讨论信息分级治理的实质根据与规范标准。

二、财产性数据

财产性数据是指具有可被利用的经济价值且该价值能被市场客观化确定的数据，并非所有财产性数据都属于刑法上的财产，然而在司法实践中有的法院直接将非法获取具有财产价值的数据认定为财产犯罪，[1] 也有法院认为这类数据只能成为计算机犯罪的对象，[2] 可见，关于财产性数据的属性和保护路径仍存在进一步探讨的必要。

（一）财产性数据的范畴厘定

从目前的实践情况来看，具有经济价值的数据大致可分为四类：一是依托区块链技术而以数据形式存在的数字货币，如比特币、以太币、币安币等；二是依托算力实现服务需求的数据，包括大量承载用户信息并具有分析价值的大数据集合，以及通过采集整合一般数据，使用算法进行统计、分析，进而得出预测或结论的大数据产品；三是虚拟财产，如游戏装备、可兑换的积分、代金券等；四是具有经济价值且能够变现的流量。

数字货币的底层技术是区块链技术，区块链通过分散储存的数据节点形成虚拟链条，而数字货币则是该链条上的价值传递工具。具体

---

〔1〕 上海市第一中级人民法院（2014）沪一中刑终字第 134 号刑事裁定书。
〔2〕 广西壮族自治区柳州市城中区人民法院（2015）城中刑初字第 20 号刑事判决书。

而言，以比特币的产生过程为例，每个参与者（即矿工）将自己收集到的全网的交易信息进行记录，形成区块，而在比特币系统中存在的无数个区块中，将已经存在的区块与当前全网广播的未被确认的交易信息后面再加入一个随机数，进行两次哈希运算，得出数据串并验证所有矿工答案，在此基础上赋予第一个算出随机数的矿工记账权，而矿工获得系统奖励的一定数额的比特币。数字货币的价值就依托于这种分布式共享账本的记录机制，由于加密技术和分散式的体系结构，数字货币的产生与流通过程中并不存在中央服务器或中心监管机构，这种去中心化也是数字货币不同于传统货币的最典型特征。

大数据集合与大数据产品的组成单位是一般数据或个人信息数据，由制作者采集并加工，以达成对商业活动或用户行为的分析与预测。数字经济时代，大数据集合与大数据产品成为企业管理与市场决策的重要依据，具有不可忽视的客观价值，但另一方面，其属性与地位又没有得到法律上的确认，因而成为目前学界广泛讨论的对象。

虚拟财产最初指的是网络游戏中的角色装备与虚拟货币，而目前又扩张至网络购物领域与电信业务领域，并且有进一步扩张的趋势，故而在学界的讨论中，虚拟财产的边界也具有一定含糊性。一般认为，虚拟财产可以被分为三类：账号类虚拟财产，物品类虚拟财产，货币类虚拟财产。[1] 但是，账号本质是个人信息，其本身并不具有客观的价值，认定虚拟财产的标准应当是该虚拟物品能否与真实货币价值相对应，即包括直接由现实法定货币购买的虚拟物品和虚拟货币。[2] 因此，为了避免概念和分类上的混淆，虚拟财产应当被限定为可以由现实法定货币购买的虚拟物品。

---

〔1〕　参见江波：《虚拟财产司法保护研究》，北京大学出版社 2015 年版，第 31~33 页。
〔2〕　参见张忆然：《"虚拟财产"的概念限缩与刑法保护路径重构——以数据的三重权利体系为参照》，载《湖南科技大学学报（社会科学版）》2021 年第 2 期。

流量作为财产性数据的常见类型是流量劫持案件中体现的具有经济价值的浏览流量，这些流量承载了互联网平台公司运营模式、多元化市场主体的利益机制、商业信誉和商品信誉等，在实践中已经成为互联网公司之间广泛交易的商品。

随着数据技术的发展，财产性数据的范围势必将突破以上四类数据，但财产性数据的根本判断标准在于具有客观固定的经济价值和法律所承认的财产性。

由于数据概念的特殊性，财产性数据的价值实际上与其所承载的信息挂钩。但是财产性数据和个人信息数据作为数据犯罪对象的划分依据在于，财产性数据上承载的信息不具有身份可识别性，同时财产性数据的价值固定客观。行为人通过非法获取与买卖个人信息数据，虽然也能获得相应对价，但是刑法真正调整的对象是信息所反映的人格权，而买卖该信息所附带的获利则属于情节要件。此外，财产性数据和一般数据也存在区别。虽然一般数据具有财产价值，但是单条一般数据的价值无法被客观确定，只有一般数据被集合加工后所形成的大数据产品才具有固定客观的市场价格。因而大数据产品属于财产性数据的范畴，但是对于单条一般数据而言，无法也无需对其确定财产权，也就无法对一般数据采用传统物权保护模式。一般数据上体现出的法益是网络生活安宁权，而财产性数据所体现的法益是财产安全，对一般数据的保护原理与对财产性数据的保护原理有本质区别。

（二）财产性数据的刑法保护现状

在理论研究和司法实践中，对非法获取财产性数据并从中获利的行为，大致存在三种处理思路：一则，认为财产性数据本质还是计算机数据，从而认定为相应的计算机犯罪；二则，认为财产性数据本质是财产，进而认定为相应的财产犯罪；三则，认为数据只是载体，而根据数据上所体现出来的权利，分别认定为相应的信息犯罪、知识产权犯罪等。但是，由于数据概念广泛、种类繁多，三种处理思路大多存在交叉或分歧。例如，在非法获取数字货币的案件中，出现了一审法院认定构成盗窃罪而二审法院改判为非法获取计算机信息系统数据罪的情况，其核心争议就在于数字货币的定性问题。[1] 而对于大数据产品与流量，许多民法学者认为应当肯认其财产地位，[2] 由此也陆续有刑法学者主张应当将非法获取大数据或流量劫持的行为认定为财产犯罪，[3] 但也有许多学者主张大数据产品或流量不属于财产，[4] 司法实践中也并不承认大数据属于财产犯罪的对象，而是将其认定为商业秘密，[5] 对于流量劫持的案件也基本认定为计算机犯罪。[6] 随着实践中的数据种类和行为方式不断更新换代，针对这一领域仍存在较大讨论空间。而在涉及虚拟财产的案件中，财产的认定边界以及获取行为的定性问题也还未得到解决。实践中仍然存在较大争议，如有的法院认为窃取电子账号并获利的行为属于盗窃罪，[7] 有的法院则认为属于非法获取计算机信息系统数据罪，[8] 理论中也仍在尝试限定虚拟财产的范围并提出合理标准。[9]

以上争议所体现出的问题本质在于：其一，目前我们对财产性数

---

〔1〕　辽宁省大连市中级人民法院（2021）辽02刑终258号刑事判决书。

〔2〕　参见任丹丽：《民法典框架下个人数据财产法益的体系构建》，载《法学论坛》2021年第2期。

〔3〕　参见汤道路：《算力盗用：一种新型财产侵害》，载《政法论丛》2022年第3期。

〔4〕　参见梅夏英：《数据的法律属性及其民法定位》，载《中国社会科学》2016年第9期；劳东燕：《个人数据的刑法保护模式》，载《比较法研究》2020年第5期；孙道萃：《"流量劫持"的刑法规制及完善》，载《中国检察官》2016年第8期。

〔5〕　河南省信阳市浉河区人民法院（2019）豫1502刑初250号刑事判决书，杭州铁路运输法院（2017）浙8601民初4034号民事判决书，北京知识产权法院（2016）京73民终588号民事判决书。

〔6〕　上海市浦东新区人民法院（2015）浦刑初字第1460号刑事判决书。

〔7〕　上海市第一中级人民法院（2014）沪一中刑终字第134号刑事裁定书。

〔8〕　广西壮族自治区河池市（地区）中级人民法院（2021）桂12刑终199号刑事裁定书。

〔9〕　余剑：《财产性数据的刑法规制与价值认定》，载《法学》2022年第4期。

据的价值本质和定性定位仍没有达成共识，且上述四类财产性数据的价值来源并不相同，不加区分地认定势必带来分歧和争议；其二，数据技术的发展给传统财产概念带来了较大冲击，能否继续使用财产犯罪保护财产性数据成为需要进一步探讨的问题；其三，目前的计算机犯罪并不能准确全面地评价非法获取财产性数据的行为，倘若一味地将所有与数据相关的犯罪纳入计算机犯罪，将会导致计算机犯罪沦为所谓的"口袋罪"。[1]

因此，本书将在第三章针对四种财产性数据的性质和权利本质展开分析，进而讨论当前财产犯罪和计算机犯罪对财产性数据的保护范围和认定界限。

三、一般数据

一般数据是指网络中大量存在的与公民隐私或商业秘密无涉的，且无法被确立财产权的数据，例如浏览数据、购物记录等。互联网时代，每个公民在网络世界都会产生大量一般数据，这类数据在被收集、聚合之后可以形成大数据集合，大量一般数据的集合与一般数据的性质相同。只有在大量一般数据被以特定方式加工之后，形成大数据产品，从而能够实现对公民行为的分析预测，此时的大数据产品才与一般数据的性质具有了质的区别。一般数据上具备一定财产价值，同时，由于一般数据多由私人领域流向公共领域，而在公共领域中集合并被使用，因此对一般数据的保护也涉及对公私领域的划分。

（一）一般数据作为数据刑法的保护对象

由于一般数据上同时承载着公民信息和一定财产价值，实践中，

---

〔1〕 参见杨志琼：《非法获取计算机信息系统数据罪"口袋化"的实证分析及其处理路径》，载《法学评论》2018 年第 6 期。

一般数据与个人信息数据和财产性数据的范围上存在一定重合，但是一般数据本身并不能通过信息犯罪或财产犯罪得到保护。

一方面，一般数据不具有也无需考察身份可识别性，因而区别于个人信息数据而不能由信息犯罪保护。由于公民信息的人身属性，非法获取或利用公民个人信息会对公民隐私权造成直接的侵犯。虽然由数据本身的属性所决定，一般数据上承载着一定的信息，但是由于一般数据的可保护性来源于公民对自己"生活安宁"的权利，即公民对私人网络空间的保护，因而这些信息无需涉及公民的隐私和秘密，也无需直接指向公民个人。例如，通过公民的网页浏览记录无法识别具体的公民本人，但是倘若该公民自我设置了特殊保护程序禁止他人访问该数据，对该数据的获取或利用行为就打破了其虚拟空间的生活安宁，虽然无法构成信息犯罪，但属于对一般数据的侵犯。

另一方面，一般数据上无法也无需确立财产权，因而区别于财产性数据而不能由财产犯罪保护。一般数据的价值并不能被直接体现于单独的某条数据上，只有大量一般数据聚合并被加工后才具有可以被客观固定的财产价值，而此时的大数据产品已经与单条一般数据有了质的区别，对其应当从知识产权的角度进行保护。正如本书第四章即将展开论述的，由于对一般数据进行确权与这种数据流通与集合的价值产生规律存在悖论，因而一般数据上虽然也具有一定的价值，但无法被认定为刑法上的"财物"，对一般数据的非法获取或非法利用行为也不能使用财产犯罪予以规制。

一般数据具有刑法保护必要性，这种必要性来源于对私主体生活安宁权的保护，而非隐私权或财产权。由于立法中并没有明确一般数据作为数据犯罪的对象，也没有专门的一般数据犯罪条款，因而实践中目前尚不存在单独的一般数据犯罪，只有部分案件被以计算机犯罪或信息犯罪规制。但是，在前置法中已经存在以"网络生活安宁权"为由的侵权类判决，[1] 在此基础上可以协调刑法并构建一般数据犯罪体系

（二）一般数据的现有保护方案

我国《刑法》第 285 条规定了非法侵入计算机信息系统罪、非法获取计算机信息系统数据罪、非法控制计算机信息系统罪，可以部分涵盖对一般数据的保护。例如在实践中，有的法院认为非法获取电信公司信息系统中的优质号码，进而将其转卖的行为构成非法获取计算机信息系统数据罪。[2] 案件中的优质号码与公民隐私或商业秘密无涉，就属于一般数据。将一般数据认定为计算机信息系统数据并无解释上的问题，但是，非法获取计算机信息系统数据罪要求行为人"违反国家规定"，这一构成要件应当如何解释、是否需要进行实质判断，则是有必要进一步探讨的问题。

除了计算机犯罪之外，对于部分涉及一定公民信息的非法获取行为，也有法院以我国《刑法》第 253 条之一规定的侵犯公民个人信息罪定罪处罚。例如，有的法院认为邮箱账号属于公民个人信息，进而将非法获取邮箱账号并出售的行为认定为侵犯公民个人信息罪。[3] 但是，邮箱账号并不具有身份可识别性，同一个公民可以申请多个邮箱账号，而倘若该邮箱中收发的邮件不涉及公民生活隐私或秘密，则即使获取该邮箱账号也无法认为侵犯了公民的隐私权，在这种情况下，将其认定为侵犯公民个人信息罪是否突破了本罪的解释范围，也值得进一步讨论。

---

〔1〕 江苏省无锡市郊区人民法院（2001）郊民初字第 251 号民事判决书；上海市浦东新区人民法院（2009）浦民一（民）初字第 9737 号民事判决书。

〔2〕 新疆维吾尔自治区伊宁县人民法院（2016）新 4021 刑初 171 号刑事判决书。

〔3〕 江苏省无锡市惠山区人民法院（2021）苏 0206 刑初 668 号刑事判决书。

总体而言，目前我国数据刑法的立法与实践中都没有明确将一般数据上的处置权作为保护对象，更进一步而言，刑法尚未关注到对网络生活安宁权的保护，对此，本书将在重点考察域外尤其是德国对一般数据犯罪的立法与实践现状的基础上，在第四章进一步讨论我国引入一般数据犯罪的可行性。

四、数据分类的意义与判断层级

如上所述，表面上看，当前数据犯罪领域研究混乱的原因在于"数据""信息""计算机程序"等概念的内涵与外延存在交叉，因而大部分学者在讨论之初首先需划定其所使用的概念范围，而不同学者之间对同一概念的范围划定不同，又进一步导致了讨论上的分歧。本书提出了数据的三种类型，一般数据、个人信息数据、财产性数据，必须承认的是，这三类数据概念之间存在交叉重合的部分，但类型化分析有利于进一步梳理数据犯罪中涉及的各类权利和行为类型，随着权利定性和行为模式的愈发明确，类型化分析也将愈发明晰，因而不能因为概念的模糊性就放弃类型化分析。可见，对数据进行分类的实际意义在于明确其权利属性，按照一定的判断层级分析其性质具有可行性。

（一）数据概念界定的不可行性

由于概念本身的模糊性和研究对象的特殊性，为"数据"或"信息"作出明确的范围界定是不可实现的。首先，数据受保护的意义在于其传递的信息，数据是信息的载体。例如被用于分析与预测的数据中，实际被使用的是数据载体上所集合的用户信息，而被作为分析工具的程序性数据，被使用的则是其上所承载的算法信息，可见，数据的价值无法脱离其所传递的信息而存在。此外，信息又会因为数据的不同整合方式而具有不同的权利属性。例如公民的购物信息在公民作出购物行为时属于公民个人的信息，体现了公民的隐私权，而在公民授权将该信息给购物平台处理后，大量购物信息被整合并按照一定算法分析，最终形成的用于预测用户购物行为的信息，则体现了购物平台的商业秘密。由此可见，笼统使用"信息"或"数据"概念势必会造成语义指向上的分歧。

由于行为对象的概念无法脱离行为方式的判断，数据概念无法被完全分类也与实践中指向数据的行为方式的多样性有关。目前看来，实践中存在的针对数据的犯罪行为主要包括数据盗窃、数据滥用、数据毁坏、数据泄露、伪造数据等，针对同一数据的不同行为会导致不同的法益侵害，如窃取企业大数据产品的行为导致的是企业的财产或商业利益损失，而滥用企业大数据产品的行为则有可能导致用户信息的泄露，从而导致用户的隐私权受损。不同行为指向同一数据的不同权利侧面，实际上该数据也无法被完全归入某一特定类型中。

可以看出，数据概念既无法与信息概念作出明确区分，又无法被彻底划定界限，因而单纯从定义上很难实现对数据的限定与分类，必须探索更多的判断条件。

(二) 数据类型化的实际意义

基于概念划分的不可行性，从概念上对数据进行分类的做法也难以落实，对数据进行类型化研究的尝试，更为实际的意义在于区分数据上所体现的权利，或者说所涉及的法益。同时，也有利于有效对应数据上所附着的权利和相关行为所涉罪名。

概念和类型是描述事物的两种基本方式，概念具有概括性，表征的是对一类事物的概括描述，能够明确区分此事物与彼事物、范畴与范畴之间。而类型则存在着标准事例和引发异议的边缘事例之间的区分，一个类型和另一个类型之间是由流动的过渡所连接的。[1] 由于社会科学中存在大量具有多种形态的现象，难以直接抽象并提取出一般模型，类型化研究的灵活性能够有效填补概念思维在法学理论中的天然空缺，法律规范是通过规范价值判断和法律语言将经验类型再类型化的结果。[2]

因此，刑法研究上对数据分类的意义在于将经验实践中各种数据犯罪行为，通过规范价值判断，按照所涉及的法益进行再类型化，以此实现更为实质的数据犯罪研究。在经验类型与规范类型之间，以法益评价作为连接点，将行为归入某类犯罪中，最终逐步形成较为清晰的数据犯罪外延和类别。这种概念和类型互相补充的努力，也同样有利于对数据犯罪框架的构建。

不过，由于三类数据之间的界限无法明确划分，在实践中仍需要结合具体案情判断，为了进一步限定与明确数据类型与行为所涉罪名，必须提出数据类型的判断层级。

(三) 数据类型的判断层级

数据类型的判断层级设定与上述三类数据之间的区别与联系相关。个人信息数据与财产性数据分别指向公民的人格权与财产权，二者的范畴可依靠各自的法益决定，即信息自决权与财产安全，而一般数据的范围则更为广泛，指向更为一般的网络生活安宁权。因而判断时应首先考察是否属于个人信息数据或财产性数据，然后判断是否属于受刑法保护的一般数据。

针对个人信息数据的判断，应当以身份可识别性与授权程度为标准，将公民所产生的信息按照其所体现的人身属性和授权范围高低进

---

〔1〕　参见林立：《法学方法论与德沃金》，中国政法大学出版社 2002 年版，第 127 页。

〔2〕　参见苏青：《认识网络犯罪：基于类型思维的二元视角》，载《法律评论》2022 年第 2 期。

行分层：最核心的个人信息数据是指，能够直接被对应于特定公民，且未被授权给他人处理的信息；一般受保护的个人信息数据是指，能够被具体对应于特定公民，同时被有限授权他人处理的信息，或者只能被抽象对应于公民的信息；公共信息是指无法具体指向特定公民的信息，或能对应特定公民但经公民同意后公开的信息。其中，随着信息的人身属性逐渐降低，个人信息数据逐渐向更为一般性的数据过渡，对数据的保护也从信息自决权的人格利益保护，转为更为一般的生活安宁权。

针对财产性数据的判断，不能忽视数据流通与集合的特点，大部分具有财产价值的数据实际上并不能被确认为财产，原因在于其价值本身就来源于流动，而确立财产权会形成流通上的壁垒，不利于数据价值的形成。但是，许多相对固定的数据产品上可以被确立财产权，例如虚拟财产、数字货币、大数据产品等，因而对财产性数据的判断需要结合该数据价值能否被固定与客观确认。至于虽然具有一定经济价值却无法被设立物权的数据，则属于一般数据。

在排除了个人信息数据和财产性数据之后，再判断数据是否涉及一般性的网络生活安宁权与数据流通秩序安全，进而判断该一般数据是否属于受刑法保护的数据。此时需判断数据处于数据创造者的私人领域还是公共领域。在数据仍然处于数据创造者的私人领域时，判断对数据的非法行为是否侵犯了公民的生活安宁权，而在数据处于公共领域时，则判断该行为是否扰乱了数据流通秩序。关于一般数据的立法与规制，我国目前相关研究仍然处于空白，本书将在第四章一般数据犯罪考察中，重点讨论德国刑法对一般数据的保护模式，借此分析我国的一般数据立法空白填补。

第三节　核心数据刑法的独立性与协同性

根据上述对本书研究对象的内涵分析与外延划分，核心数据犯罪与传统犯罪具有根本区别，具有被独立研究的意义。一方面，刑法的基本原则与教义学理论的基本原理贯穿于数据犯罪研究，另一方面，数据犯罪中的新对象与新类型行为也发展了传统刑法理论。此外，数据犯罪的存在与发展进一步推动了刑法与其他部门法的衔接，对数据犯罪的研究必须在整体法秩序统一的视野下进行。

一、数据犯罪与传统犯罪的本质区别

由于"数据"概念上的宽泛，许多研究不可避免地将数据犯罪与更上位的网络犯罪概念混同，而又由于数据与网络都具有工具性，进而许多针对数据犯罪的研究中，往往掺杂着新兴犯罪与"披着网络外衣"的传统犯罪。然而，新型数据犯罪与传统犯罪的研究范式应当存在本质区别，有必要限缩研究对象，进一步关注数据对传统刑法教义学的根本冲击，从而提出新时代刑法的应对方案。

（一）互联网 3.0 时代的犯罪代际特征

在互联网技术发展的 30 年里，以 10 年为一个周期，可以将互联网时代划分为"信息单向发布的 web1.0 时代（1990-2000）""互动参与的 web2.0 时代（2000-2010）""万物互联的 web3.0 时代（2010-2020）"，据此，刑法学者也依照这样的周期，提出网络犯罪的三代特征，即 web1.0 与 web2.0 时代的物理性，web3.0 时代的智能性。[1] 其

---

〔1〕　参见刘艳红：《Web3.0 时代网络犯罪的代际特征及刑法应对》，载《环球法律评论》2020 年第 5 期。

中，物理性占主导地位的时代下，网络犯罪中占据主导地位的研究对象是计算机系统，大部分传统犯罪的网络异化就出现于这一时期。而在智能性成为网络犯罪主要特征之后，人工智能和大数据就成为网络犯罪领域的新的研究对象，数据犯罪也是在这一时期具有了独立的研究地位。在互联网1.0与2.0时代中，互联网技术的出现主要带来了新的犯罪手段，而在互联网3.0时代中，数据技术的出现则带来了犯罪手段和犯罪对象的双重更新。从数据技术发展态势来看，智能性仍是当前以及未来网络犯罪的主要特征。

网络犯罪物理性时期，刑法学界所关注的主要是网络作为犯罪工具的物理属性，"几乎所有传统犯罪都可以利用网络实施"。[1] 在网络仅仅作为犯罪工具或犯罪场域时，实际上网络犯罪中所涉及的权利本质没有发生改变，例如网络侮辱诽谤行为侵犯的仍是被害人的名誉权，而使用网络技术盗取他人银行卡中存款的行为侵害的也仍是被害人的财产权。这类犯罪虽然涉及以数据为载体的计算机系统，但仍然可以被纳入传统罪名的构成要件解释范畴中。

网络犯罪智能性时期，数据成为新的生产资料，一方面，由于数据自身的价值日益凸显，实践中涌现了直接指向数据的犯罪行为，数据上呈现出了有别于传统罪名中所保护的新型法益；另一方面，随着人工智能技术的发展，"犯罪行为的实施已超脱人工阶段"，实践中的新型犯罪手段逐渐无法被传统罪名涵盖规制。可以说，数据犯罪的出现冲击了传统刑法教义学，突破了现有立法的罪名体系，有必要采用全新的研究视角与研究方法，将重点转向数据本身的特征，新增或修改原有的传统犯罪规范。因此，通过划定核心数据刑法的范畴，能够

---

〔1〕 参见刘艳红：《Web3.0 时代网络犯罪的代际特征及刑法应对》，载《环球法律评论》2020 年第 5 期。

聚焦三类具有独立研究价值的数据：个人信息数据、财产性数据、一般数据，进而考察指向这三类数据的行为规制规范，以解决理论与实践中的新难题。

（二）数据对传统刑法教义学的冲击

如上所述，传统犯罪的网络化不会改变犯罪构造与不法和罪责内涵，但是以数据为对象的核心数据犯罪则突破了刑法分则教义学原理，其带来的挑战主要集中在三个方面：在归责路径上，网络平台、服务提供商等数据传播方成为新的主体，为犯罪参与理论和不作为犯教义学带来了新的挑战；而由于数据主体大多深入参与了数据活动，被害人教义学有了新的内涵与应用；此外，在刑法分则教义学中，数据虚拟与共享特性带来了新型实行行为，同时数据犯罪的风险性特征也带来了预备行为实行化的新转向。

其一，平台成为新的归责主体，犯罪参与理论和不作为犯理论在数据犯罪中有了新的发展。数据已经成为生产资料，数字经济也日益形成成熟的产业，数据平台与服务提供商在数据犯罪中逐渐扮演着更为重要，甚至是决定性角色。立法者出于对数据产业健康发展与国民数据安全的保障目标，采用刑罚手段强化平台与服务提供商的安全管理义务，如《刑法修正案（九）》专门规定了拒不履行信息网络安全管理义务罪、非法利用信息网络罪、帮助信息网络犯罪活动罪和编造、故意传播虚假信息罪四类针对互联网平台与服务提供商的罪名，但是，是否所有的平台中立帮助行为都需独立入罪，理论与实践中仍存在争议。[1] 因而，有必要在共同犯罪理论中寻找此类犯罪的增设依据，并衔接好新的刑事立法与犯罪参与归责原理和不作为犯理论。

其二，被害人教义学的运用与发展。被害人教义学是刑法构成要

---

[1] 参见刘艳红：《网络犯罪的法教义学研究》，中国人民大学出版社2021年版，第207页。

件规定范围内的一种解释原则（Auslegungsmaxime），或者说是刑法目的论解释（teleologische Auslegung）的一种解释方法，补充分则中刑法构成要件的解释。[1] 尤其是在个人信息数据的保护中，数据主体的知情同意与授权行为可以直接影响到数据的应保护性与需保护性。而在财产性数据与一般数据的保护中，数据主体的数据经济活动参与行为与数据处置行为也对风险分配产生重要影响。可以预见，随着数据主体的参与程度加深，数据犯罪可能成为继诈骗犯罪与经济犯罪后被害人教义学的新的"演练场"。但是，与传统犯罪不同的是，数据犯罪中常见多位被害人，被害人不仅作为个体，更作为群体具有教义学价值，被害人教义学的适用范围与核心原则也有必要得到相应发展。[2]

其三，数据特征带来的新型行为突破了刑法分则教义学。由于数据的虚拟性与载体性，指向数据的行为大多也具有虚拟性，而现有刑法分则教义学中指向传统权利的行为大多具有现实性，如何确定现有立法条文的解释边界，以及如何规制虚拟行为与新技术型行为，成为理论界与实务界关注的新的重点。此外，数据的价值既来源于数据主体所创造的信息，也来源于数据在互联网空间的共享与集合，故而在数据犯罪的认定中，必须平衡数据主体权利保障与数据流通价值，在数据承载着多重法益的基础上，确立独立的数据权，由传统的个体保护型立法转向自由与秩序平衡型立法。而由于数据具有易传播性，也有必要关注数据犯罪的整体风险，即考察前置性非法行为入罪的可行性与必要性。

（三）数据犯罪的刑法应对转向

针对数据犯罪所带来的冲击与突破，刑法的理论与观念也需完成

---

〔1〕 Vgl. Schünemann, Strafrechtssystem und Betrug, Centaurus Verlag, Herbolzheim 2002, S. 72–73f.

〔2〕 参见王肃之：《被害人教义学核心原则的发展——基于侵犯公民个人信息罪法益的反思》，载《政治与法律》2017 年第 10 期。

转向：首先，有效引入并发展合规理论以解决平台犯罪问题；其次，对定罪量刑观念进行"升维"；最后，由传统的个体保护型立法转向自由与秩序平衡型立法。

数据合规理论的发展适应了当下数据犯罪中归责主体转为平台的实践环境，共犯理论的发展也有利于解决数据平台的中立帮助行为刑事可罚性问题。随着超大数据平台与互联网公司的出现，企业内部结构日益复杂、分工日益精细化，导致数据犯罪归责困难。将合规理念引入数据犯罪，能够提前识别风险，并通过合规义务的履行规避或控制风险，将不法行为所引发的下行风险最小化。[1] 与此同时，数据合规义务的出现也意味着，传统责任理论有必要得到新的发展。

定罪量刑观念"升维"意味着，对数据犯罪的刑法规制理念应当更为宽泛与严厉。数据犯罪具有便捷性与弥散性，行为人的不法行为往往将带来更为严重的法益侵害，而网络的虚拟性也导致了犯罪证据的取得难度更高，传统犯罪的定罪标准已经无法对不断增长和变形的网络犯罪做出科学、合理的定量评价。[2] 因此，有必要对数据犯罪采取较之线下犯罪的更高的定罪量刑标准，以实现罪刑均衡。[3] 此外，由于数据流通性强的特征，数据时常处于较高的受侵害的风险当中，为了周延数据保护，有必要加强对数据犯罪预备行为的规制，增设预备行为实行化的相关罪名。

自由与秩序的平衡与取舍是数据犯罪中的根本价值命题。数据上同时承载了个人权利属性与公共流通价值，因而无法将其直接划入个人法益或超个人法益阵营，数据犯罪的设置目标，也并非只是对单一权利的保护，刑法必须确立数据权利束的独立研究对象地位，并依靠

---

〔1〕　参见刘品新：《论数据刑事合规》，载《法学家》2023 年第 2 期。
〔2〕　参见郭旨龙：《信息时代犯罪定量评价的体系化转变》，载《东方法学》2015 年第 6 期。
〔3〕　参见刘艳红：《网络犯罪的法教义学研究》，中国人民大学出版社 2021 年版，第 154 页。

不同场域与类型，划分自由与秩序的不同平衡点，以此判断行为是否具有刑事可罚性，进而判断是否构成数据犯罪。

二、刑法基础理论对核心数据刑法的辐射

虽然数据的出现为既有的刑法教义学具体理论提出了挑战，但出于刑法研究的逻辑自洽与坚持刑法研究立场一致性的目的，对数据刑法的研究仍应当置于刑法基础理论框架之中，应当沿着法益侵害与规范违反的研究主干，以归责理论作为讨论模型，并使用刑法基本原则检验结论的合理性。

（一）以法益侵害与规范违反作为研究主干

与刑法中其他具体问题一样，数据刑法领域中的争议也逃不开自由主义与规范主义的平衡问题。而由于数据上同时承载着个人权利与公共价值，数据刑法领域中又将自由进一步分化出了个人自由与社会价值的对立元素，也因此引发了数据犯罪法益理论中如何处理个人法益与集体法益的关系的问题。

法益侵害的价值内涵在于维护基本法所赋予的人性尊严和人格自由，[1] 在此基础上，集体法益只有在为了实现个人法益时才具有存在的正当性，法益概念具有强烈的个人主义和自由主义内涵。[2] 尤其是在刑事立法上，法益保护主义一直被作为基本指导原理，法益概念成为确定刑法处罚范围的价值判断标准。[3] 也正因为存在法益这一具体概念的限制，刑法无法按照政治、宗教、道德、意识形态或纯粹感情

---

〔1〕 参见钟宏彬：《法益理论的宪法基础》，元照出版有限公司 2012 年版，第 141 页。
〔2〕 Claus Roxin/Luís Greco, Strafrecht Allgemeiner Teil, 5. Aufl., Bd. I, 2020, § 2 Rn. 7.
〔3〕 参见张明楷：《法益保护与比例原则》，载《中国社会科学》2017 年第 7 期。

暴力干预公民的自由。[1] 由于法益不仅具有构成要件解释的限制功能，也具有立法批判功能，因而无论是讨论数据犯罪在当前刑法中的规制路径，还是构建数据刑法体系或实现刑法立法观念的转向，都无法脱离对数据法益的研究，也无法脱离行为的法益侵害性而讨论其构罪的可能。

规范违反作为刑罚权发动理由的正当性源于使行为规范发挥真正禁止作用，进而宣示"尽管有人破坏规范，但规范仍然是有效的，继续对遵守规范保持信任是正确的"。[2] 按照目的行为论的思路，刑法规制的行为是人的目的行为，当行为的目的逾越了共同生活秩序的界限时，该行为便违反了规范，构成行为不法，而法益则是被规范禁止的行为所影响的对象，对法益的侵犯是结果不法。刑法处罚规范违反的行为来显示行为人对其引发的冲突所应付出的代价，体现了规范主义的内涵。在数据犯罪便捷、易扩散的背景下，指向数据的行为更容易引发整个数据社会的系统性风险，因而倘若刑法在行为实际造成侵害后再行惩罚，恐怕难以实现行之有效的风险防控与周延的数据法益保护。此外，为了维护并发展数据的流通价值，刑法也有必要建立数据市场的宏观调控规范。在此意义上，数据刑法的研究也无法脱离对行为规范与行为不法的讨论。

因此，本书以法益与规范为研究的两条主干，围绕数据法益类型化讨论侵犯数据行为受当前刑法各罪规制的解释边界，同时讨论指向数据的行为的新的禁止规范，在自由主义与规范主义的平衡之间，寻求数据安全的周延保护与数字经济的发展方向。

---

〔1〕　参见［德］克劳斯·罗克辛：《刑法的任务不是法益保护吗？》，樊文译，载陈兴良主编：《刑事法评论（第19卷）》，北京大学出版社2007年版，第147页。

〔2〕　Urs Kindhäuser/Till Zimmermann, Strafrecht Allgemeiner Teil, 10. Aufl., 2021, §5 Rn. 3.

（二）以刑法基本原则检验结论合理性

对数据犯罪的认定最终仍要回归并遵守刑法基本原则，其中，尤其是罪刑法定原则与罪责原则，无论是数据犯罪的立法构建还是司法适用，都需要经过这两项基本原则的检验。

罪刑法定原则要求刑法只处罚行为之前已经规定了的犯罪，也就是说，只有行为人的举止实现了之前法律规范予以确定的犯罪的构成要件要素，这个举止才是可罚的。[1] 罪刑法定原则被进一步明确为四个子原则：禁止习惯法原则、禁止溯及既往原则、禁止类推原则、明确性原则。罪刑法定原则的思想基础是民主主义与尊重人权主义，因而推出刑事立法禁止处罚不当罚的行为，以及刑法必须具有明确性。同时，尊重人权也要求刑法在适用上禁止溯及既往和禁止习惯法。

因此，在数据犯罪膨胀、司法实践罪名适用混乱的当前，基于保障国民对处罚的预测可能性的目标，应当尽快确认当前刑法对数据保护的方式与边界，明确各罪构成要件的解释限度，禁止类推解释。这也尤其适用于当前的非法获取计算机信息系统数据罪，该罪名目前已经日益沦为计算机犯罪中的"口袋罪"，但本罪究竟保护什么法益、构成要件边界在哪儿、承担怎样的功能，这些问题尚未得到解答。而对于确实有必要被纳入刑法处罚范围的侵犯数据的行为，则应当建立适当的成文刑罚法规，以法益保护与人权保障作为检验该法规是否合理的实质标准。

罪责原则是指行为人没有责任时不应对其科处刑罚，且刑罚不得高于罪责的幅度。罪责原则作为刑法基本原则的根据在于宪法上所确定的人的尊严与普遍行为自由的规定，出于对公民人格的保护，要求刑罚以存在非难可能性为前提。另外，从犯罪预防的角度而言，由于

---

[1] Urs Kindhäuser/Till Zimmermann, Strafrecht Allgemeiner Teil, 10. Aufl., 2021, §3 Rn. 2.

行为人不具有非难可能性，也就并未形成法敌对动机，处罚这类没有责任的行为也无法起到一般预防与特殊预防的效果，也就没有抑制犯罪的必要性。[1]

罪责是一种"可责难性"，行为人违法地实现了构成要件，表明了其对于法律规范的错误态度，因而该行为必须具有可答责性。由于数据犯罪大多具有技术性，对行为的不法判断也大多具有技术认定上的要求，而随着数据刑法领域的帮助犯正犯化、预备行为实行化趋势，实践中有可能出现行为人不具有违法认识的情况，甚至出现行为人不具有故意与过失的情况，对于这种行为人不具有违法认识可能性或非难可能性的案件，也不能追究其刑事责任。而另一方面，由于数据犯罪大多涉及团伙作案或第三方平台的帮助行为，在数据犯罪的共同犯罪场合，能否存在共谋共同正犯、能否认定帮助行为为独立的犯罪等具体问题的分析，也必须遵照罪责原则这一基本原则。

三、基本法、其他部门法与核心数据刑法的协同

当前，理论界已经形成了以规范数据活动为核心、以数据安全为重点研究对象、具体调整数据规范的数据法学。而刑法作为数据法学这一交叉学科中的重要一环，有必要做好与宪法、民法、经济法等其他学科的协同。

（一）核心数据刑法的宪法基础

信息革命以来，宪法学者在人权理论的基础上，提出"数字人权"这一"第四代人权"概念，将数据权确立为关系到人格尊严和人身自由的基本人权。[2]"数字人权"概念的提出，为刑法中构建独立的数

---

〔1〕　参见张明楷：《外国刑法纲要》，法律出版社 2020 年版，第 31 页。

〔2〕　参见马长山：《智慧社会背景下的"第四代人权"及其保障》，载《中国法学》2019 年第 5 期。

据犯罪体系提供了基本法依据，刑法在确立数据保护规范时，也必须坚持宪法的基本原则。

人权理论是数字社会的道德基础，在人权理论之上，社会进一步形成公平正义的政治秩序。[1] 而数字人权则发展更新了传统人权理论的原有功能，既强调数据的私人属性，又强调合作共享的基本理念，进而突破了传统人权斗争、防御的基本权利逻辑，要求公民牺牲一部分个人权利来推动数字社会的发展。[2] 人权理论的发展为刑法上尤其是对公民个人信息数据的保护规范提供了理论基础。

一方面，刑法在确立数据保护规范时，应当关注人格尊严与人权条款的数字时代表达。《宪法》第 33 条中特别强调了国家尊重和保障人权，并在第 38 条中将人格尊严确定为公民的基本权利，数字人权的价值内核也建立于人权条款与人格尊严条款之上。数字技术将个人抽象为数据形象，极大地消解了传统的人的主体性，同时个人对数据技术的依赖也极大消解了人的主动性，公民个体存在最终沦为"技术工具"的危险。此外，数字时代改变了人格的存在形式，分离了生活中的人格和互联网的人格。人格是心理系统与社会系统的结构纽带，[3] 尤其是隐私权作为人格权的重要表达形式，能够作为缓冲地带，区隔个人的心理系统与社会系统。因此，宪法学者主张在隐私的层级保护基础上，从保护住宅和通信自由的角度确立数据的基本权利保护，同时重视《宪法》第 51 条"不得损害国家的、社会的、集体的利益和其他公民的合法的自由和权利"这一概括性限制的使用。[4] 这一是为刑

---

〔1〕 参见高兆明：《人权与道德基础——现代社会的道德奠基问题》，载《哲学研究》2014 年第 11 期。

〔2〕 参见郑智航：《数字人权的理论证成与自主性内涵》，载《华东政法大学学报》2023 年第 1 期。

〔3〕 Niklas Luhmann, Soziologische Aufklärung 6: Die Soziologie und der Mensch, 1995, S. 153.

〔4〕 参见李忠夏：《数字时代隐私权的宪法建构》，载《华东政法大学学报》2021 年第 3 期。

法保护个人信息数据提供了分级框架，二是也为刑法增设一般数据保护条款提供了理论上的支持。

另一方面，刑法在确立数据价值秩序时，也应当认识到权力的新型运作形态与数字人权的新功能。数字社会中，由于数字技术和专业知识的垄断，科技平台、企业、专家系统等逐渐与公民形成支配结构，成为政府权力之外的"信息权力"主体，同时通过平台规则、平台监管等数据运行机制，形成了数字时代的"准立法权""准行政权""准司法权"。[1] 因此，刑法也应当重视数字人权作为客观价值秩序的功能，确立秩序规范以防止科技平台、企业、专家系统等进行数据垄断。此外，由于数字人权兼具公民人格权与数据利用权的双重"耦合"功能，刑法也应当通过比例原则的合理性检验与公共利益和权利限制程度的观点，[2] 权衡确立数字权利的保护侧重程度。

（二）核心数据刑法的民法权利原理

由于数据上所附的权利有别于传统民事权利，民法学者陆续提出"个人信息权""个人数据权""数据用益权""数据财产权"等新型民事权利概念，并提出理论证成路径。目前，虽然《民法典》中没有使用"个人信息权"的概念，但是已经确立了个人信息的民法保护地位，刑法在规制侵犯公民个人信息罪时也应当兼顾部门法上的交叉与衔接，而民法上对数据知识产权和数据财产权的证成思路，也为刑法上使用财产犯罪保护财产性数据提供了前置法讨论依据。

在个人信息权层面，民法上将个人信息权益确立为自然人免于因个人信息被非法处理而遭受人身权益、财产权益上的损害或人格尊严、人身自由被侵害的风险，体现于个人对个人信息处理所享有的知情与

---

[1] 参见马长山：《智慧社会背景下的"第四代人权"及其保障》，载《中国法学》2019年第5期。
[2] 参见［德］罗伯特·阿列克西：《论宪法权利的构造》，张龑译，载《法学家》2009年第5期。

自主决定的权利。[1] 而刑法作为公法，与私法共同完成个人信息处理中的权力分配问题，二者在功能上既存在交叉也存在分工：刑法确定的是强制性的个人信息处理规则，从消极防御的角度，为处理者赋予各项义务，以此保障个人的信息自决权；而民法则是通过积极赋权的方式，赋予个人信息处理的知情权、查阅权、复制权、可携带权、删除权等积极权利，以此保护信息决定自由。因此，刑法一方面应当围绕法益侵害性确立有别于民事规范的信息权保护制度，另一方面也应当关注民法上所确立的积极权利所对应的数据处理者义务。

在数据财产权层面，大多数民法学者主张数据财产上无法确立物权，但也有学者主张，《民法典》区分了数据与个人信息，将"数据"与"网络虚拟财产"规制于第 127 条中，而将个人信息规制于第 111 条中，表明立法者将个人信息作为人格权益的客体，而将数据作为财产权的客体保护。[2] 应当承认的是，在部分财产价值能够被固化的数据中，如大数据产品、虚拟财产等，数据上可以建立财产权。但是，由于大部分财产性数据既涉及企业的研发和服务成本，又涉及个人的数据创造权益，因而无法建立数据所有权一元结构或独享权利模式。对此，有民法学者主张企业与个人的双重数据所有权结构，[3] 也有学者主张建立数据所有权与数据用益权二元结构，由数据原发者享有所有权，而处理者享有用益权。[4] 总的来说，在刑法讨论财产性数据能否作为财产犯罪规制客体时，"数据上能否建立财产权"这一民法论题是论证的前提。

---

〔1〕 参见程啸：《论个人信息权益》，载《华东政法大学学报》2023 年第 1 期。

〔2〕 参见申卫星：《论数据用益权》，载《中国社会科学》2020 年第 11 期。

〔3〕 参见冯果、薛亦飒：《从"权利规范模式"走向"行为控制模式"的数据信托——数据主体权利保护机制构建的另一种思路》，载《法学评论》2020 年第 3 期。

〔4〕 参见申卫星：《论数据用益权》，载《中国社会科学》2020 年第 11 期。

（三）核心数据刑法与经济法规范衔接

财产性数据具有经济价值的同时，也大多具有"公共品"的核心特征，即非竞争性与非排他性，例如，一人对大数据的使用并不影响他人的使用，大数据也可以同时被多人使用，同时并不会影响其本身的价值。[1] 出于发展数字经济与保护数据安全的目标，立法上也应当重点关注对这类数据的经济行为的宏观调控，因而刑法也有必要衔接经济法上的秩序规范。

经济法学界目前关注数字经济的特殊经济形态，数据更易于实现规模经济和范围经济，故而市场化、信息化、全球化是数字经济发展的基础，也是法治框架构建的重点。在具体经济法规范上，由于数字经济同时具有高效益性和高渗透性特征，经济法重点调整数字平台经济领域的反垄断、不正当竞争、侵害消费者权益等问题，此外，通过财税制度、金融调控和金融监管、产业规制等，进一步加强经济法对经济市场的规范调整，并通过落实一系列调整政策，积极加入国际条约或区间经济组织，以保障和促进我国数字经济的健康发展。[2]

刑法是经济法的保障法，刑法通过经济犯罪规制具有刑事可罚性的破坏经济秩序的行为。在无法被确立财产权的数据当中，出于对数据经济效应的保护，以及对发展数字经济的要求，刑法也必须承担起对数字经济秩序的维护责任。而由于数据技术的发展与创新尤其依赖于市场自由，刑事调控手段应当更为包容审慎，因而也有必要确定经济法与刑法调控的分工与界限。但对于专业性和复杂性较强的经济犯罪的构成要件要素认定，也需要借助于经济法上的相关理论与规范。因此，在数字市场调控中，刑法应当衔接经济法上对市场主体所赋予

---

〔1〕 参见梅夏英：《在分享和控制之间 数据保护的私法局限和公共秩序构建》，载《中外法学》2019年第4期。

〔2〕 参见张守文：《数字经济发展的经济法理论因应》，载《政法论坛》2023年第2期。

的义务和权利，以经济法上更为具体的调整规范来填充刑法立法上的空白，同时区分从经济违法行为到经济犯罪行为之间的质与量的变化，以市场调控、经济法规制、刑法保障多重手段，规范数据在市场的流通秩序，分配数据市场主体的权责，进而维护法秩序统一与稳定，推动数字经济安全有序发展。

综上，数据法学是一个交叉性强、理论性复杂的综合性学科，刑法在探究数据保护时，不能只依赖于刑法理论内部的逻辑与孤立的体系，而应当关注各法学学科，乃至社会学学科的数据规制理论与立法规范，在宪法的人权理论的基础上，以民法、经济法的具体部门法规范为前置讨论对象，衔接整体法秩序并落实到相应的立法与司法规范中。

第四节　小结

本章主要梳理了数据的理论与实践研究中所存在的概念误区，以及当前对数据的研究中的争议难点，同时论证了对数据进行类型化分析的重要意义，并对三类核心数据的研究与保护现状进行了考察，提出了数据刑法的分类层级。此外，分别展开讨论了数据刑法的独立性与衔接性，统摄性地总结了数据犯罪与传统犯罪的本质区别，刑法基础理论对数据刑法的辐射，以及宪法与民法、经济法和数据刑法之间的衔接问题。

数据刑法领域中大量的理论实践争议实际上源于概念争议，尤其是对"数据""信息"之间的交叉领域，以及"数据犯罪""网络犯罪"之间的内涵和外延重叠部分，存在大量歧义，而我国刑法的相关立法用语中也并没有给"数据"和"数据犯罪"以明确的定义，基于数据本身的复杂性，加之立法与司法中的混合使用，导致了大量认定上的难题，也导致了讨论中杂糅了新旧问题，难以捋清真正的理论脉络。因而本章提出了"核心数据刑法"的范畴，将实践中利用数据实施的传统犯罪排除于新型数据犯罪研究领域之外，而将研究对象进一步限制在指向数据的犯罪，即非法获取或非法利用数据的行为中。

数据刑法领域的概念之争进一步导致了数据刑法所涉的法益之争。个人法益阵营的学者大多从数据上所承载的个人信息权或隐私权出发，而超个人法益阵营的学者则大多从国家数据安全或社会信息利益的角度出发。但实际上，数据是权利的载体，同一数据上可能承载着多项权利，无法将其划入个人法益或超个人法益阵营。也正因如此，数据刑法的研究不能一概而论，无法直接抽象出数据犯罪所指向的某项单一法益，也无法从概念上直接为数据划定明确的界限，而有必要引入类型化研究填补概念研究的空缺，按照数据上所承载的不同法益侧面，对不同类型的数据进行分类研究。

刑法研究上对数据分类的意义在于将实践经验中各种数据犯罪行为，通过规范价值判断，按照所涉及的法益进行再类型化，以此实现更为实质的数据犯罪研究。在经验类型与规范类型之间，以法益评价作为连接点，将行为归入某类犯罪中，最终逐步形成较为清晰的数据犯罪外延和类别。这种概念和类型互相补充的努力，也同样有利于对数据犯罪框架的构建。基于这样的研究思路，本章将数据区分为个人信息数据、财产性数据、一般数据。

个人信息数据以"身份可识别性"为核心，体现了公民的人格权。由个人信息数据的刑法保护根据，可以决定个人信息数据的分级保护制度：不同类别的个人信息数据所反映出的信息主体隐私不同，法益侵害程度不同也就导致了行为可罚性不同，这势必导向个人信息数据的分级与行为的分类治理。个人信息数据的受保护程度一方面由以身份可识别性为客观体现的私密程度所决定，另一方面也由权利人的自决权使用程度所决定，通过身份可识别性的客观标准和权利人决定的主观标准，能够进一步限定个人信息数据分级保护的划分。根据个人信息数据的性质界定和权利本质研究，能够推出信息犯罪所保护的法益，并最终得出信息分级治理的实质根据与规范标准。

财产性数据是指具有可被利用的经济价值且该价值能被市场客观化确定的数据。具有经济价值的数据大致可分为四类：一是依托区块链技术而以数据形式存在的数字货币，如比特币、以太币、币安币等；二是依托算力实现服务需求的数据，包括大量承载用户信息并具有分析价值的大数据集合，以及通过采集整合一般数据，使用算法进行统计、分析，进而得出预测或结论的大数据产品；三是虚拟财产，如游戏装备、可兑换的积分、代金券等；四是具有经济价值且能够变现的流量。由于数据概念广泛、种类繁多，理论研究和司法实践中，对非法获取财产性数据并从中获利的行为的处理思路大多存在交叉或分歧。针对财产性数据的判断，不能忽视数据流通与集合的特点，大部分具有财产价值的数据实际上并不能被确认为财产，原因在于其价值本身就来源于流动，而确立财产权会形成流通上的壁垒，不利于数据价值的形成。但是，许多相对固定的数据产品上可以被确立财产权，因而对财产性数据的判断需要结合该数据价值能否被固定与客观确认。

一般数据是指网络中大量存在的与公民隐私或商业秘密无涉的，且无法被确立财产权的数据，例如浏览数据、购物记录等。一般数据由于不具有身份可识别性，无法被作为个人信息数据保护，而由于一般数据上无法固定客观市场价值，也无法被归为财产性数据的范畴。但是，一般数据也在一定程度上反映了公民的信息，一般数据的处置权能够区隔公民私人领域的心理人格与公共领域的社会人格，出于保护公民互联网生活安宁权，从而保障公民人格自由发展的目的，也有必要保护一般数据。我国《刑法》第285条规定了非法侵入计算机信息系统罪、非法获取计算机信息系统数据罪、非法控制计算机信息系统罪，可以部分涵盖对一般数据的保护。但是，我国当前计算机犯罪所保护的法益是计算机管理秩序，并非公民生活安宁权，如何确立专门指向一般数据的刑法规范仍值得结合域外立法进一步讨论。

必须承认的是，由于概念本身的模糊性和研究对象的特殊性，为"数据"或"信息"作出明确的范围界定是不可实现的，上述三类数据的范畴也存在一定交叉的可能，对此，本章提出在具体场景中进行层级判断的标准，个人信息数据与财产性数据分别指向公民的人格权与财产权，二者的范畴可依靠各自的法益决定，即信息自决权与财产安全，而一般数据的范围则更为广泛，指向更为一般的网络生活安宁权。因而判断时应首先考察是否属于个人信息数据或财产性数据，然后判断是否属于受刑法保护的一般数据。

在提出核心数据刑法研究范畴之后，本章讨论了核心数据犯罪对传统犯罪的冲击和发展，提出独立研究数据犯罪的意义。以数据为对象的核心数据犯罪突破了刑法分则教义学原理，网络平台、服务提供商等数据传播方成为新的归责主体，为犯罪参与理论和不作为犯教义学带来了新的挑战，而由于数据主体大多深入参与了数据活动，被害人教义学有了新的内涵与应用，数据虚拟与共享特性也带来了新型实行行为，同时数据犯罪的风险性特征也带来了预备行为实行化的新转向。针对数据犯罪所带来的冲击与突破，刑法的理论与观念也需完成转向：首先，有效引入并发展合规理论以解决平台犯罪问题；其次，对定罪量刑观念进行"升维"；最后，由传统的个体保护型立法转向自由与秩序平衡型立法。

而另一方面，刑法的基本原则与教义学理论的基本原理也贯穿于数据犯罪研究，对数据刑法的研究也无法脱离刑法研究的范式。数据刑法仍应当以刑法保护目的，即法益侵害与规范违反作为研究主干，同时借助既有的归责理论作为研究模型，并最终使用罪刑法定原则与责任主义原则等刑法基本原则检验立法与司法结论的正当性、合理性与必要性。

此外，数据犯罪的存在与发展进一步推动了刑法与其他部门法的协同，对数据犯罪的研究必须在整体法秩序统一的视野下进行。刑法在确立数据保护规范时，应当关注宪法上的人格尊严与人权条款的数字时代表达，在确立数据价值秩序时，也应当认识到权力的新型运作形态与数字人权的新功能。刑法在规制侵犯公民个人信息罪时也应当兼顾民法和个人信息保护法上的交叉与衔接，而民法上对数据知识产权和数据财产权的证成思路，也为刑法上使用财产犯罪保护财产性数据提供了前置法讨论依据。在数字市场调控中，刑法应当衔接经济法上对市场主体所赋予的义务和权利，以经济法上更为具体的调整规范来填充刑法立法上的空白，同时区分从经济违法行为到经济犯罪行为之间的质与量的变化。

第二章　数字人权下个人信息数据的刑法保护

在第一章所划分的三类数据中，个人信息数据是数据犯罪中最基础的数据类型，也是司法实践中争议最广泛的犯罪对象。由于数据的价值大多来源于其所承载的公民信息，因而个人信息数据极易与财产性数据、一般数据产生重叠与混淆，有必要首先确定个人信息数据的本质内涵。个人信息数据的受保护性来源于公民基本人权中的人格权，因而个人信息数据的最核心的认定标准在于身份可识别性。另一方面，个人信息被正确使用也促进了数据技术的发展与数据价值的发挥，这也与数字人权的新时代含义相契合。因此，有必要依照公民授权程度为个人信息数据设定分级保护制度。

第一节　个人信息数据刑法保护的现状与争议

《刑法修正案（七）》增设出售、非法提供侵犯公民个人信息罪以来，对公民个人信息的保护逐渐加强，此后《民法典》明确将个人信息作为人格权编的保护对象，也为个人信息保护提供了私法上的定性与根据。随着数字技术的发展，信息法益赋予了人权新的内涵与属性，数字社会需要人权以数字形态的方式继续承担为人类社会进行道德奠基的重任。[1] 刑法作为宪法秩序下的公法，有必要回应现代社会对数字人权保障与信息数据治理的新需求。但是，在侵犯公民个人信息罪适用的过程中，仍然存在诸多问题，理论中对侵犯公民个人信息罪所保护的法益，以及个人信息的保护模式，也仍存在较大争议。

实践中对于非法获取公民个人信息罪和出售、非法提供侵犯公民个人信息罪的认定问题主要集中在对象、行为、情节三个构成要件上。从行为对象上来看，如何认定个人信息仍然存在争议，尤其是实践中的信息通常以信息组的形式存在，信息组中含有多条不同类型的信息，因而在定性上争议较大。例如，在耿治涛侵犯公民个人信息案中，涉案信息既包括公民的姓名、联系方式、住址等核心个人隐私信息，又包含了车主的车牌号、车型等一般个人信息，似乎无法统一定性。[2] 从行为类型上来看，利用合法渠道获取个人信息的行为是否属于非法获取也存在争议。例如，在赖金峰非法获取公民个人信息案中，法院认为购买个人信息也构成非法获取，[3] 而在周广进非法出售公民个人信息案中，购买个人信息的一方则没有被认定为犯罪。[4] 而在"情节严重"的认定上，实践中则倾向于直接做综合认定，尚且缺乏具体的标准。

基于实践中对行为对象和行为类型的认定争议，学界近年来集中讨论了本罪所保护的法益究竟是个人法益还是超个人法益、应当采用何种模式来规制信息犯罪。支持本罪保护的法益是个人法益的学者们，主要从该罪的本质是自然犯的角度进行分析，其中又分为个人信息权

---

〔1〕 参见郑智航：《数字人权的理论证成与自主性内涵》，载《华东政法大学学报》2023 年第 1 期。

〔2〕 参见江苏省无锡市中级人民法院（2018）苏 02 刑终 226 号二审刑事裁定书。

〔3〕 参见凌鸿：《非法获取公民个人信息罪的认定》，载《人民法院报》2010 年 6 月 17 日，第 7 版。

〔4〕 参见韩芳等：《北京首例出售公民个人信息案宣判——三被告人都曾在机场巴士工作 法院建议加强教育管理》，载《人民法院报》2010 年 6 月 13 日，第 3 版。

说、个人人格权说、个人隐私权说；而持超个人法益说观点的学者们主要从社会公共利益与国家安全的角度出发，认为公民个人信息不仅直接关系个人信息安全与生活安宁，而且关系社会公共利益、国家安全乃至于信息主权；所以"公民"一词表明"公民个人信息"不仅是一种个人法益，而且具有超个人法益属性，还需要从公民社会、国家的角度进行解释。[1] 主要包括集体法益权说、公共信息安全说、新型社会管理秩序说。

基于对法益认定的不同立场，形成了三种刑法保护模式主张：倘若主张信息属于私权之物，那么将采用私权保护模式，信息被看作民事权利的客体，进而私法来提供先行的保护，同时辅以行政性保护和刑法保护。[2] 而倘若主张信息是公共物品，则应该按照互惠分享的原理来构想对数据的法律保护，实现从私益保护到公益保护的转换。[3] 此外，还有学者主张数据既不是私权之物，也不是公共用品，而有必要将其理解为权利束。[4] 在这种意义上，对信息的保护框架应当建立于不同场景中的不同权益性质。

以上争议体现出问题的本质在于：其一，个人信息数据兼具人身属性和社会属性，因而不同的价值侧面所需的保护方式也并不相同，实践与理论中的争议问题最终仍要回归到信息本身的法益属性上来分析；其二，个人信息数据上体现出人格权的需保护性程度不同，这取决于信息所体现的私密性不同，由此直接影响到对行为和情节的认定；

---

〔1〕 曲新久：《论侵犯公民个人信息犯罪的超个人法益属性》，载《人民检察》2015 年第 11 期。

〔2〕 参见程啸：《论大数据时代的个人数据权利》，载《中国社会科学》2018 年第 3 期；叶名怡：《论个人信息权的基本范畴》，载《清华法学》2018 年第 5 期；冀洋：《法益自决权与侵犯公民个人信息罪的司法边界》，载《中国法学》2019 年第 4 期；刘艳红：《侵犯公民个人信息罪法益：个人法益及新型权利之确证——以〈个人信息保护法（草案）〉为视角之分析》，载《中国刑事法杂志》2019 年第 5 期。

〔3〕 梅夏英：《在分享和控制之间 数据保护的私法局限和公共秩序构建》，载《中外法学》2019 年第 4 期。

〔4〕 劳东燕：《个人数据的刑法保护模式》，载《比较法研究》2020 年第 5 期。

其三，由于个人信息数据的复合性，传统研究思路下的单一刑法保护模式选择已经无法适应，因而单纯采用私权保护模式或公共保护模式都难免出现不周延的情况。

基于以上问题争议和问题的本质分析，有必要先结合个人信息数据的属性，分析个人信息数据上的法益内涵。然后根据信息所体现的需保护性和应保护性，分级讨论不同类型的信息的不同刑法保护方式，构建完善的个人信息数据刑法保护体系。

第二节　个人信息数据的双重属性

数字时代的"第四代人权"主要建立在数字化的"信息人"基础上，将人权内涵中融入数据信息法益，而数据信息也成为了人身、财产和社会关系的外溢呈现新形式。[1] 具体到刑法中的个人信息数据而言，由于个人信息数据兼具人身属性与社会属性，数字人权体现为信息自决权和信息流通安全的双重法益。

一、人身属性中体现的信息自决权

信息自决权是指公民有权决定其个人信息是否公开、公开程度、公开时间与方式等。人格自由发展是宪法赋予公民的基本权利，而出于对人格的自由发展保护的目的，应当保障公民有权利决定对自己信息的处置与公开，对抗其他人对其个人信息的搜集、储存、使用与传送。[2] 信息自决权是宪法中人格自由发展权和隐私权不可侵犯性在信息领域的具体体现，也是数字时代基本人权的重要内涵。

---

[1] 马长山：《智慧社会背景下的"第四代人权"及其保障》，载《中国法学》2019 年第 5 期。
[2] BVerfGE 65, 1, (41).

根据我国《网络安全法》的定义，"个人信息"是指"以电子或者其他方式记录的能够单独或者与其他信息结合识别自然人个人身份的各种信息"，这种身份的可识别性决定了个人信息的人身属性。此外，我国《民法典》将公民个人信息保护定位于人格权益保护，也体现了法律对个人信息的保护价值首要性在于其对个体的意义，标示了公民个人信息的人身属性。[1] 而在国际人权法层面，《世界人权宣言》中也将隐私和信息保护确定为个人的基本权利，明确了个人信息的首要宪法意义在于公民个人信息的个人权属。

基于宪法和前置法上的理论根据，刑法对于个人信息数据的优先保护目标也应当是信息利用的专属权。当然，由于信息具有特殊的流动性与共享性，数字人权除了具备传统人权的防御权功能外，还具有客观价值秩序功能，因而有学者主张应当将合作共治共享的理念纳入权利逻辑内部。[2] 这一权利逻辑体现在刑法法益上，就是对信息自决权的保护应当存在界限及利益衡量。申言之，并非所有的个人信息数据都应被采取同等的刑法保护措施，个人信息数据的隐私性高低、公民授权他人处理信息的范围等因素都影响着刑法对信息自决权的保护程度。

二、社会属性中体现的信息安全秩序

除了个人属性之外，个人信息数据本质上还是在互联网中流通的信息载体，个人信息价值的实现无法只限于信息在私人领域产生的过程，而仍最终要落脚到信息的被采集、被获取、被利用。社会中信息自由流动创造了公共价值，由社会共同体所共同享有，因而，信息上

---

〔1〕　参见马永强：《侵犯公民个人信息罪的法益属性确证》，载《环球法律评论》2021 年第 2 期。
〔2〕　参见郑智航：《数字人权的理论证成与自主性内涵》，载《华东政法大学学报》2023 年第 1 期。

同时也承载着社会属性，刑法有必要保护信息流通、收集、利用等过程的秩序安全。

正如上文所言，数字人权相较于传统人权的特殊功能在于，在以斗争、防御为基本的权利逻辑基础上，吸纳了合作理念，要求网络提供商、国家、科技平台与企业、数字个体之间合作共治、共享互惠。[1]保障信息流动共享所创造的公共价值，对内制约了信息自决权的绝对行使，为个人牺牲部分权利来推动数字社会发展提供了正当性；对外强调了信息的安全秩序，要求数字平台企业和政府承担相应的被监管与监管责任，从而也相应地避免了政府和网络平台等数据权力对公民个人信息的无限制使用，反过来又实现了对个人信息的公法保护。

实际上，保护数据主体的自决权和维持数据在公共领域流通所带来的价值具有天然的张力，刑法在网络空间中的公民信息权与公共信息流通秩序之间势必要做出平衡，这是由数据的产生原理与价值来源所决定的。但是，个人信息数据与计算机系统中的其他数据的重要区分就在于，对权利与秩序的平衡点不同，或言价值衡量标准不同，个人信息数据的人身属性决定了个人信息数据对于公民的人格尊严与自由发展具有更重要的意义，应当更严格地保护公民的信息自决权，以个人法益中的自决权保护为首要目标，尽量限制信息的不当获取和超过同意权限的利用。

个人信息数据所承载的信息体现了用户的隐私，能被用以识别用户身份、分析用户行为，因而人身属性是个人信息数据最基本的属性。而当大量公民信息在公共空间流通时，数据上所承载的国民的生物特征、言论、行动、轨迹等信息也存在国家或社会层面的安全风险，一方面，这种针对整个信息系统的风险并不指向某一特定主体，而是面

---

[1]　参见郑智航：《数字人权的理论证成与自主性内涵》，载《华东政法大学学报》2023 年第 1 期。

向整个共同体的信息主权，另一方面，这种秩序上的风险倘若无法得到有效调控，又势必会还原到个体信息风险。所以根据个人信息数据所兼具的人身属性和社会属性，对个人信息数据的保护也体现了对私人领域中的信息自决权和公共领域中信息安全秩序的双重保护。

可见，数字时代的人权具有更为丰富的内涵，该表达体现在个人信息数据上的刑法法益是一种以自决权为基础、兼具信息安全秩序的复合法益。本书认为无法单纯地将个人信息数据划分到公法益领域或私法益领域中的某个单一阵营，而由于超个人法益与个人法益本就存在对立统一的关系，也无需将个人信息数据严格地限制在某个单一阵营中。需要考察的是，个人信息数据上所反映出的信息自决权价值和信息流通秩序价值之间的衡平。也就是说，在何种情况下应当更倾斜保护公民的自决权，限制信息的被获取和被利用的空间，而在何种情况下应当更倾斜保护信息自由流通，以使个人信息数据发挥更大的价值。

第三节　个人信息数据的双重法益

目前对于个人信息数据的法益属性讨论主要集中在个人法益与超个人法益两大对立阵营中，[1] 对此有必要先从理论上厘清个人法益与超个人法益的关系，而个人信息数据在私域中具有人身属性、在公域中具有社会属性，结合个人法益与超个人法益的对立统一关系，不应

---

〔1〕　典型的观点争锋文章有：曲新久：《论侵犯公民个人信息犯罪的超个人法益属性》，载《人民检察》2015 年第 11 期；敬力嘉：《大数据环境下侵犯公民个人信息罪法益的应然转向》，载《法学评论》2018 年第 2 期；凌萍萍、焦冶：《侵犯公民个人信息罪的刑法法益重析》，载《苏州大学学报（哲学社会科学版）》2017 年第 6 期；马永强：《侵犯公民个人信息罪的法益属性确证》，载《环球法律评论》2021 年第 2 期；刘艳红：《侵犯公民个人信息罪法益：个人法益及新型权利之确证——以〈个人信息保护法（草案）〉为视角之分析》，载《中国刑事法杂志》2019 年第 5 期。

也无需将个人信息数据单纯划入某一阵营。

一、个人法益与超个人法益的对立统一

个人法益与超个人法益的对立问题由来已久，其背后反映的是自由主义与家长主义的对立。虽然目前实定法与理论上已经肯定了超个人法益的存在意义与规范价值，但是基于自由主义或家长主义的不同立场，对于超个人法益的正当性根据仍然存在争议，由此在个人法益和超个人法益的关系上，也产生了法益"一元论""缓和一元论""二元论"等争议。其中，法益一元论主张个人是法益的唯一主体，而超个人法益只是服务于个人法益的实现，只有能从个人法益角度推导出来的超个人法益才具有正当性;[1] 缓和一元论承认了维系国家和平及自由社会生活的必要超个人法益，但同时通过延展"个人"概念，将部分"非人本"的超个人法益纳入到个人法益的范畴中;[2] 二元论则认为超个人法益并不隶属于个人法益而具有独立地位，超个人法益为个人的自我实现创造了自由空间和国家层面的架构条件。[3]

（一）超个人法益的正当性根据来源于个人自由

无论是法益一元论、缓和一元论、二元论，实际上都无法否认超个人法益对个人的意义。因为根据人本主义思想，能够被划为刑法保护范围内的法益都必然需要回归到对个人价值或自由的实现。因此超个人法益的正当性根据仍然来源于个人自由的保护。

实际上，超个人法益与自由主义立场并非针锋相对。正如有学者

---

〔1〕 Winfried Hassemer, Theorie und Soziologie des Verbrechens: Ansätze zu einer praxisorientierten Rechtsgutslehre, 1973, S. 82f., 221f.

〔2〕 参见 ［德］克劳斯·罗克辛:《刑法的任务不是法益保护吗?》，樊文译，载陈兴良主编《刑事法评论（第19卷）》，北京大学出版社2007年版，第162页。

〔3〕 Roland Hefendehl, Kollektive Rechtsgüter im Strafrecht, 2002, S. 113.

所主张的，自由主义还可以具有社会（主义）的含义，只要是符合宪法并由刑法辅助性保护的利益，均服务于"为了个人的自由发展"的终极目标，便是具备检视刑事立法功能的实质法益概念。[1] 法益概念本身的核心就是个人自由，即使是针对国家的犯罪，也必须间接针对个人才能被纳入刑法规制。倘若以单纯保护秩序作为超个人法益的正当性根据，并由此确定超个人法益的边界，将势必导致刑法的工具化，而秩序理念的空洞和抽象也将带来法益边界的无限扩张，从而失去法益概念本身的规范意义。

此外，即使从社群主义的角度出发，人们向主权者让渡个人权利也是为了自由的实现，人的自由是在现实的社会生活中以及社会共同体中实现的，国家通过政治的权威和秩序的构建来实现保护国民自由的义务。[2] 超个人法益的根据就来源于个人所让渡的权利，其目的是实现更多人更大的自由。所以，即使采取二元论，认为超个人法益相对于个人法益具有独立的地位，超个人法益的规范设置也仍然与个人法益的实现具有表里关系，个人法益对于超个人法益的限度划定具有限制作用。

（二）个人法益对超个人法益的限制作用

由于超个人法益的正当性根据仍然是个人自由，因而超个人法益应当以人的利益为基础和目标。法益概念本身就是由法律所承认和保护的人的利益，个人法益对超个人法益的限制作用就体现在，超个人法益必须能够返回到人的利益或者说至少要与人的利益相勾连，才能获得刑法保护的入门资格。[3] 基于对能否实现个人法益保护的考察，可以将过于提前或过于抽象的行为排除在犯罪圈之外。同时，超个人

---

[1]　参见马春晓：《现代刑法的法益观：法益二元论的提倡》，载《环球法律评论》2019 年第 6 期。
[2]　参见孙国祥：《集体法益的刑法保护及其边界》，载《法学研究》2018 年第 6 期。
[3]　参见孙国祥：《集体法益的刑法保护及其边界》，载《法学研究》2018 年第 6 期。

法益从形式上看与个人法益具有此消彼长的关系，维护秩序的同时势必伴随着个人自由的限制与消减，因此对超个人法益范围的圈定也应当考虑到秩序与自由衡平的问题，或言如何实现超个人法益的保护目的，即实现个人自由与利益最大化的问题。在这一方面，应当运用比例原则和法益衡量理论对中间地带进行规范性考察。[1]

超个人法益是保护个人法益的手段，如果行为所侵害的法益最终无法还原到个人法益，或与个人法益没有任何关联性，那么可以从根本上排除犯罪。单纯的秩序性维护并不是现代刑法的任务，倘若某项规范与社会基本伦理没有直接关系，而只是出于国家管理便利的考量，那么这样的刑罚是不可能取得正当性的。[2] 同理，个人法益的具体性也对超个人法益的抽象性具有一定限制，超个人法益的抽象性会使得法益的内涵被架空，从而在立法上无法起到界限作用，同时倘若超个人法益中存在大量抽象概念，也具有被任意解释的风险。[3] 因而超个人法益在创设时必须防止忽视现实的人以及见"物"不见"人"的偏向，对于抽象的概念，例如扰乱国家机关工作秩序罪中的"多次扰乱国家机关工作秩序并造成严重后果"，诸如"扰乱""工作秩序""严重后果"这类概念都较为模糊，必须严格限制解释空间，以防概念的过分抽象和不当扩张，导致出现不当处罚公民行使权利行为的现象。[4]

可见，超个人法益的正当化根据来源于对个人自由与利益的实现，超个人法益的门槛与界限也由能否还原为个人法益所限定。因此，在分析个人信息数据刑法保护所涉及的法益时，也无需将个人信息数据

---

〔1〕 参见姜涛：《论集体法益刑法保护的界限》，载《环球法律评论》2022 年第 5 期。

〔2〕 参见何荣功：《经济自由与经济刑法正当性的体系思考》，载《法学评论》2014 年第 6 期。

〔3〕 参见熊琦：《刑法教义学视阈内外的贿赂犯罪法益——基于中德比较研究与跨学科视角的综合分析》，载《法学评论》2015 年第 6 期。

〔4〕 参见孙国祥：《集体法益的刑法保护及其边界》，载《法学研究》2018 年第 6 期。

安置在个人法益或超个人法益的非此即彼的立场中，因为二者本身就并不是非此即彼的关系。个人信息数据兼具人身属性与社会属性，应当肯认其双重法益属性的客观现实，全面评价个人信息数据所涉及的法益。

二、以自决权为基础兼具信息安全的双重法益

信息兼具人身属性和社会属性，个人信息数据上所体现的法益是双重法益，其中信息自决权是信息在私域中被保护的正当性来源，而信息秩序安全则填补了信息在公域中流通的保护空缺。正如个人法益是超个人法益的正当性根据并对其具有限制作用一样，信息自决权也是信息犯罪的法益保护的首要目标，应当围绕公民信息的私密程度与授权范围，提出信息分级保护的标准。

（一）信息自决权是法益保护的基础

公民对信息的授权是信息在后续流通过程中被利用的权利根本来源，信息自决权的明确存在，是信息得到合理利用、确保各方利益得到合理分配的绝对前提。[1] 从个人信息的产生原理来看，个人信息表征着公民个人属性的外化，即公民个人的延伸。也就是说，对个人信息的保护本身就是对公民个人的保护，公民有权对自己的信息进行处置，这应当是宪法所保护的基本权利。而信息在公开场合的利用规则，也必须还原到公民个人对信息的处置方式上，即信息必须按照公民所授权的方式流通。所以，信息自决权是侵犯公民个人信息罪所保护的基础法益，公民对个人信息数据的授权范围，决定了何种程度的非法利用个人信息数据应当被规制，同时提供了社会信息治理的正当性根据，为个人信息数据在社会中流通秩序的维护提供了前置性基础。

---

〔1〕 参见马永强：《侵犯公民个人信息罪的法益属性确证》，载《环球法律评论》2021 年第 2 期。

与之相对的，信息自决权也划定了个人信息数据的受保护范围。一方面，对于那些已经被授权使用的个人信息数据，倘若使用者按照授权范围合理使用，信息的产生和所有者就不能再主张使用者侵犯了其信息自决权；另一方面，在确定信息流通的秩序规则时，也需要以公民对信息的授权为制定基础，围绕保护信息自决权来维护流通秩序。

（二）信息安全填补公域中的保护法益

信息的人身属性和公共属性之间的关系，与个人法益和超个人法益之间的对立统一关系相似。对信息自决权的绝对性保护会限制信息在公共领域的流通，进而限制信息本身的价值发挥，因而有必要调控信息自决权和信息秩序的规范价值取舍，而信息秩序的维护本质上是信息安全法益的保护，即信息在社会领域转移与公开的规则，以及对信息泄露风险的系统性防范。

对比自决权的保护而言，对信息安全法益的保护是填补性的。首先，对信息自决权的保护本身就意味着对信息安全的保护，公民对自己信息被使用或传播的授权行为就是公民决定信息安全流通方式的体现；其次，在信息已经被公开后，即使信息处于公共领域也仍然涉及信息主体的问题，如信息的合法使用者、互联网平台、政府部门等，此时已经无需考虑公民自决权，而应当从维护集体信息法益的角度确立流通规则；最后，在公共利益与个人自决权相冲突的情况下，例如政府机关收集公民个人信息时，则应当以公民的自决权为优先考虑对象，同时使用比例原则调控具体的判断标准，除非涉及重大社会利益，否则公民有权拒绝提供个人信息。

（三）以自决权为核心的信息分级保护标准

信息犯罪主要侵犯的是信息主体的人格权，而不同类别的个人信息数据所反映出的信息主体隐私不同，法益侵害程度不同也就导致了行为可罚性不同，这势必导向个人信息数据的分级与行为的分类治理。个人信息数据的受保护程度一方面由以身份可识别性为客观体现的私密程度所决定，另一方面也由权利人的自决权使用程度所决定。

信息的私密程度影响到信息的人身属性，进而影响到刑法对该个人信息数据的应保护性程度，因而应当成为信息分级保护的首要标准。我国侵犯公民个人信息罪的司法解释中实际上已经提出了以信息的私密程度为核心的分级标准：在"情节严重"的认定标准中，非法获取、出售或者提供行踪轨迹信息、通信信息、征信信息、财产信息 50 条以上即可构成；而非法获取、出售或者提供住宿信息、通信记录、健康生理信息、交易信息等其他可能影响人身、财产安全的公民个人信息，需 500 条以上才能构成；非法获取、出售或者提供以上个人信息之外的信息，则需 5000 条以上才能构成。与此相类似的还有目前普遍被讨论的领域理论。领域理论将个人信息数据按照私密性高低，区分为最核心层的隐私领域数据、中间层的私人领域数据、最外层的社会领域数据。[1] 这种划分方式的原理是，随着个人信息数据的私密性不同，其体现出的公民个人属性也不同，进而其泄露后对人身、财产安全的危险也不同，因而个人信息数据的受保护程度应当不同。

而在信息的私密程度之外，还有必要添加对公民的授权范围的判断，进而考察刑法对该个人信息数据的需保护性。即使个人信息数据直接体现了权利人的核心隐私，倘若权利人自己决定将其公开或授权他人使用，那么该个人信息数据的需保护性也会大大降低。例如，隐私领域的信息数据在被公民授权进入社会领域后，对其保护的程度也需要进行相应调整，这种保护程度则取决于公民的授权是完全公开、

---

〔1〕 参见欧阳本祺：《侵犯公民个人信息罪的法益重构：从私法权利回归公法权利》，载《比较法研究》2021 年第 3 期。

有条件使用、抑或针对特定主体的授权等。公民的授权直接影响了该个人信息数据的需保护性，倘若公民同意公开数据并未对他人的使用设置条件和阻碍，那么该个人信息数据的需保护性也会相应降低，刑法作为保障法无需过多介入。

综上所述，个人信息数据的保护目的是以信息自决权为核心的整体信息安全，体现为首要保障个人信息数据按照公民的授权流转，其次以信息的系统性安全为信息秩序的整体调控补充。实践中，有必要通过身份可识别性的客观标准和权利人决定的主观标准，结合信息权利人的授权范围与具体授权内容，对个人信息数据进行分级考察，进而推导出实践中具体的刑法保护规则。在规范层面，这种保护规则的确定还涉及个人信息数据的需保护性和应保护性的实质判断，以及如何平衡信息自由与安全、个人法益与超个人法益的方案设定。

第四节　自由与安全平衡下的个人信息数据刑法保护

结合数字人权的刑法表达，个人信息数据的私密性和公民授权程度直接影响到个人信息数据的需保护性和应保护性。以二者作为判断标准，可以将信息分为三级：核心信息、一般信息、公共信息。其中，核心信息应当是权利人使用了加密保护措施、不愿被他人所知悉的私密性信息；而一般信息则是指权利人有条件地授权他人使用或传输的信息；公共信息则是指权利人主动将其在互联网世界公开、未加任何限制的信息。随着公民对个人信息数据的授权与公开程度增强，个人信息数据上的人身属性逐渐降低，而社会属性逐渐增强，对个人信息数据的刑法保护实际上就是在自由与安全二者价值之间作平衡考量。

一、使用保护措施的核心信息

与司法解释相对应的，核心信息大致包括个人行踪轨迹信息、通信内容、征信信息、财产信息等。实践中，这类个人信息数据具有较高的身份可识别性，通常情况下也会被权利人采用保护措施所隐匿，只有在权利人特殊授权的情况下才有可能成为一般信息或公开信息。对此，具体的判断标准在于，该信息是否从未公开、是否未被授权给行为人、权利人是否设置了特别的保护。

（一）未公开与授权的个人信息数据

核心个人信息数据必须是未经公开的，例如行踪轨迹信息或通信内容，具有极强的人身属性，在普遍情况下，自权利人产生信息后就没有其他人知晓。在多数情况下，个人生活中最核心的隐私领域都属于未公开的个人信息数据，这一核心隐私领域具有高度的自治性，而社会性极低，代表了人的尊严，是个人完全不受任何社会关系影响的领域。[1] 因而，一方面，权利人有绝对的信息处置自由权，另一方面，刑法对这类个人信息数据的保护强度应当最高。

但是，倘若权利人自行将其隐私信息公开，例如权利人通过直播等方式将自己的行踪轨迹公布到互联网上，或者某些情况下权利人的隐私信息产生于公开的渠道，又或者权利人在公开场合不经加密地通信，此时相当于权利人自行放弃了对该信息的绝对保护，个人信息数据就由核心的隐私领域转移到公开流通的公共领域。也就是说，即使是同一条信息，也可能因为权利人的处置方式不同而具有不同的需护性与应保护性。核心个人信息数据除了内容体现个人生活中最核心

---

〔1〕 Vgl. Maxi Nebel, Schutz der Persönlichkeit-Privatheit oder Selbstbestimmung?, in: Zeitschrift für Datenschutz（ZD）2015, Heft 11, S. 517.

的隐私领域之外，也必须尚未进入公共领域流通。

此外，与"未公开"要求一样，为了确保个人信息数据具有需保护性和应保护性，还需要行为人未被授权处理数据。通常情况下，行踪轨迹或通信、财产等核心信息直接产生于公民处，只有公民授权后他人才能使用或进一步转移。而当公民授权他人处理后，该信息的隐私性就随之降低了。倘若信息原本就是公民授权由行为人收集并储存的，那么行为人就享有对该信息的处置权和转移权限。[1] 此时公民也相当于转移了部分对个人信息数据的处置权，不再享有绝对的自由权，个人信息数据从最核心的隐私领域转移到相对隐私的个人领域。

当然，个人信息数据本身属性所推导出的分级范围是对行为对象的分析，而在具体认定行为人是否构成侵犯信息行为时，则还需要结合具体的授权判断，例如倘若行为人只被授权在特定时刻或特殊范围内使用个人信息数据，那么虽然个人信息数据在被授权后已经不属于核心性隐私信息，但是行为人越权使用或超出使用权限使用时仍然构成对信息的侵犯。对个人信息数据进行分级讨论的目的是确认数据保护和流通的平衡点，并不意味着对行为的评价。

（二）存在特别保护的个人信息数据

除了未被公开或未被授权他人处理的隐私信息之外，权利人设置了特别保护的信息也属于核心个人信息数据的范畴。数据被特别保护意味着，除权利人之外的其他人无法轻易地访问、获取、转移该数据。特别保护并不要求高强度的技术操作，如设置密码、防火墙，或者将数据秘密储存在不易被获得的磁盘中等，都可以被看作是存在特别保护。

存在特别保护实际上象征着权利人对个人信息数据已经实施了私

---

[1] BayObLG 5, 5 (93), wistra 1993, S. 304.

力保护，刑法作为保障法，只有在权利人无法私力救济的情况下才有干预的必要。如果个人信息数据的权利人具有较高的自我保护可能性，而怠于行使自我保护，进而导致法益侵害的结果，那么刑法也就不应介入对其法益予以直接保护。[1] 因此，对于最核心的、需保护等级最高的个人信息数据，权利人应当具备一定的特殊保护，以保证个人信息数据被储存在私密领域，具有最高程度的处置自由。

可以看出，权利人具有最高等级权利的核心个人信息数据，首先产生于最为隐私的个人领域，同时尚未被权利人公开或授权他人处置，且权利人实施了一定程度的特殊保护。实际上，按照这样的实质判断标准，该类数据的需保护性最高，同时权利人的自我保护可能性最低，因而从等级上看也就最需要刑法进行偏斜保护。

（三）核心信息的严格自决权保护

核心信息中涉及公民最核心的隐私领域，公民或以不公开的方式显示该信息的私密性，或以设置保护措施以防止他人不当获取或使用的方式，行使个人信息权。因而，应当对这一类个人信息数据设立严格的信息权保护，对他人未经授权或突破保护措施非法获取个人信息数据的行为，按照《刑法》第253条之一规定的"窃取或者以其他方法非法获取公民个人信息"处以刑罚。

对于涉及公民隐私的个人信息数据而言，其社会价值和社会属性相对最低，而保密价值和人身属性相对最高，既然这类信息的产生与使用不具有外部性，那么基于对公民人格自由发展权和隐私权的保护，公民信息权在隐私领域应当属于绝对权，他人无权窥探或使用这类信息，刑法通过保护公民这一绝对性权利，进而保护公民在私人领域不

---

〔1〕 参见王肃之：《被害人教义学核心原则的发展——基于侵犯公民个人信息罪法益的反思》，载《政治与法律》2017 年第 10 期。

受打扰。这一绝对权具有对世效力，政府、企业或个人有义务在获取或处理该类信息时请求公民的授权与同意。

此外，在公民没有明确表达，而需要推定公民是否"同意授权"核心信息的场合，应当坚持隐私领域的"同意决定论"。实践中通常认为，公民同意将个人信息数据公开在政务系统等网络平台中的行为，不意味着同意第三方行为人使用或处理，进而认定第三方行为人的信息获取或收集行为构成犯罪。如徐国成等侵犯公民个人信息案中，被告通过国家企业信息公示系统收集企业法人的手机号等个人信息，未经同意公布在自己的网站上供人查询，这一行为就被法院认定为构成侵犯公民个人信息罪。[1] 对此有学者指出，这种做法过度犯罪化，公民已经同意公开的信息无需"二次授权"，也不符合《民法典》和司法解释对"同意"的体系性解释。[2] 实际上，在公民明确同意将信息公开之后，无论该信息是否涉及公民隐私内容，都已经由隐私领域转至公共领域，不再需要被绝对性地保护。值得讨论的是，在公民没有明确表示同意或拒绝的情况下，能否推定同意或拒绝，以及在什么情况下推定同意、什么情况下推定拒绝，这是讨论隐私领域的"同意决定论"的关键问题。

本书认为，出于对隐私领域公民信息权的周延保护的规范目的，隐私信息只有在公民明示同意授权或公开的前提下，才能由隐私领域转入一般领域或公共领域，从而被进一步获取或使用。同时，具体个人信息数据客观上是否具有私密性，有利于辅助司法实践中能否推定判断公民同意授权，通常情况下，对于客观上具有私密性的个人信息数据，在公民并未表示同意或拒绝时，只能依照客观情况推定公民

---

〔1〕 参见福建省泉州市中级人民法院（2020）闽05刑终155号刑事裁定书。

〔2〕 参见欧阳本祺：《侵犯公民个人信息罪的法益重构：从私法权利回归公法权利》，载《比较法研究》2021年第3期。

"不同意授权"，而不能推定同意。而对于客观上不具有私密性的个人信息数据，在公民采用防护措施予以保护时，应当推定公民的防护行为本身就表示其"不同意授权"，进而对该信息也应当进行绝对化保护。

因此，倘若具体的个人信息数据涉及个人隐私，那么信息的每一次处理都必须经过公民的授权或同意，在公民没有意思表示时，不能推定其同意；倘若具体的个人信息数据客观上不涉及个人隐私，但是公民采用了一定的措施予以保护，那么也应当推定该个人信息数据属于公民的隐私领域，信息的每一次使用和处理都必须得到公民的明示同意或授权，否则行为人突破防护措施而获取信息的行为就属于"非法获取信息"。

（四）法益侵害性的形式判断

由于对核心信息实行严格保护，在判断行为人非法获取核心信息的法益侵害性时，也应当采取形式的判断标准，即认为非法获取的行为方式就已充足构成要件，不要求存在实际损害。信息自决权虽然与隐私权同为人格权发展而来的分支权利，但是隐私权是一种消极的、防御性的权利，在权利遭受侵害之前，个人无法积极主动地行使该权利，而信息自决权是一种主动性权利，不要求存在实际损害。[1]

首先，对于隐私性核心信息而言，无论行为人采取怎样的手段，未经授权而获取信息的行为都应当属于非法获取信息。如上所述，公民对于隐私性核心数据的信息权是绝对权，信息的每一次处理都必须经过公民授权或同意，在公民没有表示同意或拒绝时，只能推定为拒绝，因而行为人无论采取的手段是侵入计算机系统等破坏性行为，抑

---

〔1〕　参见刘艳红：《民法编纂背景下侵犯公民个人信息罪的保护法益：信息自决权——以刑民一体化及〈民法总则〉第 111 条为视角》，载《浙江工商大学学报》2019 年第 6 期。

或秘密窃取信息等平和性行为，都属于非法获取信息。而行为人对于隐私性核心数据的进一步处理或利用，也构成向他人出售或提供公民个人信息的行为，即使该行为没有造成损失，也有必要予以刑事处罚。

其次，对于非隐私性信息，但公民设置了相关防护措施的信息而言，行为人突破防护措施的行为构成非法获取。对于非隐私性数据而言，其成为核心数据的前提是公民设置了相关保护措施，出于对公民的信息自决权的保护，在公民设置保护措施表达了非公开或拒绝授权的意愿之后，应当对其赋予绝对受保护的权利。所以，在行为人突破该保护措施时，行为违背了公民的非公开或拒绝授权意愿，进而具有了法益侵害性。

最后，针对《刑法》第253条之一所要求的"情节严重"，正如有学者所主张的，"情节严重"既可以包括发生实际损失，也可以包括非法获取信息数量巨大的情况。[1] 对此，两高《关于办理侵犯公民个人信息刑事案件适用法律若干问题的解释》第5条，列举了"情节严重"的具体情形，其中第1款第3项至第6项就是对非法获取个人信息数量的规定，其中，按照个人信息的私密程度或与人身财产安全的关联性程度不同，分别采用了不同的数量标准。结合实践中的认定情况而言，大部分核心信息都应当属于第3项所规定的范围之内，即只需非法获取、出售、提供50条以上就构成"情节严重"，并不涉及具体损失，而上述司法解释第5条第1款第7项所规定的"违法所得五千元以上"，也是从行为人违法所得的角度，而非被害人损失数额的角度予以认定。这样的认定方式一方面体现了个人信息权的主动性，另一方面也符合信息被非法获取后难以认定损失的实践现状。

---

〔1〕 参见刘艳红：《民法编纂背景下侵犯公民个人信息罪的保护法益：信息自决权——以刑民一体化及〈民法总则〉第111条为视角》，载《浙江工商大学学报》2019年第6期。

综上所述，对于核心信息的绝对保护源于其社会属性最低而人身属性最高，基于这种绝对保护，个人信息数据的处理必须经过公民的明示同意，而非法获取此类信息的法益侵害性也应采取形式的判断标准，不要求存在实际损害。可以说，在个人信息安全与信息流通价值之间，对于核心个人信息数据而言，体现出的大部分是个人信息安全，也有必要采取更为周延广泛的保护模式。

二、有限授权的一般信息

一般信息主要是指被公民授权给政府或者他人使用、处理的个人信息数据，这类信息既具有较高的身份可识别性，又属于有限授权的非公开信息。无论是政府抑或个人，在使用与处理这类数据时都必须符合"合理使用"的范围，因而对一般信息的法益侵害性主要依靠对行为人是否"合理使用"的判断。而在一般信息类犯罪中，大多涉及信息公共流通价值与公民私人信息权的衡量，可依靠比例原则与客观合目的性原则，推出具体的判断标准。

（一）一般信息的授权有限性与非公开性

有限授权的一般个人信息数据的权利人通常情况下都是在一定范围内授权他人使用，或者限定了某段时间内、某种特殊用途。这类信息一般产生于具有交互性的平台，如住宿信息产生于用户和酒店平台之间、交易信息产生于消费者与销售平台之间等，因而大多涉及用户和网络运营商之间的授权约定。对此，《网络安全法》第41条至第43条规定，网络运营者必须在其提供的服务范围内收集用户信息，同时未经允许不能向他人提供，用户发现网络运营者在约定范围之外收集或使用信息的，也有权利要求其删除或修正。

由于已经授权他人处理，有限授权的一般个人信息数据之上已经体现了公民信息自决，因而有必要保护的已经不再是公民完全的处置自由，而是公民对信息的处理方案。正因如此，有限授权的一般个人信息数据的保护性也主要依靠授权范围来判断，倘若某一项信息已经被完全授权、在任意情况下都可以被使用或转移，那么数据主体对该个人信息数据的所享有的权利也相应最低，被授权人的进一步数据处置行为不受限制或处罚。而倘若某一项信息只被授权用于特殊用途，或被要求不能进一步转移或加工，那么信息处置权限还大部分掌握在数据主体手中，被授权人突破授权范围所进行的操作行为都构成侵犯公民信息。

此外，与受保护措施的核心个人信息数据相似，有限授权的个人信息数据也具有非公开性。这里涉及对"未公开"的判断，本书认为，即使个人信息数据授权他人使用，也不能认为该信息已经被公开，有指向性的授权仍属于"未公开"的范畴之内。"公开"是指将信息直接发布到互联网公共领域，以致其他任意主体都可以自由使用该信息。公开的意义在于，权利人向外界彰示其对信息的绝对处置权的用尽，进而免除了他人对该信息不得任意获取的义务。并不是所有的个人信息都应当得到同等程度的保护，也并不是所有的同类信息保护程度就一定相同，这取决于权利人的保密意志，以及该意志是否为外界所识别。[1] 而信息的公开就体现了权利人对保密的放弃，此时刑法对信息的保护也相应最低。

但是，有限授权的信息则仍然在有限区域内流通，或者大多数情况下只在权利人和被授权人之间流通，权利人仍然保留对该信息的处置权，如被授权人之外的第三人有不得侵犯该信息的义务，被授权人有在授权范围内使用该信息的义务，权利人有取消授权或授权他人的

---

〔1〕 Erman-Ehmann, BGB, 10. Aufl., Anh § 12, Rn. 39.

处置权利。因此，对于有限授权的个人信息数据而言，重要的是保护"未公开"的部分，也即权利人所保留的处置权部分。

总之，对于有限授权的一般个人信息数据而言，信息产生时就具有身份可识别性，能够指向具体的公民个人，同时公民对他人的信息授权是有条件和范围的，被授权人只能在该授权许可的范围内获取或使用个人信息数据，此外这类信息同样是非公开的，刑法对非公开部分的信息的保护所体现的就是对公民人格权的尊重与保护。

（二）"合理使用"的判断

政府与互联网平台或公司对有限授权的一般信息的使用应当遵循公民的信息处理目的，其中，倘若使用行为明显违背了公民公开信息的目的和用途，则这种行为直接侵犯了公民的信息自决权，构成侵犯公民个人信息罪。而对于公民概括授权的部分，如何判断使用行为在合理范围内，则需要结合比例原则与客观合目的性原则。

比例原则是公法中的"帝王原则"，包括目的正当性原则、适当性原则、必要性原则与狭义比例原则。在数字产业化、价值化的背景下，社会权力成为新的人权威胁力量，许多大型技术公司和商业平台行使着"准立法权""准行政权""准司法权"。[1] 因而在互联网平台企业与私主体之间使用比例原则对设定信息使用边界、保护个人信息权益、平衡公私利益等具有必要性与可行性。对此，欧盟在《通用数据保护条例》（GDPR）中也提出了数据使用的"最小必要原则"，以此规范数据处理活动，要求数据使用者必须采取有效且侵害最小的数据使用措施，同时衡量使用措施目标的重要性和现实性，考察收益与成本是否成比例。[2] 最典型的例子是，疫情期间对公民核酸检测信息的使用，

---

〔1〕 参见马长山：《智慧社会背景下的"第四代人权"及其保障》，载《中国法学》2019 年第 5 期。

〔2〕 EDPS Guidelines on assessing the proportionality of measures that limit the fundamental rights to privacy and to the protection of personal data（2019）.

这一使用行为对社会公共利益的维护高于对公民隐私权的维护，且具有必要性，可以认为是"合理使用"。

客观合目的性原则是以侵犯公民个人信息罪保护法益为核心的实质标准。一方面，法益处分自由本身也应当包含在法益概念之中，因而违背公民目的的信息使用行为可以构成侵犯公民个人信息罪；[1] 另一方面，由于公民对信息的使用目的具有较高的抽象性与主观性，客观合目的性原则也提出了实质判断标准，即倘若信息的收集和使用者明确告知公民其收集和使用信息的目的、方式、范围等情况，同时在信息处理过程中遵循这一目的或用途，保障了公民的知情权与选择权，那么其在信息使用中的行为就无法构成侵犯公民个人信息罪，此外，倘若公民没有明确表示拒绝信息收集与使用，而收集与使用行为又符合社会一般用途，那么也不应认为构成侵犯公民个人信息罪。

三、完全公开流通的公共信息

从概念与权利本质上来说，公开信息是全社会共享的公共资源，社会公众有权获取已公开的个人信息数据。但是，数据的开放与流通也会带来篡改与滥用等不法侵害的风险。《中华人民共和国国民经济和社会发展第十四个五年规划和 2035 年远景目标纲要》指出，建立健全国家公共数据资源体系，确保公共数据安全。对于公开信息的管理与保护应当以风险调控为导向，维护数据在公共空间的安全管理秩序。且即使信息已被公开，其后续使用也需按照公民的公开目的。

（一）公共信息中的公民自决权

当个人信息数据的权利人选择将信息完全公开流通时，就意味着允许他人自由获取该信息。如上所述，公民信息自决权本质上是由隐

---

〔1〕 参见周光权：《侵犯公民个人信息罪的行为对象》，载《清华法学》2021 年第 3 期。

私权发展而来的，因而其受保护原理在于，公民在公共领域和私人领域之间划定了界限，他人无权在未经同意的情况下侵入该私人领域。正因如此，公民必须以外界可感知的方式将这种"免遭打扰"的态度公之于众，以使得他人能够识别出这种气氛。[1] 所以，信息被公开的行为已经彰显了公民概括性授权公众获取其信息。

不过，信息被公开并不意味着可被任意使用或再次授权、再加工。根据两高《关于办理侵犯公民个人信息刑事案件适用法律若干问题的解释》，未经被收集者同意，将以合法方式获取的他人信息提供给他人的行为也构成犯罪。但是关于何时认定行为为非法使用行为，实践中仍存在争议。例如同样是收集并出售公开的企业信息，江苏省扬州市中级人民法院认为该行为构成侵犯公民个人信息罪，[2] 而江苏省泰州医药高新区检察院则监督公安机关作出了撤案处理。[3] 学界对已公开信息的再次使用行为是否应当入罪、入罪根据和界限也存在争议。入罪说认为，个人信息的受保护依据是身份可识别性，因而即使被公开仍然具有受保护性，后续使用行为需要公民"二次授权"或"合目的性考察"或符合"客观开放程度标准"；[4] 出罪说则认为，既然信息已经被公开，那么行为人在网上获取该信息的行为就不具有法益侵害性，而倘若获取行为作为上游行为都不具有法益侵害性，那么作为下游行为的再次使用、转卖等行为也不应当被作为犯罪处理。[5]

---

〔1〕 BVerfGE NJW 2000, 1021 (1021).

〔2〕 江苏省扬州市中级人民法院（2020）苏 10 刑终 79 号刑事裁定书。

〔3〕 参见卢志坚、白翼轩、田竞：《出卖公开的企业信息谋利——检察机关认定行为人不构成犯罪》，载《检察日报》2021 年 1 月 20 日，第 1 版。

〔4〕 参见蔡云：《公民个人信息的司法内涵》，载《人民司法》2020 年第 2 期；喻海松：《侵犯公民个人信息罪司法疑难之案解》，载《人民司法（案例）》2018 年第 32 期；王华伟：《已公开个人信息的刑法保护》，载《法学研究》2022 年第 2 期。

〔5〕 参见刘艳红：《民法编纂背景下侵犯公民个人信息罪的保护法益：信息自决权——以刑民一体化及〈民法总则〉第 111 条为视角》，载《浙江工商大学学报》2019 年第 6 期。

如前所述，个人信息受保护的根据在于公民自决权，因而行为是否具有法益侵害性的判断标准也应当结合公民对信息的处理目的来确定。应当承认的是，公民在决定公开信息时已经向公众概括性地授予了使用权限，但是公民自决权是一项多维的集合性权利，不仅包含了信息公开，还包括拒绝他人对信息处理的拒绝权、知悉他人对信息处理情况的知情权、修改与增删信息记录的修改权、删除信息记录的删除权与封锁权等。[1] 所以即使公民决定将信息公开，也不意味着信息自决权已经用尽，当行为人使用信息的行为违背了公民的处理目的时，仍应当认为行为人侵犯了公民的信息自决权，进而处理信息的行为具有法益侵害性。

信息自决权这一受保护法益决定了已公开信息受保护范围的确定应当以信息处理目的做标准，但是这一标准存在过于主观的问题，需要进一步客观化。根据《民法典》第1036条的规定，在权利人同意的范围内合理实施的，或对权利人自行公开或已经公开的信息的处理行为不承担民事责任，但是该自然人明确拒绝或者处理该信息侵害其重大利益的除外。因而在判断刑事责任时，也应当以权利人"明确拒绝"或者"具有重大利益损失"为客观判断标准。应当认为，信息公开行为本身就意味着概括性授权，通常的使用行为都处于可期待的合理使用范围，符合公民处理信息的目的，只有该公民明确提出拒绝，或由于存在重大利益损失而能够推断该公民拒绝此种处理时，该处理行为才违背了公民的信息自决权，从而具有法益侵害性。

（二）公共信息中的公民保护可能性与需保护性

被害人的保护可能性与需保护性的判断是被害人教义学中提出的对法益侵害性判断的两项标准，如果被害人具有较强的自我保护可能

---

〔1〕 Vgl. Bundersdatenschutzgestz Kommentar. 12. Auf. , S. 43ff.

性，而怠于进行自我保护，那么刑法就不应介入对法益的直接保护。在判断被害人无力实现自我保护的基础上，再判断被害人是否具有需保护性，即该个体的法益具有刑法上值得被保护的地位。[1] 被害人教义学是刑法构成要件规定范围内的一种解释原则（Auslegungsmaxime），或者说是刑法目的论解释（teleologische Auslegung）的一种解释方法，补充分则中刑法构成要件的解释。[2] 在信息犯罪中，尤其是在公民自我决定公开或授权信息被他人使用的场合，公民的被保护可能性与需保护性也应当成为补充构成要件解释的法益侵害性判断标准。

信息社会中，公民个人信息随时存在泄露的风险，尤其是大数据技术发展后，个人外部联系与信息安全呈现逆相关，可以说，个人与社会的联系越强，个人信息的泄露风险越高，信息的安全程度越弱。[3] 因此，公民只要置身于信息社会，个人信息的保护可能性都处于较低境地。尤其在公共领域，已经公开的信息可以被任何人自由获得，公民对该信息的自我保护可能性尤为微弱。但是，从需保护性的角度而言，公民自我决定公开其信息，并令其信息进入公共领域中自由流通时，已经彰显了对信息保密性的放弃。同时，如上所述，公民概括性授权了他人处理其信息，除非明确拒绝或存在重大利益损失，否则他人的信息处理行为都属于公民同意的范畴之内。因而，对比使用了保护措施的核心信息、有限授权的一般信息，在完全公开流通的公共信息中，公民公开决定导致刑法上的需保护性大幅度降低。

虽然公共信息中公民个体的需保护性最低，但是这并不意味着公共信息本身不具有需保护性。正如个人法益与超个人法益，信息中的

---

〔1〕 参见申柳华：《德国刑法被害人信条学研究》，中国人民公安大学出版社 2011 年版，第 207 页。
〔2〕 Vgl. Bernd Schünemann, Strafrechtssystem und Betrug, 2002, S. 72–73f.
〔3〕 参见王肃之：《被害人教义学核心原则的发展——基于侵犯公民个人信息罪法益的反思》，载《政治与法律》2017 年第 10 期。

公共属性与私人属性也存在此消彼长的关系，当信息被公民公开并在公共空间流通时，其承载的法益就由公民个体的人格权转为公共信息安全秩序，因而此时对公共信息的需保护性考察应当从秩序维护的角度进行。正因如此，有学者指出，被害人教义学在信息社会崛起的当下语境中，应当突破仅仅基于侵犯个人法益的犯罪范畴进行理论分析，发展到侵犯公共法益的犯罪中，同样发挥被害人教义学核心原则的作用。[1] 而站在维护信息秩序的公共法益的角度，即使公民已经概括性同意了他人获取、使用信息的行为，对信息的获取、使用行为也应当遵循信息安全有序流通的合理方式，刑法有必要对这种秩序法益进行保护。

（三）从秩序维护角度进行公共信息保护

公共信息的流通一方面遵循公开该信息的公民的目的，另一方面也需遵循一定的秩序规范。随着信息流通性与公开性的增强，对公共信息刑法保护的研究范式必须摆脱固有的对公民个体消极信息防御权的分析，转向以数据治理为理念的风险预防。

首先，由于信息存在大量分享和快速流转的趋势，个人信息主体和信息控制主体的分立已经成为常态现象，单纯保护信息主体个人的法益已经无法适应这一现实情况。如上所述，由于信息本身存在的易传播性，个人信息数据具有较强的社会属性，尤其在信息被公开之后，大部分有价值的公民信息会被企业或平台收集，进而处理或分析，而信息又可能在各个平台之间流转，因而个人信息数据可能同时存在多个实际控制者，这也是个人信息数据难以确权的首要原因。而随着同一信息数据上的权利主体的增加，对产生信息的公民而言，其信息被

---

〔1〕 参见王肃之:《被害人教义学核心原则的发展——基于侵犯公民个人信息罪法益的反思》，载《政治与法律》2017 年第 10 期。

不当使用的风险也相应增高，因而确立并维护数据流通秩序的同时也避免了对信息法益的抽象的危险。

其次，《民法典》《网络安全法》等前置法为秩序维护角度的信息保护提供了基础。《民法典》第 1035 条规定，应当遵循合法、正当、必要的原则处理个人信息，《网络安全法》则进一步从维护网络运行安全的角度，为网络运营者、网络服务商、相关行业组织提出了具体的义务，例如，网络运营者不得收集与其提供的服务无关的个人信息，应当依照法律、行政法规的规定和与用户的约定，处理其保存的个人信息。[1] 由此可见，前置法中已经为个人信息数据的流通与处理使用提供了具体保护方案，公民公开信息的行为并不代表着个人信息数据在公共领域随意流通，无论是企业或个人对个人信息数据的使用处理行为仍需按照一定的秩序与义务。

最后，以安全维护为本位的个人信息数据保护模式也有利于保护集体信息安全，防止我国国民信息被泄露或不当使用。随着信息技术与统计学、数据分析技术的结合，政府和公共服务机构通过广泛收集个人信息，可以有效分析社情民意，并借此做出科学有效的决策，推进公共服务和公共治理工作，这也是所谓的"数字政府""服务政府"的构建基础。[2] 数据在带来公共价值的同时，也带来了系统性的泄露风险，尤其是关于国民医疗、教育、民生等方面的个人信息数据，能够在一定程度上反映政府的决策方向与国家的经济走向，即使公民授权将其公开，也有必要维护其在安全范围内有序流通。

综上所述，对于完全公开的公共信息而言，公民的概括性同意能够免除他人获取信息的责任，但是刑法仍然有必要保护已公开信息在

---

〔1〕 参见《网络安全法》第 41 条。
〔2〕 参见张新宝：《从隐私到个人信息：利益再衡量的理论与制度安排》，载《中国法学》2015 年第 3 期。

公共领域的流通秩序，通过对数据使用和处理方的义务设定，实现信息安全的风险调控。

第五节 小结

数字社会中，人权概念具有了新的内涵，一方面具有传统人权的防御性，另一方面融合了合作共享共治的理念。数字人权的内涵与功能指导了刑法对于个人信息数据的保护，个人信息数据上兼具人身属性与社会属性，无法被直接划入个人法益或超个人法益阵营，但个人法益与超个人法益本就不是非此即彼的关系，超个人法益的正当性根据来源于个人法益，个人法益也限制了超个人法益。所以个人信息数据上的刑法法益是一种以自决权为基础、兼具信息安全秩序的复合法益，需要首先保障个人信息数据按照公民的授权流转，然后以信息的系统性安全为信息秩序的整体调控补充。

影响信息自决权的保护程度的要素主要是信息的私密程度和公民授权的范围，其中，信息的私密程度决定了刑法对信息的需保护性，公民授权或公开的程度决定了刑法对信息的应保护性。以二者为标准，可将信息分为三级：核心信息，公民使用了加密保护措施、不愿被他人所知悉的私密性信息；一般信息，公民有条件或部分授权他人使用或传输的信息；公共信息，公民主动将其在互联网世界公开、未加任何限制的信息。

结合个人信息数据的身份可识别性认定标准，可以解决实践中侵犯公民个人信息罪的认定难题，同时根据对不同级别的个人信息数据的不同保护手段，能够提出针对不同领域的信息侵犯行为的认定方式。具体而言：

核心信息必须是涉及公民核心隐私领域的，或者公民拒绝授权与公开使用的信息。刑法对公民的核心信息应当进行严格的保护，核心信息只有在公民明示同意授权或公开的前提下，才能被他人获取或使用。在公民并未表示同意或拒绝时，只能依照客观情况推定公民"不同意授权"，而不能推定同意。此外，对核心信息的法益侵害性应当使用形式判断标准，在他人非法获取核心信息的情形下，无需造成实际损害即可认定存在法益侵害。

一般信息是指具有一定身份可识别性的、公民部分授权他人使用的信息。在针对一般信息的犯罪中，涉及信息公共流通价值与公民个人信息权的衡量。应当根据比例原则，衡量信息使用的目标重要性和现实性，考察收益与成本是否成比例，判断行为是否在"合理使用"的范畴中。同时结合客观合目的性原则，在信息的收集和使用者明确告知公民其收集和使用信息的目的并遵循这一目的时，或者公民没有明确表示拒绝信息收集与使用，而收集与使用行为又符合社会一般用途时，可以阻却使用者的责任。

公共信息是指已经被公民公开的信息。公开信息是全社会共享的公共资源，社会公众有权获取已公开的个人信息数据，因而刑法应当侧重于从秩序维护的角度保护公共信息，转向风险预防的理念。而在个人信息权保护层面，则应当认为对于公开信息的通常使用行为都处于可期待的合理使用范围，符合公民处理信息的目的，只有该公民明确提出拒绝，或由于存在重大利益损失而能够推断该公民拒绝此种处理时，该处理行为才违背了公民的信息自决权，从而具有法益侵害性。

第三章　财产性数据的刑法保护及功能面向

在排除了公民身份可识别性这一个人信息数据的本质判断标准之后，实践中还存在一类具有经济价值的财产性数据。一方面，财产性数据应当被圈定在能够被客观确定经济价值的数据范畴中，根据数据的流通规律，数据产生于私主体，经主体公开或授权后进入互联网空间，在公共空间交换、流通、聚集，或被企业收集、处理、加工，成为大数据集合体或大数据产品，进而拥有了值得被保护的财产价值。另一方面，实践中也存在一部分具有固定市场价值的虚拟财产，以数据的形式存在于用户账户中。为了建立财产性数据的刑法保护体系，有必要首先分析各类财产性数据的权利属性，并结合个罪的构成要件，确定财产犯罪针对数据的规制边界。

第一节　财产性数据的保护目的

随着数据技术与数字经济的发展，数据不仅成为现实财产的电子载体，也成为了重要的生产资料。但是，实践中大量具有现实价值的新型财产性数据的性质仍然模糊。具有经济价值的数据大致可分为四类：一是依托区块链技术而以数据形式存在的数字货币，如比特币、以太币、币安币等；二是依托算力实现服务需求的数据，包括大量承载用户信息并具有分析价值的大数据集合体，以及通过采集整合大数据，使用算法进行统计、分析，进而得出预测或结论的大数据产品；三是虚拟财产，如游戏装备、可兑换的积分、代金券等；四是具有经济价值且能够变现的流量，常见的是流量劫持案件中体现的具有经济价值的浏览流量，这些流量承载了互联网平台公司运营模式、多元化市场主体的利益机制、商业信誉和商品信誉等，在实践中已经成为互联网公司之间广泛交易的商品。

　　在理论研究和司法实践中，对非法获取财产性数据并从中获利的行为，大致存在三种处理思路。一是认为财产性数据本质还是计算机数据，从而认定为相应的计算机犯罪；二是认为财产性数据本质是财产，进而认定为相应的财产犯罪；三是认为数据只是载体，而根据数据上所体现出来的权利，分别认定为相应的信息犯罪、知识产权犯罪等。但是，由于数据概念广泛、种类繁多，三种处理思路大多存在交叉或分歧。核心争议在于数字货币的定性问题、[1] 大数据产品与流量的财产地位问题。[2] 随着实践中的数据种类和行为方式不断更新换代，针对这一领域仍存在较大讨论空间。而在涉及虚拟财产的案件中，财产的认定边界以及获取行为的定性问题也还未得到解决。实践中仍然存在较大争议，如有的法院认为属于盗窃罪，[3] 有的法院则认为属于非法获取计算机信息系统数据罪，[4] 理论中也仍在尝试如何限定虚拟

---

〔1〕　辽宁省大连市中级人民法院（2021）辽 02 刑终 258 号刑事判决书。

〔2〕　参见任丹丽：《民法典框架下个人数据财产法益的体系构建》，载《法学论坛》2021 年第 2 期；冯晓青：《数据财产化及其法律规制的理论阐释与构建》，载《政法论丛》2021 年第 4 期；程啸：《论大数据时代的个人数据权利》，载《中国社会科学》2018 年第 3 期；季境：《互联网新型财产利益形态的法律建构——以流量确权规则的提出为视角》，载《法律科学（西北政法大学学报）》2016 年第 3 期。

〔3〕　上海市第一中级人民法院（2014）沪一中刑终字第 134 号刑事裁定书。

〔4〕　广西壮族自治区河池市（地区）中级人民法院（2021）桂 12 刑终 199 号刑事裁定书。

财产的范围并提出合理标准。[1]

目前我们对财产性数据的价值本质和定性定位仍没有达成共识，且上述四类财产性数据的价值来源并不相同，不加区分地认定势必带来分歧和争议。且数据技术的发展给传统财产概念带来了较大冲击，能否继续使用财产犯罪保护财产性数据成为需要进一步探讨的问题。同时，目前的计算机犯罪也并不能准确全面地评价非法获取财产性数据的行为。

推动数字经济平稳有序发展是党的二十大的重要议题，国务院印发的《"十四五"数字经济发展规划》中也提出，发展数字经济应健全完善数字经济治理体系，强化数字经济安全体系。因此，为了顺应数据时代、保护公民的数据安全，同时回应以上司法实践中存在的疑问和争议，有必要结合财产犯罪教义学，对于财产性数据的概念内涵、价值确认、权利本质进行系统讨论，探寻财产犯罪对财产性数据的保护边界，以及应然的保护模式和功能转向。

第二节　财产性数据的确权难题：从价值确认到权利本质

由于财产性数据兼具可外化的财产价值与可流通的数据的双重属性，早期学界主要关注数据是否具有可客观化和可控制的价值，而后，尤其是在数字货币和虚拟财产领域的讨论重心转移到了数据财产的性质和权利归属，通过对数据性质的不同认定，决定对相应行为的规制方案。基于对各类财产性数据定性既有路径的研究，应当进一步探寻财产性数据与普通财产的本质区别，并考察该区别能否与财产概念本

---

[1]　余剑：《财产性数据的刑法规制与价值认定》，载《法学》2022 年第 4 期；陈罗兰：《虚拟财产的刑法意义》，载《法学》2021 年第 11 期。

身相洽。

一、财产性数据的价值确认

毋庸置疑的是，数据能够带来经济效益。但是数据是否具有可资评价的财产价值，则存在较大争议，因而考察能否对财产性数据确权的前置步骤是确认数据具有值得被保护的财产价值。

（一）数字货币

数字货币最显著的特征就是去中心化，这也导致了其与国家发行的法定货币具有本质区别。所谓的去中心化是指货币发行与流通过程中，不存在银行、第三方支付平台等中介机构作为交易的记录者，这也就意味着数字货币的财产性并不来源于现实货币，也不能直接兑换为现实货币。因此，数字货币定性中最突出的难题就是这种非直接兑换性是否影响其成为财产。

反对数字货币作为财产的最核心论据在于，数字货币的本质是计算机运算结果，没有国家信用背景和公信力支持，也没有真实货币支撑，不具有稳定的价值。[1] 数字货币的数据载体本质具有可操作性，导致了数字货币的价值不具有确定性。以 The DAO 大劫案为例，黑客利用 The DAO 系统的漏洞，盗取了 360 万的以太币（市场价值 6000 万美元），而以太坊官方则通过软分叉技术阻止黑客提现被盗的以太币，再通过硬分叉技术帮助用户找回以太币。[2] 可见，数字货币的价值可以通过技术手段恢复，同样地，对数据的操作也可以导致数字货币的价值消失。

---

〔1〕 赵天书：《比特币法律属性探析——从广义货币法的角度》，载《中国政法大学学报》2017 年第 5 期。

〔2〕 《以太坊 The DAO 起源：The DAO 入侵事件始末解读》，载 https：//www. 528btc. com/zhuanti/ 5344. html，最后访问日期：2023 年 5 月 20 日。

但是，目前比特币已经被界定为可以由个人合法持有和买卖的虚拟金融商品，[1] 也具有了被法律认可的财产性。[2] 虽然数字货币的价值和权属确实可以通过修改数据而被操作，但一方面，在修改者是私人入侵者的情况下，这种修改本身就是对数字货币的非法获取或毁坏，并不影响数字货币本身具有价值；另一方面，在修改者是发行数字货币的官方平台的情况下，这种修改也只是非常极端和罕见的，因为对数字货币的价值和权属进行操作将动摇用户对该产品的信任，不规范地修改数据最终会使该数字货币被市场淘汰。因此，无需因为极其个别的 The DAO 大劫案就否认数字货币具有相对稳定的市场价值。

因此，数字货币的数据属性并未影响其具有相对稳定的财产价值，只是对数字货币财产价值的肯定并不能直接推出数字货币可以被作为刑法上财产犯罪的对象，尤其是在数字货币交易的过程中，数字货币通过数据的复制与修改进行转移，故而非法获取的行为能否被纳入财产犯罪构成要件的解释范围，才是数字货币定位中的根本问题。

（二）大数据集合体与大数据产品

大数据是指依托算力实现服务需求的海量数据，具体又可以划分为大数据集合体和大数据产品，前者是指海量数据信息的直接集合，后者是指权利人对海量数据通过特定方式的筛选、加工、处理而形成的，可供商业预测或市场分析的产品。

反对大数据具有财产价值的观点认为，数据在司法实践中无法切实地实现价值确定，[3] 且基于数据主体不确定、外部性问题、垄断性

---

〔1〕 参见《关于防范比特币风险的通知》（银发〔2013〕289 号）。

〔2〕 参见邓建鹏：《ICO 非法集资问题的法学思考》，载《暨南学报（哲学社会科学版）》2018 年第 8 期。

〔3〕 参见孙道萃：《网络财产性利益的刑法保护：司法动向与理论协同》，载《政治与法律》2016 年第 6 期。

缺乏的特征，无法实现数据的权利化。[1] 但是，无论是大数据集合还是大数据产品，价值都来源于计算机对数据进行收集、分析、处理的算力：一方面，无论是对海量数据的收集集合还是特殊加工，都需要投入大量资源；另一方面，对海量数据的处理结果，也能为企业带来相应的经济价值。[2] 这种投入与产出的双重价值，以及通过算力所带来的大数据的稀缺性和可控制性，使得大数据具有可资评价的财产价值。早在 2019 年党的十九届四中全会就确认了数据可以作为生产要素参与分配，且著名的淘宝诉美景公司案[3]中也确定了大数据产品的市场经济价值。当然，并非所有能够带来经济价值的对象都能被作为财产犯罪的对象，如反对观点所主张的无法实现数据权利化等问题，还需要结合大数据的价值来源和权利本质进一步讨论。

（三）流量

流量是指互联网平台中用以显示网站浏览量和用户数量等相关数据的指标，由于流量可以承载互联网平台公司的运营模式和企业商业信誉和商品信誉等价值，在互联网平台之间已经成为广泛交易的对象。[4]

流量的产生与变现过程大概可以分为四步：首先，互联网公司对平台或产品投入前期研发、推广，通过向用户提供商品或服务建立交易关系；其次，吸引用户产生点击量或浏览量，有用户就有相应的流量；再次，通过技术性经营手段提高流量质量，提高流量的转化效率；最后，由于在用户建立过程中，一端用户的加入是以另一端用户的数

---

〔1〕 参见梅夏英：《数据的法律属性及其民法定位》，载《中国社会科学》2016 年第 9 期。
〔2〕 参见汤道路：《算力盗用：一种新型财产侵害》，载《政法论丛》2022 年第 3 期。
〔3〕 杭州铁路运输法院（2017）浙 8601 民初 4034 号民事判决书。
〔4〕 参见季境：《互联网新型财产利益形态的法律建构——以流量确权规则的提出为视角》，载《法律科学》2016 年第 3 期。

量和质量决定的，因而可以实现从流量到增大交易量的转化。[1] 由此，流量实际上是一系列包含独立 IP 数、Cookie 统计模式、独立访客数、页面浏览量等各项参数的数据集合，是对互联网公司或网站的运营能力的综合评价，这类参数目前已经形成了市场化、客观化的计算标准，因而也具有了可交易性和稳定的市场价格，应当肯定其具有值得保护的财产价值。

（四）虚拟财产

随着电子化进程的不断发展，虚拟财产的概念逐渐宽泛。最初的虚拟财产指的是网络游戏中的角色装备与虚拟货币，而目前又扩张至网络购物领域与电信业务领域，并且有进一步扩张的趋势，故而在学界的讨论中，虚拟财产的边界也具有一定含糊性。一般认为，虚拟财产可以被分为三类：账号类虚拟财产，物品类虚拟财产，货币类虚拟财产。[2] 也有学者主张，目前虚拟财产的范围亟须限缩，账号类虚拟财产本质是个人信息而应当被排除在外，认定虚拟财产的标准应当是该虚拟物品能否与真实货币价值相对应，即包括直接由现实法定货币购买的虚拟物品和虚拟货币。[3] 按照本书对财产性数据的分类，本书也赞成采用限缩的虚拟财产概念，将虚拟财产限定为可以由现实法定货币购买的虚拟物品，以免造成概念和分类上的混淆。

最初学界否认虚拟财产的财产价值的观点认为，虚拟财产在现实世界中不具有效用性、稀缺性和流转性，且损失后可以通过修复数据予以恢复，不需要刑法介入保护。[4] 这一观点与反对数字货币具有财

---

〔1〕 参见季境：《互联网新型财产利益形态的法律建构——以流量确权规则的提出为视角》，载《法律科学》2016 年第 3 期。

〔2〕 参见江波：《虚拟财产司法保护研究》，北京大学出版社 2015 年版，第 31~33 页。

〔3〕 参见张忆然：《"虚拟财产"的概念限缩与刑法保护路径重构——以数据的三重权利体系为参照》，载《湖南科技大学学报（社会科学版）》2021 年第 2 期。

〔4〕 侯国云、么惠君：《虚拟财产的性质与法律规制》，载《中国刑事法杂志》2012 年第 4 期。

产价值的观点类似，但随着越来越多具有现实可兑换性的虚拟财产的出现，这种观点显然无法适应网络技术和支付技术的发展，遭到了大部分学者的反对。况且，认为虚拟财产的损失可以通过修改数据予以恢复的观点忽略了权利的救济以权利的确定为前提，倘若虚拟财产的价值无法得到肯定，那么相对方（如游戏公司）也没有动力为用户恢复数据，所谓的由于数据可恢复而否认数据价值，只是将财产追回的责任最终转嫁到了用户身上。

而在司法实践中，早在 2003 年的李宏晨游戏装备失窃案[1]中，虚拟财产的财产价值就已经在法律上得到了肯定。虽然早期司法判决中对于虚拟财产类案件的定性问题仍然存在较大争议。例如，同样是盗窃游戏中的虚拟货币，上海市第一中级人民法院认为虚拟财产具有一般商品的属性，有使用价值和交换属性，是一种无形财产，可以作为盗窃行为的标的。[2] 而浙江省湖州市中级人民法院则认为对木马侵入系统窃取游戏币转而销赃套现的行为应当整体判断，该行为妨害社会管理秩序，与一般盗窃罪不同，应当认定为非法获取计算机信息系统数据罪。[3] 但是随着目前越来越多的财产以虚拟的样态存在，越来越多的人接受将虚拟财产类案件作为财产犯罪处理——以"虚拟财产"为关键词检索裁判文书网，刑事案件中超过 60% 的案件被认定为财产犯罪。

总体而言，无论是学界还是实务界对于虚拟财产具备财产价值基本已经达成了共识。只不过对于采取何种罪名保护虚拟财产的财产价值仍存在争议，主要在于是否应当建立类似于计算机诈骗罪的新罪名专门规制这类新型财产。而建立新罪名的前提是目前刑法中的相关罪名无法容纳非法获取虚拟财产的行为，这需要考察虚拟财产作为犯罪

---

〔1〕　北京市第二中级人民法院（2004）二中民终字第 02877 号民事判决书。
〔2〕　上海市第一中级人民法院（2013）沪一中刑终字第 792 号刑事裁定书。
〔3〕　浙江省湖州市中级人民法院（2018）浙 05 刑申 21 号再审刑事通知书。

对象是否突破了盗窃罪、诈骗罪等财产犯罪的解释范围，以及认定为非法获取计算机信息系统数据罪的是否实现了对所侵害法益的全面与准确评价。

二、财产性数据的权利本质

从以往的数据财产保护的讨论中可以看出，学者们大多着眼于强调数据所体现出来的有价性和可用性与传统财产无异，同时进一步探究其财产价值、财产权归属等具体标准。因此，目前大部分相关讨论都集中在数据的定性与权属问题之上。但是，从经济意义上的"财产价值"，到民法意义上的"财产"，再到刑法意义上的"财产犯罪对象"，这一推导链条并非不证自明，尤其是考察财产犯罪的构成要件时，财产这一客体要素同时也承担着对行为要素的限制功能，并不是所有具有财产特征的对象都能成为财产犯罪的客体。因而在讨论财产性数据的性质与权属问题时，讨论的并非其是否具有财产的表面特征，而是其与传统财产的本质区别是否突破与动摇了财产犯罪客体的限制功能。

（一）大数据产品的价值本质上来源于知识产权

实践中，大量在市场流通的一般数据虽然可以反映出经济价值，但是与物理资源所反映出的价值不同，这种价值本质上是统计价值，其收益也并非稳定的、可见的收益，而只有经过在数字平台中流动、集合、计算后才有意义。而大数据集合则是一般数据的直接聚集，价值仍然在于数据的流通数量和速度，对其进行确权无益于其价值的发挥。但是，大数据产品的价值则更为固定，大数据产品就是经过对上述大数据集合的提取和分析后生成的预测型、指数型、统计型衍生数据，其价值本质上来源于不同的数据加工处理方式，这种方式应当体现为数据加工者的知识产权。

大数据产品中包含着两类数据，一是海量信息数据，二是数据处理阶段作为数据挖掘工具的程序性数据。其中，虽然前者是大数据产品的呈现基础，但是现实中大多数的信息数据本身大多来自公有领域，是任何人均可以从公开渠道直接获取的。[1] 真正具有效用性、非公开性、稀缺性的是作为挖掘工具的数据，而这类程序性数据大多需要开发者投入大量前期研发成本，同时采用一定的保密措施，具有商业秘密的特征。此外，倘若此类程序性数据能够实现独创性的选择、整理、编排数据，数据开发者也可能享有类似汇编作品的著作权。[2]

但是，有学者认为大数据产品的价值来源于算力，而算力可以类比电力成为财物，从而论证大数据产品属于财物，可以成为盗窃罪的对象。[3] 这种思路存在一定问题：诚然，无论是挖掘数据抑或计算数据，都依赖于计算机系统的运行和计算能力，算力是大数据产品的价值来源之一，但互联网公司或平台对大数据产品所享有的权利本质并不能简单地等同于对算力的控制，而是对数据开发程序中所使用的收集渠道、集合方式、计算工具等整体的知识产权。况且，电力等无形能源作为盗窃罪的对象，具有明确的司法解释，即使认为大数据产品上所承载的权利只有算力，也无法将算力直接类比电力从而认为大数据产品可以成为盗窃罪的对象。

（二）流量的价值本质是竞争利益

在流量变现的过程中，并非由流量直接对应财产价值，而是由流量主体通过流量数据来证成自身的可投资性，从而获得竞争市场的优

---

〔1〕 参见芮文彪、李国泉、杨馥宇：《数据信息的知识产权保护模式探析》，载《电子知识产权》2015 年第 4 期。

〔2〕 参见崔国斌：《大数据有限排他权的基础理论》，载《法学研究》2019 年第 5 期。

〔3〕 参见汤道路：《算力盗用：一种新型财产侵害》，载《政法论丛》2022 年第 3 期。

势地位。因此，所谓的流量劫持实际上是侵犯了他人的竞争利益，流量本身之上并不能构建财产权。

如前所述，所谓的流量经济主要体现为，互联网产业参与主体通过提升网站用户数量与流量，赚取广告佣金或吸引更多用户。互联网的访问流量体现了用户的行为习惯和上网方式，具有极高的经济价值，且当前互联网市场上已经形成了一套稳定的根据访问量和下载量来计算费用的方式。

根据盈利模式不同，可以将流量劫持行为区分为"引流型""展示型""替换型"三种，引流型是指直接通过技术手段使用户在浏览网页时跳转到特定网站，展示型是指以弹窗等形式强迫用户接收广告，替换型是指通过技术手段将用于推广的分发渠道的统计数据进行替换和混用，从而侵犯分发渠道的经济利益。[1] 其中，引流型和展示型劫持行为既影响了互联网用户的浏览与使用，又分流了原网站的访问量从而影响了其正常经营，而替换型劫持行为则影响了分发渠道的商业利益。一方面，用户没有遭受经济损失，这种行为属于对用户计算机信息系统的非法侵入或非法控制；另一方面，原网站的经济损失表现为数据形式的商业价值被篡改，进而影响了在市场上的竞争利益。因而在保护数据价值的意义上，应当从反不正当竞争的角度规制此类流量劫持行为，无法直接将流量等同于财物。

值得注意的是，实践中还存在一类非法获取手机流量的情况，这类案件中的流量与流量劫持案件中的流量具有本质差异。在通常的手机流量交易中，流量包具有较为固定的、一般的市场价值，可以直接确认其财产属性，应当认为这类流量与游戏点卡、购物积分类似，都是可以换算成现实货币的虚拟财产。

---

〔1〕 参见吴沈括、李涛：《流量劫持的刑法应对》，载《人民检察》2022 年第 8 期。

（三）数字货币与虚拟财产本质是债权凭证

关于数字货币的定性问题，存在计算机数据说、虚拟财产说、证券产品说、货币说、真实财产说。[1] 其中，由于数字货币已经被确认为一种"虚拟商品"，不应将其简单地看作计算机数据，而同时央行也明确了数字货币不应被作为货币流通使用，因而比较有说服力的学说只剩下虚拟财产说和证券产品说。但实际上虚拟财产与证券产品并非互斥关系，证券是多种经济权益凭证的统称，体现在债权市场就是债券产品，而虚拟财产也被学界大多数学者认为代表着用户和互联网运营商之间的债权关系，[2] 本书认为，数字货币属于虚拟财产，二者的本质都是债权凭证。

有学者提出，将去中心化的数字货币归类于虚拟财产恐怕会将数字货币的问题陷入虚拟财产的迷雾中，原因在于虚拟财产本身的概念与定性就具有极大的争议，纳入数字货币后更加无益于解决数字货币中出现的争议和问题。[3] 这也反映了数据犯罪研究领域最大的难题：原有的概念尚且模糊混杂，新问题与新概念又不断出现，导致研究呈现琐碎与各自为战的局面。实际上，是否将数字货币归类于虚拟财产并不取决于虚拟财产的研究现状，而是取决于数字货币是否具有单独研究与考察的必要。论者将数字货币区别于虚拟财产而认定为真实财产，实际上只是论证了数字货币具有更强的"价值性""排他性""可转移性"，即数字货币具有更强的财产性，进而认为数字货币是真实的

---

〔1〕　参见马永强：《论区块链加密货币的刑法定性》，载《苏州大学学报（法学版）》2022 年第 2 期。

〔2〕　参见徐凌波：《虚拟财产犯罪的教义学展开》，载《法学家》2017 年第 4 期。

〔3〕　参见马永强：《论区块链加密货币的刑法定性》，载《苏州大学学报（法学版）》2022 年第 2 期。

财产。[1] 但无论如何，数字货币的价值仍然来源于数据运行机制，与传统财产的由劳动赋权原理并不相同，且在数字货币未被法律承认为真实货币之前，其交易过程中势必存在数字货币持有者与货币交易所之间的债权关系，因而数字货币与虚拟财产本质无异，只是表现程度不同。

无论是虚拟物品还是虚拟货币，虚拟世界中无法被现实性地直接支配的数据都无法作为物权的对象。物权与债权的最大区分就在于，债权体现的是"请求"，表征的是债权人与债务人之间的权利联系；而物权体现的是"支配"，要求无需他人协助或配合即可按照自己意志支配财物。在虚拟财产流转的过程中，都存在从用户到运营商（或提供商）再到用户的关系，虚拟财产的价值无法脱离用户和运营商（或提供商）之间的双方合同，甚至多数情况下是由运营商（或提供商）予以兑换才从虚拟财产换算成现实货币，因而虚拟财产无法脱离载体而存在，用户也无法脱离对运营商（或提供商）的请求履行而直接支配虚拟财产，虚拟财产是用户用以请求运营商（或提供商）兑换现实货币或服务的债权凭证，虚拟财产在用户之间交易流通，实际上是债权凭证在用户之间移转，其最终需要由用户向运营商（或提供商）主张才能实现。因此，应当在债权框架下讨论虚拟财产，在考察非法获取虚拟财产的相关案件时，所考察的是行为人、运营商（或提供商）、用户的三方关系。

除了数字货币之外，目前实践中还出现了依托区块链技术而产生的 NFT 产品，其大部分以艺术品为依托，故而也被称为数字藏品。虽然数字藏品大多被作为投资品而在市场流通，但许多国家尚未承认其

---

[1] 参见马永强：《论区块链加密货币的刑法定性》，载《苏州大学学报（法学版）》2022 年第 2 期。

在二级市场的交易，我国在 2021 年 10 月 31 日发布的由国家版权交易中心联盟、中国美术学院、蚂蚁集团、腾讯等机构联合参与制定的《数字文创行业自律公约》中也提出，坚决抵制任何形式的数字藏品商品价格恶意炒作，反对数字藏品金融产品化，因此，实践中存在的大部分案例主要涉及购买者所面临的经济风险。例如此前某艺人的猿猴头像数字藏品被钓鱼网站盗窃，并被黑客以 300 万元转手交易。[1]

　　数字藏品是针对特殊作品、艺术品生成的唯一数据凭证，在 2022 年的"NFT 侵权第一案"中，数字藏品被杭州互联网法院认定为虚拟财产。[2] 民法理论中也倾向于对其适用虚拟财产的相关规定。[3] 本书认为，数字藏品具有较为明确的价值，能够被兑换为一定数量的数字货币，从这种意义上而言，其性质也属于债权凭证，应当被作为虚拟财产保护。

　　综上，从数字经济的实践来看，数据主体对具有价值的数据所享有的权利都不是具有直接可支配性的物权：一般大数据集合和流量之上无法构建财产权，而大数据产品的价值来源于知识产权，数字货币、数字藏品和虚拟财产属于债权凭证。因而财产性数据的保护方案主要集中在两个问题上：财产犯罪，尤其是诈骗罪、盗窃罪、故意毁坏财物罪的认定问题；以及知识产权犯罪，尤其是大数据产品作为商业秘密受保护的问题。

　　数据的出现可以说颠覆了传统民法学关于物债二分观点，因而许多民法学者认为只能确定架构性的财产权，或者在利益冲突中确立定

---

〔1〕　参见韩丹东：《区块链技术下的数字藏品也不安全》，载《法治日报》2022 年 6 月 15 日，第 4 版。

〔2〕　杭州互联网法院（2022）浙 0192 民初 1008 号民事判决书。

〔3〕　参见葛伟军、方懿：《区块链智能合约下加密数字藏品的法律属性与内生风险》，载《上海大学学报（社会科学版）》2023 年第 2 期。

纷止争规范，而无法按照传统的观念进行确权。[1] 更确切地说，数据主体在事实上需要某种对抽象数据集合的排他控制力和不受干预的权利，这种权利是一种超越了具体要素权属的集合性权利。[2] 而在刑法领域，一方面，数据的出现是否完全突破了传统财产犯罪对象和行为的概念，仍需要结合以上财产性数据的本质特征与财产犯罪教义学作进一步分析；另一方面，能否将数据作为知识产权犯罪的对象，需要结合知识产权的相关认定标准作进一步确认。

第三节　财产性数据的财产犯罪保护边界

在确定了各类财产性数据的本质属性的情况下，数据能否被纳入财产犯罪的对象范围，仍取决于各项财产犯罪中的"财物"的认定，以及与财物具有"动宾关系"的相应行为的认定。我国财产犯罪主要包括抢劫罪、抢夺罪、盗窃罪、诈骗罪、侵占罪、故意毁坏财物罪、敲诈勒索罪等，从数据犯罪的司法实践来看，行为类型上一般不存在对人身具有危险性的强制占有型财产犯罪，因而讨论的对象主要集中在盗窃罪、诈骗罪、侵占罪等平和取财型财产犯罪，以及故意毁坏财物罪的毁财型犯罪。

一、数据作为财产犯罪对象的认定边界

在讨论财产犯罪对象时，首先涉及财产概念，即应当采用法律财产说抑或经济财产说的问题；其次涉及财物概念，即各类数据之上所

---

〔1〕　参见沈健州：《数据财产的权利架构与规则展开》，载《中国法学》2022 年第 4 期；高郦梅：《网络虚拟财产保护的解释路径》，载《清华法学》2021 年第 3 期。

〔2〕　参见胡凌：《数字经济中的两种财产权 从要素到架构》，载《中外法学》2021 年第 6 期；崔国斌：《大数据有限排他权的基础理论》，载《法学研究》2019 年第 5 期。

反映出的权利或法益关系是否能被财产犯罪所评价的问题。一般大数据集合体、大数据产品、流量、虚拟财产都具有经济价值，且这种价值并未被法秩序所否认。即使是针对虚拟货币的司法解释否认了将虚拟货币作为真实货币进行流通的合法性，也并未否认其作为虚拟货币被交易的合法性。[1] 因而，本书主要讨论"财物"概念的认定标准与边界。

（一）理论背景：财物与财产性利益二分的财产犯罪模型

我国财产犯罪中没有区分财物与财产性利益的概念，尤其是盗窃罪与诈骗罪、故意毁坏财物罪的犯罪对象都表述为"公私财物"，这导致了解释上究竟是否需要区分以及如何区分的问题。本书认为，从财产犯罪的体系性构造而言，应当区分财物与财产性利益的不同面向。

在同为大陆法系的德国和日本，对于财产转移类犯罪和财产侵犯类犯罪的规制都具有区分。其中，日本直接区分了财物与财产性利益，在盗窃罪中规定犯罪对象是财物，而在诈骗罪、恐吓罪、二项强盗罪中规定犯罪对象是财物与财产性利益；德国则在广义的财产犯罪中区分了针对所有权的犯罪（Straftaten gegen das Eigentum）、针对个别财产的犯罪（Straftaten gegen sonstige spezialisierte Vermögenswerte）、针对整体财产的犯罪（Straftaten gegen das Vermögen als Ganzes），其中盗窃罪属于所有权犯罪，而诈骗罪则属于针对个别财产的犯罪。对财产犯罪对象进行进一步区分是因为，即使同为财产犯罪，对于占有的保护也是不同的，如果是通过拿走的方式剥夺财产，占有转移是由行为人做出的，行为人的刑事责任在于对财产的永久"征用"，那么单纯地转移占有是不够的，需要彻底剥夺财产的全面处置权；而如果是通过欺骗或威胁来剥夺财产，那么占有转移实际上是由被害人做出的，行为人

---

[1] 参见徐凌波：《虚拟财产犯罪的教义学展开》，载《法学家》2017 年第 4 期。

的刑事责任就取决于行为是否造成了金钱损失，即使被害人只是短暂地转移了占有而没有完全丧失所有权，也可以构成既遂。[1] 但是，即使是德国学者也指出，这种区分并不是强制的，是源于德国理论中对财产的传统和自然主义的理解，而在其他国家例如美国，就没有类似的区分。[2] 因此，有学者提出，财物和财产性利益二分的模型并不具有教义学上的普遍意义，也不必担忧不加以区分将导致财产犯罪可罚性的边界丧失，因为可罚性边界是由构成要件中的所有要素共同建构的，在其他构成要件要素足够明确的前提下，扩张财物概念并不当然带来可罚性泛滥的问题。[3]

但是，行为对象和行为的概念本身就互相具有限制性作用。概念本身天然的模糊性导致在确定构成要件的规范范围时，必须将构成要件放置于体系中整体考察。正如学者针对盗窃罪中"占有"要件观念化所提出的担忧，倘若不对财产犯罪中的客观构成要件进行限缩，那么财产犯罪将会仅仅依赖于存在权益损害而存在。[4] 而行为要件的规范性判断势必带来扩张趋势，仅仅采取最低限度的财物解释标准，不利于对行为范畴的定型。倘若某一客体无法被"占有""拿走"或"欺骗""毁坏"，那么该客体也不具有成为财产犯罪中的"财物"的意义。反之，如果作为财产犯罪对象的财物概念扩张，那么对于行为概念的解释也就会面临着扩张的风险。最典型的例子是有学者将把鹦鹉放生的行为解释为毁坏财物，这里之所以能够对毁坏概念进行扩张

---

〔1〕 Vgl. Hoven in: Hilgendorf/Kudlich/Valerius, Handbuch des Strafrechts Band 5, 1. Aufl., 2020, 2. Der Besitz.

〔2〕 Vgl. Hoven in: Hilgendorf/Kudlich/Valerius, Handbuch des Strafrechts Band 5, 1. Aufl., 2020, II. Unterschiedliche Angriffsformen bei Vermögens-und EigentumsdeliktenZitiervorschlag in die Zwischenablage kopieren.

〔3〕 参见徐凌波：《虚拟财产犯罪的教义学展开》，载《法学家》2017年第4期。

〔4〕 参见车浩：《占有概念的二重性：事实与规范》，载《中外法学》2014年第5期。

解释，也是由于将财物解释为了财物的效用侧面。[1] 而对于类似于债权的财产性利益，既然无法产生时空上的占有转移，那么也就不应当被纳入财物的范畴从而成为盗窃罪的对象。

另外，将财物和财产性利益二分也突出了对财产的不同侧面的保护。如前所述，以最典型的盗窃罪和诈骗罪为例，虽然二者保护的法益都是财产，但具有不同功能性指向。盗窃罪属于行为人直接转移财产的犯罪，保护的是财产的全面处置权，即权利人随意处置财物的权利，行为人一旦破坏了权利人对财物的实质占有，即侵犯了这一保护对象。[2] 而处置权依附在具有绝对性的物权之上，对于具有相对性的债权而言，不存在未经合同相对方约定而被动转移债权的情况，因而作为盗窃罪行为对象的财物必须限定在能够建立物权的概念范畴之中。诈骗罪则是对财产的间接损害，行为人利用被害人被压制的意志要求被害人自己转移财产，在这种意义上，不存在所谓的处置权受侵害，因为被害人事实上仍然享有处置权，只是在规范上要求行为人对其负责。[3] 所以，诈骗罪以存在权益损害为结果，不必要求存在物权，因而其行为对象可以包括债权等财产性利益。

因此，从体系上看，对财产犯罪的行为对象进行二分是具有理论意义的。诚然，在进行具体判断时，大部分案件将因为在行为要件中被排除而直接无需进入是否属于财物的判断，但由于行为要件的概念具有规范化和抽象化趋势，也不能放弃对财物概念的限缩解释与区分。且对于无法建立物权的数据而言，可以直接排除其被窃取或被破坏的可能性。

---

〔1〕 参见张明楷：《刑法学（下）》，法律出版社 2021 年版，第 1343 页。

〔2〕 Urs Kindhäuser/Martin Böse, Strafrecht Besonderer Teil II, 11. Aufl., 2021, S. 35.

〔3〕 Urs Kindhäuser/Martin Böse, Strafrecht Besonderer Teil II, 11. Aufl., 2021, S. 230.

（二）基于二分模型的财产性数据划分依据：绝对权存否

基于财物与财产性利益二分的财产犯罪对象模型，盗窃罪指向物上的绝对权，要求行为对象可以"被拿走"，而诈骗罪则指向更广泛的财产价值，只需存在财产损失即可。而在故意毁坏财物罪中，"毁坏"究竟应当是物理性的还是功能性的，目前仍存在较大争议，本书赞成从文义解释的立场出发，将毁坏理解为毁灭与损坏，二者都指向的是物理层面的价值剥夺，[1] 毁坏的对象也应当是有形的实物。而侵占罪则涉及与盗窃罪类似的问题，其保护的也是财物上的所有权完整。因此，首先对于财产性数据而言，以电磁记录形式存在的数据并不具有实体形态，不能成为故意毁坏财物罪的对象，其次对财产性数据作为财产犯罪对象的认定边界问题，应当根据数据之上是否存在绝对权进行划分。

如前所述，大数据集合、流量、虚拟财产之上都无法确立绝对物权，而大数据产品由于存在加工和分析等工序，权利人享有作为绝对权的知识产权。从数据的特征和属性上，就可以将一般数据、流量、虚拟财产排除在盗窃罪与侵占罪之外。而知识产权是特殊的财产，虽然仍属于广义的财产范畴内，但由于其具有独立的认定标准，因而对大数据产品的规制应当在知识产权犯罪的框架下讨论。至于在通过其他非法手段造成他人财产性数据损失，进而造成财产损失的情况中，财产性数据的确符合成为诈骗罪对象的要求，但最终这类行为能否被评价为诈骗罪，也还需要进一步考察诈骗罪的其他构成要件。

二、财产犯罪构成要件对数据的涵摄范围

由于上文已经对数据的财物属性进行了讨论，因而下文的重点在

---

〔1〕 参见黎宏：《刑法学各论》，法律出版社 2016 年版，第 342 页。

于分析财产犯罪，尤其是盗窃罪、诈骗罪与故意毁坏财物罪的行为构成要件，以及其能否规制实践中非法获取与破坏财产性数据的问题。

（一）非法获取一般大数据集合、流量无法构成财产犯罪

虽然一般大数据集合和流量中也承载着财产性利益，但其本身的属性决定了这类数据的财产价值来源于其在竞争市场中的流动，倘若为这类数据划定权属，则会为市场中的交易主体增加相应的义务，从而为数据的这种流动性增加壁垒，并最终可能导致其丧失价值。可以说，对这类财产性数据的财产权确认本身就是一个伪命题，也无法真正现实地确认这类数据的财产权归属。因此，这类数据无法构成盗窃罪、侵占罪、故意毁坏财物罪这类指向具体物权的犯罪。而在前置法尚且无法确定财产权的情况下，刑法上也很难确认被害人所遭受的财产损失，且非法获取这类数据的行为一般涉及篡改代码与黑客入侵，行为人也并非采取欺骗的方式进行，因而非法获取这类数据也很难被解释为诈骗罪。

实践中，非法获取一般数据的行为大多被认定为侵犯公民个人信息罪，而非法获取大数据集合、流量劫持的行为也大多被认定为非法获取计算机信息系统数据罪，这在目前我国的罪名体系中具有一定的解释上的合理性。但是，出于防止侵犯公民个人信息罪和非法获取计算机信息系统数据罪处罚范围的过度扩张与处罚界限的过度模糊的考虑，确实有必要将对一般数据和流量的保护进一步具体化和专门化，引入新的刑法条款分担目前的信息犯罪和计算机犯罪的职能，专门对权利人自由处置这类数据提出刑法保护。

（二）非法获取数字货币与虚拟财产构成新的财产犯罪

数字货币与虚拟财产可以被确立财产权，从而被认定为"财物"。但是，结合财产犯罪教义学可知，数字货币与虚拟财产不能成为盗窃

罪的对象，因为对二者的占有是一种观念性的占有，将"占有"概念过分观念化的结果是盗窃罪构成要件定型性的丧失。数字货币与虚拟财产的性质属于债权凭证，债权具有相对性，行为人非法获取数据所导致的债权凭证转移，并不意味着债权也被转移给了行为人，因此真正导致财产损失的是行为人使用该债权凭证向网络运营平台主张债权并得到对价的行为，例如兑换非法获取的数字货币或游戏装备，或实践中近年出现的窃取并兑换购物积分或优惠券的行为，实际上都是行为人伪造债权人身份，使网络运营平台陷入错误认识，并最终交付财物。

因此，讨论的重点在于非法获取虚拟财产能否构成诈骗罪，这涉及一个学界长期争议的问题，即"机器能否被骗"。最具有代表性的反对观点认为，主观认识是一种心理现象，是具有自由意志的自然人所独有的，因而也只有自然人才能陷入错误认识，机器无法陷入错误认识。[1] 被害人认识错误也是诈骗罪与盗窃罪得以区分的重要构成要件，倘若架空被害人心理上的认识的要件，那么诈骗就不再能被完整评价为被害人主动交付型犯罪，也恐怕会难以与间接盗窃相区分。

在我国尚且不存在计算机诈骗罪的现状下，有学者提出采用"预设同意理论"将"机器被骗"解释进"被害人陷入认识错误"的范畴内，即可以认为在智能机器的场合下，机器程序的设置就预设了在满足一定条件时，机器设置者同意转移财物。[2] 也就是说，出于网络平台经济高速发展的现实需要，网络平台无法依次实质审查虚拟财产的持有者是否为债权人本人，对行为人出具的债权凭证只能进行形式上的代码审核，但并不意味着平台方认同所有的满足形式审查结果都是

---

〔1〕 Vgl. Tidemann/Valerius, in: Leipziger Kommerntar StGB, Band 6, 12. Aufl. , 2009, § 263a, Rn. 2.
〔2〕 参见车浩:《盗窃罪中的被害人同意》, 载《法学研究》2012 年第 2 期。

正确的财产处分决定。在系统运营之初，平台方预设了这种一旦满足形式要件，即可转移财产的运营模式，在行为人使用欺骗或篡改代码等手段满足了平台方的形式审查条件之后，这种预设的正常的运营模式就被打断，进而导向了错误的财产处分结果，因而虽然智能机器确实不具备与自然人相同的认识心理，但是通过客观设置的体现，也能够拟制其存在"错误认识"。

在我国不存在计算机诈骗罪的现状下，确实可以将非法获取数字货币与虚拟财产的行为解释为诈骗罪。但这种"拟制的错误认识"实际上仍然是扩张了诈骗罪的解释范畴，诈骗是通过对被害人自由意志的压制而获取财物的行为，倘若被害人不具有"意志"，则遑论自由意志被压制。此外，故意毁坏虚拟财产的行为也无法受指向现实财物的故意毁坏财物罪规制，例外地使用诈骗罪对虚拟财产进行保护只是权宜之计，更根本的解决之道是尽快建立新型数据财产犯罪[1]的相关概念与规制法律。

（三）财产性数据对财产犯罪的冲击本质

数据犯罪领域之所以目前存在复杂与混乱的认定局面，很大程度上在于其全新的犯罪模式对传统犯罪规制的冲击。综合前文可以看出，这种冲击的本质体现在三个方面：一是一般性的数据由于共享与流通而获得价值，对其进行私有化而令其进入财产权领域的尝试都存在逻辑上的龃龉；二是财产犯罪各客观构成要件仍建立在早期的现实财产权之上，难以直接将虚拟世界的数据纳入保护；三是部分针对数据的行为类型已突破传统犯罪的规制，但又存在一定解释空间，从而导致了认定上的混乱。

首先，对于数据市场上分散流通的数据与流量而言，其依附于信

---

〔1〕　参见劳东燕：《个人数据的刑法保护模式》，载《比较法研究》2020年第5期。

息的共享与流动而获得价值，若由个人封闭式独占，则其价值就无法得到实现，因而技术上对数据进行私有化而令其进入财产权领域的尝试都存在逻辑上的龃龉，这类数据与传统财产犯罪所保护的财物对象截然不同，有必要进行单独的保护。

其次，我国财产犯罪中各客观构成要件的规定仍然建立在早期的现实财产权之上，这些围绕现实财产权所衍生出来的诸如"拿走""占有""毁坏""基于错误认识转移"等客观要件，将财产犯罪从单纯的"保护财产免受损失"到区分各类保护财产不同侧面的举止规范，试图将现实的财产犯罪扩张至虚拟世界解释的操作，面临着模糊财产犯罪边界，甚至导致财产犯罪构成要件定型化功能丧失，从而失去举止规范的意义的风险。

最后，针对数据所进行的各项新型操作手段，已突破了传统犯罪中对行为类型的规制，但又存在一定的被解释进传统行为类型中的空间。例如，实践中存在的插入木马导致所有数据无法被正常使用的行为，[1]似乎也存在被解释为"毁坏"的可能；而未经他人同意秘密获取他人系统中的数据并复制、利用，[2]也似乎存在被解释为"窃取"的可能。这种情况或许源于法律概念本身的模糊性，然而倘若不加限制地将这些新型操作手段解释进传统财产犯罪的构成要件中，不利于财产犯罪真正功能的发挥，也不利于对财产性数据的保护。

由此可以看出，当前的财产犯罪只能部分保护实践中的财产性数据：一般大数据集合、流量无法成为财产犯罪的对象，有必要进一步考察建立新的罪名规制；数字货币和虚拟财产虽然可以成为诈骗罪的对象，但非法获取二者的行为有突破诈骗罪解释范围之嫌，虽然目前

---

[1] 参见《江苏省无锡市滨湖区人民检察院诉马志松等破坏计算机信息系统案》，载《中华人民共和国最高人民法院公报》2009 年第 2 期。

[2] 湖南省湘潭县人民法院（2021）湘 0321 刑初 482 号刑事判决书。

仍然可以通过"预设同意理论"掩盖认定上的瑕疵，但为了防止诈骗罪构成要件进一步被架空或定型化功能丧失，也有必要考虑建立新的罪名规制。因此，财产犯罪在面临数据技术的冲击时，也必须做出修改与回应。而大数据产品虽然可以成为财产犯罪对象，但是知识产权犯罪与财产犯罪具有法条竞合关系，更为妥当的做法是使用更确切的知识产权犯罪予以保护，下文将针对知识产权犯罪的认定作具体讨论。

第四节 财产性数据的知识产权犯罪认定

广义知识产权制度包括著作权法、商标法和反不正当竞争法，在刑法中都有对应的罪名，而由于知识产权的认定具有专业性与独特性，因而刑法在使用知识产权犯罪保护大数据产品时，需首先考虑大数据产品受哪类知识产权保护。

一、著作权保护方案

大数据产品由于数据加工工艺所产生的知识产权，可以通过刑法对著作权的保护得以实现，可以对应于《著作权法》第 15 条所规定的有独创性的汇编作品，将大数据产品看作使用了特殊选择和编排方式而形成的数据库作品。

根据侵犯著作权罪的规定，行为人侵犯的应当是较为固定化的产品，如以被开发的计算机软件的形式存在的产品；同时该产品需具有"独创性"；在认定过程中，也需要行为人所复制或利用的新软件与权利人所拥有的软件具有代码上的"实质相似性"。只有满足以上三个条件，行为人才有可能因非法获取大数据产品而构成侵犯著作权罪。

但是，实践中大部分大数据产品无法满足上述条件。著作权中的

"独创性"认定需要具有一定的创新高度，如德国和法国等国家都规定，独创作品必须体现作者个性且具备创作高度，而那些因创作高度缺失而不能纳入具体作品的保护范围以内的创作物则只能作为著作权的邻接权客体。[1] 我国虽然并没有在法条中明确规定，但是在司法实践中也采取较高程度的独创性认定标准。例如，在广西广播电视报社诉广西煤矿工人报社侵犯著作权案中，广西煤矿工人报社非法获取了广西广播电视报刊登的电视节目预告，法院认为节目预告只是单纯性事实汇编，尚未达到著作权法意义上的"独创性"要求。[2] 而大数据产品的"独创性"源于对数据的筛选与编排，这种筛选虽然具备大数据从业者的判断过程，是一种"主观选择"，但在多数情况下体现的是数据的"海量性"，大数据的价值往往在于数据的巨量和混杂，很难论证其具有独创性或以软件形式存在，[3] 且在海量数据的筛选独创性与广泛性之间，企业更关注的无疑是后者。[4] 因此很难认定大数据产品具有一定程度的"独创性"，且实践中大数据产品也大多以数据算法的形式存在，也难以认定其为较为固定化的产品，因而大多数情况下，非法获取大数据产品无法构成侵犯著作权罪。

二、商业秘密保护方案

由于大数据产品在认定独创性上存在难题，且只有在企业为大数据产品申请专利的情况下才涉及专利权上的保护，因而大部分案件中法院更倾向于直接认定为商业秘密。

---

〔1〕 参见［德］M·雷炳德：《著作权法》，张恩民译，法律出版社 2005 年版，第 151 页。
〔2〕 广西壮族自治区柳州地区中级人民法院（1994）柳地法民终字第 127 号民事判决书。
〔3〕 参见梅夏英：《在分享和控制之间 数据保护的私法局限和公共秩序构建》，载《中外法学》2019 年第 4 期。
〔4〕 参见徐实：《企业数据保护的知识产权路径及其突破》，载《东方法学》2018 年第 5 期。

相对于著作权而言，商业秘密的保护结合了反不正当竞争的方式，在范围上相对更为广泛。商业秘密作为知识产权的一种特殊形式，既具有经济性质与财产权性质，又具有维护秩序的性质，因而在实践中存在两种价值取向选择：一种是基于保护私人财产所有权的需要，一种是基于维护竞争秩序的需要。目前各国对商业秘密保护的差异，就在于对价值取向的选择不同，其中美国的刑事法律偏重对前者的保护，而我国的刑事法律偏重对后者的保护。[1] 因此，对于那些被企业采用了保护措施的、对企业在市场中竞争与发展具有经济价值的大数据产品，可以用侵犯商业秘密罪予以保护。

当然，由于知识产权是特殊的财产权，侵犯知识产权犯罪本身就与财产犯罪存在一定的法条竞合，商业秘密也具有财产权的性质，因而侵犯商业秘密的行为也有构成财产犯罪的可能，但是，由于商业秘密评估上的专业性与特殊性，使用财产犯罪予以保护在实践中有可能造成定罪标准不一、罪刑不适应、无法揭露商业秘密本质等问题，这也是刑法专门增设侵犯商业秘密罪的原因。[2] 因此，在处理非法获取大数据产品时，应当选择更为具体适当的侵犯知识产权罪，而非一味纳入财产犯罪中混淆相关构成要件。

第五节 财产性数据刑法保护的功能转向

根据上述分析，财产性数据保护存在两大根本难题：一是如一般大数据集合和流量这类本身具有无形性和公共性的数据，由于其本身价值来源于分享而无法私权化；二是如数字货币、虚拟财产和大数据

---

〔1〕 参见田宏杰：《侵犯知识产权犯罪的几个疑难问题探究》，载《法商研究》2010 年第 2 期。
〔2〕 参见田宏杰：《侵犯知识产权犯罪的几个疑难问题探究》，载《法商研究》2010 年第 2 期。

产品这类相对固定的产品类数据，由于非法获取这类数据的行为类型突破了传统犯罪的构成要件，而无法直接规制。对于前者而言，数据上所承载的法益已经突破了传统的单一财产法益或信息法益，财产性数据的刑法保护法益观应当从单纯的财产损失转变为数字经济市场的秩序。在保护观念上，不应局限于传统的"确权-侵权-损害"思考模式，而可以在维护数字经济秩序的视阈下，推动与维护数据流动和利用价值，建立符合保护数据价值本质的举止规范。对于后者而言，由于数据是全新的客体，则需要转变规范保护的方式，对我国相关犯罪进行调整。

一、数据保护观念的转向

（一）从确权到安全

数据保护大致存在两种价值取向，一是维护个人生活秘密与隐私，二是促进数字产业的正常有序发展，前者是对私人领域信息安全的保护规范，后者则属于对网络中一般数据流通的安全秩序予以规范。在私人生活领域，对个人数据处置权的全面保护有助于保障公民信息自决权，从而保障人格权。但是这种保护不能建立在财产化之上，将人格权财产化不仅不具有现实可能性，而且无益于人格权本身的保护。[1]因而，刑法上应当使用信息犯罪保护私域中的公民数据，关注的重点在于"未公开"与"授权"这类体现信息处置的要件，并不涉及对数据财产的确权。

而当公民数据进入互联网世界，或者被企业大量收集成为大数据集合，数据就成为了经济学上的"公共品"，对其进行分割和交易在经

---

〔1〕 参见梅夏英：《在分享和控制之间 数据保护的私法局限和公共秩序构建》，载《中外法学》2019年第4期。

济上已经变得不再可行，对数据保护的立法目的也不再来源于数据本身，而应当来自更上位的对系统风险的防范。这种风险一方面来源于企业对于所持有的数据存在泄露或滥用的安全风险，另一方面来源于第三方对企业所持有数据的不合理获取所导致的竞争风险。二者都不依赖于数据本身的权属界定：前者属于保护公民信息与数据安全的价值层面，可以通过落实衔接《数据安全法》的相关规定，或构建企业数据保护合规体系等手段，合比例分配数据信息处理的潜在风险。[1]而后者则只以数据的合法获得与控制为必要，可以通过建立数据控制的基本秩序、数据获取的相应规范，来规制数据市场秩序中的失范或犯规行为，以对抗未经权利人许可而对数据现有控制状态的干涉和破坏行为。[2]

（二）从损失到获利

既然一般大数据集合、流量这类数据之上无法确立财产权，那么也就不能使用"财产损失"这一传统的财产犯罪构成要件作为法益侵害结果，对此类数据的财产利益侧面的保护，主要体现在行为人的非法获利以及非法行为的负面清单之中。

一方面，确定损失不具有现实意义与可操作性。如上所述，对无法确立财产权的数据的保护应当着眼于秩序层面，无论数据权利人是否遭受了相应的损失，行为人使用技术手段突破他人数据保护屏障并非法获取数据的行为，或不当利用他人数据扰乱数字经济市场的行为，已然造成了法益侵害。而且在无法对数据进行权利确定而只能进行利益确定的情况下，数据权利人、数据实际价值、商业或竞争上的损失，都将变得难以确定。因此，对此类数据的经济属性的考虑主要体现在

---

〔1〕　参见敬力嘉：《个人信息保护合规的体系构建》，载《法学研究》2022 年第 4 期。

〔2〕　参见梅夏英：《在分享和控制之间 数据保护的私法局限和公共秩序构建》，载《中外法学》2019 年第 4 期。

行为人非法获利目的与违法所得数额上，而权利人遭受财产损失只需作为情节考量即可。

另一方面，我国的扰乱市场秩序犯罪和侵犯知识产权犯罪中也大多并未要求损失要件。比较典型的如非法经营罪和侵犯商业秘密罪，前者明确将市场秩序作为保护法益，并不要求造成一定数额的实际财产损害，而后者规定了侵犯他人商业秘密的行为类型，也并未要求造成他人商业利益丧失或财产损失。数据上所承载的经济价值较难固化，而侵犯一般性财产数据的行为所侵害的法益更多地在于对市场秩序的扰乱，这也表明，将对一般财产性数据的保护从财产犯罪中剥离之后，无需再要求不法行为造成财产损失。

二、财产性数据刑法保护罪名调整

由上可知，对于当前实践中涌现的财产性数据而言，虽然侵犯商业秘密罪可以在一定程度上保护大数据产品，诈骗罪可以在一定程度上保护虚拟财产和数字货币，但是大部分具有财产价值的数据都被排除在保护之外，而这两类犯罪的认定也需十分谨慎，且已然具有突破构成要件解释范围之嫌。在我国现行刑法所规定的罪名中，最贴合保护数据需要的是专门面向数据保护的计算机犯罪，即《刑法》第285条非法侵入计算机信息系统罪；非法获取计算机信息系统数据、非法控制计算机信息系统罪；提供侵入、非法控制计算机信息系统程序、工具罪，以及第286条破坏计算机信息系统罪。但是，我国目前的计算机犯罪所能规制的范围仍存在较大争议，且尚未完全涵盖对财产性数据的保护。

（一）当前计算机犯罪无法保护财产性数据

针对目前计算机犯罪的法条设置，有学者主张应当将"计算机信息系统数据"去识别性、去财产化、去创造性,专门限定在身份认证信息和数据产品范围内。[1] 也有学者主张在现有的计算机犯罪中取消特殊数据与一般数据的界限,针对所有的计算机信息系统分别规定非法侵入计算机信息系统罪和非法获取计算机信息系统数据罪。[2] 应当认为,我国目前计算机犯罪所保护的法益并不指向数字经济与数据财产性,也无法完全将财产性数据保护纳入法条语义解释的范围内,有必要重新把握解释的边界和财产性数据保护的新面向。

其一,《刑法》第 285 条第 2 款非法获取计算机信息系统数据罪所保护的法益是计算机信息系统安全,而非数据的财产价值。目前的计算机犯罪被规定在妨害社会管理秩序罪一章中,传统观点认为,本罪的法益是国家对计算机信息系统安全的管理秩序,[3] 指向的是国家信息网络安全,保护的对象是计算机信息系统中储存、处理或传输的信息数据。[4] 即使是目前有学者主张将计算机犯罪转向为数据犯罪,也是主张保护数据信息安全,即数据自身的保密性、完整性、可用性。[5] 也就是说,本罪针对的是信息数据作为对象本身,而这也的确具有独立保护的意义。但是,财产性数据所需要被保护的则是借助于数据的工具和载体功能所承载的价值,即大量数据或特定数据集合所体现出的经济价值,这种价值体现在财产性数据的获取、交易、利用秩序上,与计算机信息系统安全或数据信息安全都不在同一层面。而像承载着债权的虚拟财产,本质是财产性利益,则更无法被本罪所保护。

---

〔1〕 杨志琼:《非法获取计算机信息系统数据罪"口袋化"的实证分析及其处理路径》,载《法学评论》2018 年第 6 期。

〔2〕 王华伟:《数据刑法保护的比较考察与体系建构》,载《比较法研究》2021 年第 5 期。

〔3〕 参见王作富主编:《刑法分则实务研究(中册)》,中国方正出版社 2010 年版,第 1209 页。

〔4〕 参见周道鸾、张军主编:《刑法罪名精释(下册)》,人民法院出版社 2013 年版,第 704~705 页。

〔5〕 杨志琼:《非法获取计算机信息系统数据罪"口袋化"的实证分析及其处理路径》,载《法学评论》2018 年第 6 期。

其二，《刑法》第 286 条破坏计算机信息系统罪不能评价破坏数据的行为。破坏计算机信息系统罪被比喻为"虚拟空间的毁弃犯罪"，具有替代故意毁坏财物罪来规制毁坏数据的空间。但是，按照目前的立法设置，本罪保护的法益应当是计算机信息系统的正常运行，而不是数据本身的可用性与完整性。本罪于 1997 年增设时，目的是加强对计算机信息系统的管理和保护，保障计算机信息系统功能的正常发挥，维护计算机信息系统的安全运行。[1] 因此，本罪所规制的行为也只能包括破坏计算机信息系统功能的行为，以及会导致计算机信息系统无法正常运行的破坏数据或应用程序的行为。[2] 然而，实践中大部分破坏数据的行为都没有影响到计算机信息系统的正常运行，例如对于网站流量数据的破坏、对企业计算机信息系统中用户数据的破坏、对大数据产品或虚拟财产的破坏，在尚未影响到计算机信息系统正常运行时，都无法被本罪所规制。

总而言之，目前我国《刑法》第 285 条和第 286 条无法完全承担保护财产性数据的各项功能，但基于对重大数据信息安全以及社会秩序的保护，该法条也具有其自身的规范意义。基于对《数据安全法》的落实与衔接，刑法中也应当对计算机犯罪作出相应调整。

（二）有必要落实计算机犯罪与《数据安全法》的衔接

针对目前计算机犯罪无力保护财产性数据的现状，有必要调整我国计算机犯罪体系，依照《数据安全法》中的制度设计与理念规划，建立刑法对数据安全与数字经济发展的衔接保护。

其一，衔接《数据安全法》中非法获取数据的有关规定，修改目

---

〔1〕　高铭暄：《中华人民共和国刑法的孕育诞生和发展完善》，北京大学出版社 2012 年版，第 513 页。

〔2〕　参见王华伟：《破坏计算机信息系统罪的教义学反思与重构》，载《东南大学学报（哲学社会科学版）》2021 年第 6 期。

前的《刑法》第 285 条第 2 款非法获取计算机信息系统数据罪。针对非法获取一般的具有经济价值的数据的行为，如储存在企业计算机系统内部的海量用户数据、流量数据等，主要需解决的矛盾是，目前的非法获取计算机信息系统数据罪所保护的法益并不面向财产性数据的流通秩序与竞争利益。因此，可以参照《数据安全法》第 51 条，修改非法获取数据罪的有关规定，对于"窃取或者以其他非法方式获取数据，开展数据处理活动排除、限制竞争，或者损害个人、组织合法权益的"行为予以刑事处罚。同时，也需要衔接《数据安全法》中的数据分类分级保护制度，一方面可以扩张《刑法》第 285 条第 1 款的对象至所有计算机信息系统，另一方面对涉及国家核心数据的计算机信息系统设立更高的刑罚，而《刑法》第 285 条第 2 款则用来规制对公共利益和个人、组织合法权益造成危害的非法获取行为，两款在法定刑上作相应区分。

其二，有必要添加专门针对非法获取数字货币或虚拟财产的行为，以及损坏、变更数据的行为的刑法规制。目前财产犯罪所规定的手段类型不包含对虚拟数据的行为，因此，可以建立计算机诈骗罪和数据变更罪，规制利用技术手段非法使用、删除或变更数据，进而导致他人财产损失的行为。同时也可以限缩对财产犯罪相关构成要件的解释，防止构成要件的定型化消失。

第六节　小结

通过梳理实践中存在认定争议的四类财产性数据：数字货币、大数据、虚拟财产、流量，可以肯认这四类数据的财产价值与经济价值，但是其价值分别来源于不同的性质侧面，欲解决认定上的混淆与分歧，有必要重新厘定四类财产性数据的本质。

大数据可被分为两种具有财产价值的类型，其一是储存在企业计算机系统中的大量用户数据，这类数据价值来源于数据的流通与分享，一旦对其确权后，反而将不利于其价值的发展，且在数据流通过程中，也难以对其确定确切的物权，因此只能规制相应的使用、交易、流转秩序，而不能使用财产犯罪予以保护；其二是经过对大量数据进行专门化处理和分析，通过深加工形成的大数据产品。这类数据的价值来源于加工处理的方式，本质是商业秘密或者著作权，应当使用知识产权犯罪予以保护。流量数据的价值在于其体现出来的投资价值，即商业竞争利益，这种价值本身也无法被确权，只能通过维护相应的流通秩序予以保障。数字货币虽然更具有固定的市场价值和投资价值，但是由于并没有被确认为正式货币，其流转过程中仍然需要第三方运营商（或提供商），因而仍是债权凭证，本质上属于虚拟财产，其价值最终需要由用户向运营商（或提供商）主张才能实现。

从我国的财产犯罪体系上来看，应当区分对财物的犯罪和对财产性利益的犯罪，盗窃罪指向的是直接损害财产的犯罪，要求行为对象必须可以"被拿走"，而侵占罪和故意毁坏财物罪所指向的对象也都应当限定在具有绝对物权的有体物上，因而盗窃罪、侵占罪、故意毁坏财物罪都无法保护财产性数据；而诈骗罪则是间接侵害财产的犯罪，针对的是个别财产，以存在权益侵害为结果，不要求所有权受损，因而诈骗罪的对象则可以包含债权等财产性利益。但是将计算机程序自动转移财产的行为解释为"被害人陷入错误认识"，也具有扩张解释该构成要件的风险。无论是数据本身的属性，还是针对数据的获取、修改、删除、利用等新型操作，都与传统的财产犯罪所规定的对象与行为模式存在悖论。因此，针对数字货币、数字藏品、虚拟财产等债权凭证类财产数据，最好的办法是建立新的财产性数据刑法保护体系，包括可以解决非法获取财产性数据行为的计算机诈骗罪，以及虚拟世界的"故意毁坏财物罪"，数据变更罪。

　　根据数据的特征与价值来源，在财产性数据刑法保护的功能面向上，应当从确权转向秩序保护、从损失要件转向获利要件。我国现行的计算机犯罪保护的法益是计算机信息系统安全，不能妥善涵盖对财产性数据的保护，可以参照《数据安全法》的有关规定，在保障数据安全与数字经济平稳有序发展的观念下，修改非法获取计算机信息系统数据罪，同时添加计算机诈骗罪与数据变更罪。

第四章 一般数据刑法保护的比较研究

实践中，还存在着既不具有身份可识别性，也无法被确认财产价值的数据，这类数据被统称为一般数据。公民或企业对一般数据都享有处置权，其更上位的价值来源在于，公民和企业享有生活生产安宁的自由。我国立法中并没有明确对一般数据处置权的保护，但是《德国刑法典》重点规制了这一内容。《德国刑法典》保护一般数据的根据在于，当权利人为一般数据设置了保护措施时，就意味着权利人拒绝他人随意获取或处置该数据，行为人突破保护措施获取或截取数据的行为就构成一般数据犯罪。通过考察德国立法与理论实践的相关资料，对于我国更全面地保护一般数据处置权具有借鉴意义。

第一节 一般数据刑法保护体系建构的意义与目标

随着大数据时代的来临，实践中窃取数据的行为指向的不仅是公民信息，也包含了大量与个人信息和秘密无涉的一般数据，这些数据由于涉及经济价值、使用价值等，也存在保护的必要性，但是判决中对非法获取此类数据行为的定性仍存在较大争议。例如，"爬虫抓取数据案"究竟构成非法获取计算机信息系统数据罪，[1] 还是构成侵犯公

---

〔1〕 山东省济南市历下区人民法院（2020）鲁 0102 刑初 351 号刑事判决书。

民个人信息罪,[1] 抑或是只构成经济法上的不正当竞争。[2] 存在争议的原因在于数据犯罪领域中概念本身的交叉和混淆,这类与个人信息和秘密无涉却具有经济价值的数据在我国理论与实践中定位模糊,因而具有单独讨论的必要。

目前世界一些主要经济体和大国也发布了以发展数字经济、保护数据安全为核心的数据战略。尤其是德国乃至欧盟很早就开始关注数据保护问题,在德国刑法中也存有较为完备的数据犯罪规制体系。德国对数据的刑法保护存在两种路径:一是通过《德国联邦数据保护法》的附属刑法规范对个人数据进行保护,二是通过《德国刑法典》第202a 条至第202d 条对一般数据进行保护。我国刑法并未对一般数据进行单独保护,缺乏对一般数据刑法保护的深入研究和体系建构,导致实践中对于非法获取一般数据的定性问题存在分歧。因此,对《德国刑法典》第202a 条至第202d 条中关于德国一般数据的刑法保护体系的研究具有重要现实意义。

《德国刑法典》第202a 条规制的是窥探数据的行为,第202b 条规制的则是截取数据的行为,第202c 条规制的是窥探与截取数据的预备行为,第202d 条则是针对非法获取数据以求自己或他人谋利的数据赃物罪。这4 条与第303a 条数据变更罪构成《德国刑法典》中对一般数据的刑法保护体系,由于数据变更罪被安排在毁损罪之下,被类比为"虚拟的毁损罪",[3] 与第202a 条至第202d 条保护法益的侧重点不同,针对一般数据,本章考察《德国刑法典》第202a 条至第202d 条的相关规定,同时关注其认定和设置上的争议。此外,通过对比德国数据

---

〔1〕　湖南省岳阳县人民法院 (2020) 湘 0621 刑初 241 号刑事判决书。
〔2〕　北京知识产权法院 (2020) 京 73 民终 3422 号民事判决书。
〔3〕　Urs Kindhäuser/Martin Böse, Strafrecht Besonderer Teil II, 10. Aufl. , 2019, S. 212.

犯罪体系与我国的计算机犯罪，有利于我国构建更为完整系统的数据保护机制。

第二节　一般数据刑法保护的必要性

我国现有立法中的《数据安全法》与《个人信息保护法》构建了"一般数据-个人数据"二元数据保护框架的雏形，刑法中的非法侵入计算机信息系统罪与侵犯公民个人信息罪也为二元数据保护框架提供了空间。[1] 一般数据是否具有保护必要性、应当以什么角度保护，是我国构建一般数据保护体系的前提理论问题。

一、一般数据处置权体现的是私域中数据的支配自由

法律层面对隐私与个人自主权的承认，是为了使个人在私域空间之内的自由支配成为可能。[2] 私域中数据支配的自由从根本上而言，来源于个人享有自由发展不受干涉的基本权利，德国刑法中的刺探数据罪与截取数据罪，是一种"针对电子性的非法侵入住宅的一般刑事条款"，[3] 因此德国立法中对一般数据支配权的保护认定范围较宽，针对的是私主体的法益。

我国目前的计算机犯罪被归入妨害社会管理秩序罪一章中，按照体系解释，计算机犯罪保护的是秩序法益与集体法益。但妨害社会管理秩序罪这一章规定的罪名实际上"大多是不能将其纳入刑法分则其他章节之中的犯罪，或者属于难以明确将其归为现行刑法分则章节中

---

〔1〕　参见王华伟：《数据刑法保护的比较考察与体系建构》，载《比较法研究》2021 年第 5 期。

〔2〕　参见劳东燕：《个人信息法律保护体系的基本目标与归责机制》，载《政法论坛》2021 年第 6 期。

〔3〕　Walter Kargl, in: Nomos Kommentar StGB, 5. Aufl. , 2017, § 202a, Rn. 1.

何种同类客体的犯罪",[1] 因而在司法实践中，许多对私主体法益的侵害行为也被解释进了"妨害管理秩序"中，这种不加区分的认定模式势必带来解释上的困境。例如，对于窃取医院系统内储存的数据的行为，广西壮族自治区柳州市城中区人民法院也认为构成非法获取计算机信息系统数据罪。[2] 但是，储存在医院系统内部的数据并没有进入公共领域，倘若按照保护社会管理秩序法益解释，这一行为并不属于目前计算机犯罪所规制的范畴。

诚然，数据在公共空间的流通秩序也是值得刑法保护的法益，但是对数据的管理只有到数据公开之后才上升为公共秩序，在数据仍由数据权人保有，或者由数据权人使用安全手段指定处置去向时，数据此时仍是私人场域中的个人所有物，应当从保护处置的角度对非法获取或传播数据的行为予以处罚。通过区分公私域中数据的不同角度的保护，能够明确对不同类型的侵犯行为的规制，从而避免目前的计算机犯罪沦为广义数据犯罪的"口袋罪"。

二、处置权保障体现了对生活安宁权的保护

私主体对自己产生的一般数据的处置权利实际上是一种"生活安宁权"。对于自然人而言，维护生活安宁是宪法赋予公民的基本权利，自然人有权排除他人对其私人生活的侵扰、对其私人空间的非法闯入以及对其私人生活的非法窥探。[3] 而对于企业单位而言，毋宁说是一种"生产安宁权"，或者说对企业单位的一般数据保护是对生产经营秩序的维护。关于生活安宁权的属性，即生活安宁权是否属于特殊的人

〔1〕 参见于冲:《网络犯罪罪名体系的立法完善与发展思路——从97年刑法到〈刑法修正案（九）草案〉》，载《中国政法大学学报》2015年第4期。
〔2〕 广西壮族自治区柳州市城中区人民法院（2015）城中刑初字第20号刑事判决书。
〔3〕 参见王利明:《生活安宁权:一种特殊的隐私权》，载《中州学刊》2019年第7期。

格权或特殊的隐私权，民法学界尚存在一定争议。[1] 但总体而言应当承认，生活安宁权比普通的隐私权外延更为广阔：目前学界对"隐私权"的内涵应当包含"秘密"一说基本达成一致，从隐私的文义解释上也可以看出，隐私是指不愿公开或不愿告诉他人的秘密。[2] 而生活安宁权保障的则是公民维持安稳宁静的生活状态并排除他人不法侵扰的权利，[3] 生活安宁权本质上来源于一般人格权，代表着精神自由发展的人格利益，核心是"不被打扰"，尤其是在互联网这一相对开放的空间中，对"生活安宁"的界定无需依托于公民秘密的认定。

　　一般数据并没有涉及公民的核心生活隐私或者企业内部的商业秘密，但是大量一般数据组成了私主体的互联网生产生活，私主体有权阻止他人通过非法窥探其数据而窥探其生产生活。同时，私主体通过为自己的一般数据设立保护措施，而在互联网公共领域内为私人生产生活区域划定界限，从而防止公权力对信息与数据的不当攫取，进一步防止公权力向私人领域的侵入。保护私人生活安宁是保护个人自由的前提，政府有义务确保公民享有精神自由与安宁。[4] 而维护企业生产安宁则是为企业发展留存足够的空间，从维护生产秩序的角度，政府也有义务确保企业生产安宁。因此，私主体对其一般数据的自我保护就象征着对其私人互联网生产生活的安宁与自由的主张。

　　生活安宁权来源于宪法中的人格权，刑法也有必要尊重并维持这种保护，在他人使用非法手段入侵公民私人互联网生活时予以规制。我国刑法目前的立法中已经依照生活安宁的需求，对"户"进行格外

---

〔1〕　参见刘保玉、周玉辉：《论安宁生活权》，载《当代法学》2013年第2期；王利明：《生活安宁权：一种特殊的隐私权》，载《中州学刊》2019年第7期。

〔2〕　参见梁慧星：《民法总论》，法律出版社2001年版，第120页。

〔3〕　参见《民法典》第1032条。

〔4〕　See James Spigelman, *The forgotten freedom: freedom from fear*, International & Comparative Law Quarterly 3, 59 (2010).

保护，如单独立法成罪的非法侵入住宅罪、入户盗窃从重处罚、入户抢劫从重处罚等，都折射出对生活安宁权的保护。[1] 而当公民为自己的一般数据设置了特别保护措施时，实际上就在互联网空间为私人领域划定了"户"的界限，既然刑法保护实际生活中的"住宅安宁"，那么也有必要保护网络生活中的"住宅安宁"。此外，企业虽然因为不是自然人而不具有人格权，但随着企业内部运营的紧密化链接、数字市场的快捷化波动，企业在数字市场也往往面临着较高的数据泄露风险，这一方面要求企业自身加强防止数据泄露的技术支持，另一方面也要求法律作为"有形的手"为企业的生产安宁划定范围。

因此，对一般数据的保护，是基于数据创造者对于数据所具有的价值的处置自由，处置权的保障体现了对互联网生活安宁权的保护，这既区别于对个人信息数据的信息自决权，又区别于对计算机信息系统的秩序安全，具有独立受保护意义，从而决定了构建独立的一般数据刑法保护体系的必要性。

第三节　我国当前刑法一般数据保护方案选择

由于一般数据具有一定的经济价值，因而具有被纳入财产犯罪保护的可能。同时倘若一般数据涉及了公民的一般性信息，也有被纳入信息犯罪保护的可能。而作为数据本身，一般数据的使用与传递也影响到了整个计算机信息系统秩序，具有被纳入计算机犯罪保护的可能。然而，依照目前的立法情况来看，这三种保护方案都无法妥善处理一般数据犯罪，无论将一般数据纳入何种方案中，都将面临着对现有犯罪构成要件的突破。

---

[1] 参见庄绪龙：《侵犯公民个人信息罪的基本问题——以"两高"最新颁布的司法解释为视角展开》，载《法律适用》2018年第7期。

一、财产犯罪保护方案

数据已日益成为举足轻重的新型资产，[1] 在国际上也有许多国家如瑞士，将非法获取数据的行为直接认定为盗窃罪。[2] 即使德国由于财产犯罪将犯罪对象限定为动产（Sache），故而无法将数据纳入保护，但通过刑法典将数据变更罪设立在毁损罪项下，也能够看出立法者对数据财产价值的侧面承认。因此，我国司法实践中对于非身份信息的一般数据的保护，也大多是从其财产价值出发。然而，通过财产犯罪对一般数据进行保护的方案突破了财产犯罪本身的解释界限，存在架空财产犯罪构成要件的风险。

从数据流通与集合的规律过程来看，数据首先以信息创造者为单位独立存在，多数情况下以表达公民信息或商业信息为主，可以将此时的这类数据称为一般数据；其后，数据通过流通和特定的集合方式，或成为流量，或成为大数据产品，或成为数字货币与虚拟财产，此时数据根据其被处理的方式不同而具有不同侧面的价值。然而，一般数据上无法确立绝对权，无法使用财产犯罪予以保护。

从数字经济学的角度而言，一般数据的确权无益于其价值的发挥。数据要素的重要经济特征就是数据使用时的非竞争性，即更多人使用同一数据并不会造成或加剧数字资源的稀缺性并降低其他人使用该数据的价值，其他人同时使用该数据不仅不会带来快速上升的边际成本反而面临零边际成本。[3] 一般数据的价值并非源于孤立的符号，而是源于流动、集合与被使用。产权制度的意义原本在于，对市场上的商

---

〔1〕　参见龙卫球：《数据新型财产权构建及其体系研究》，载《政法论坛》2017 年第 4 期。

〔2〕　Vgl. Heghmanns, in: Hans Achenbach/Andreas Ransiek/Thomas Rönnau（Hrsg.），Handbuch Wirtschaftsstrafrecht, 4. Aufl., 2015, VI 1.

〔3〕　参见唐要家：《数据产权的经济分析》，载《社会科学辑刊》2021 年第 1 期。

品进行合理界定与保护，进而实现商品在交易流转中的价值最大化和相关利益主体的激励，最终达成竞争性市场的资源最优配置结果。[1]进一步而言，赋予数据产权的目的是促进资源利用和保证数据主体的数据租金，以及在产权明确的基础上市场交易的价格机制可以实现个人数据采集和流转应用中隐私负外部性的内部化。[2] 而从数据价值来源于其整合效应的层面来说，一般数据在市场中必定具有多个主体，倘若认为数据之上可以确定绝对权，那么每个数据主体之间会产生非常高的谈判交易成本，数据主体个人利益最大化决策会产生数据要素利用的"反公地悲剧"。

从物权法的角度而言，一般数据从客观上也不具有确权的意义。对于公民所持有的单条一般数据而言，数据固然具有价值，但由于过于碎片化和同质化而价值极低，确权只能将本就不大的碎片价值固化，反而提升了交易成本和利用成本，故而并不具有确权的意义。而即使是数字平台或企业通过收集大量一般数据而形成大数据集合，大数据集合的价值也来源于数据的规模效应，故而依赖于数据的数量和生产速度，在这种规模经济中，生产者不需要产权保护作为投入担保和激励，而有意义的是生产的安全、速度和有效性，[3] 因此也不具有确权的必要。此外，一般数据可以无损耗、低成本地无限复制，具有非排他性，无法确定权利边界，[4] 这也与物权理论相悖。

因此，许多民法学者与经济学者对于一般数据的确权问题持保守观点，认为确立数据产权非但不会激励数字生产，反而会提高生产成

〔1〕 Ronald Coase, "The Problem of Social Cost", *Journal of Law and Economics*, vol. 3, no. 10 (1960), pp. 1-44.

〔2〕 Charles Jones, Christopher Tonertti, "Nonrivalry and the Economics of Data", *American Economic Review*, vol. 110, no. 9 (2020), pp. 2819-2858.

〔3〕 胡凌：《数字经济中的两种财产权 从要素到架构》，载《中外法学》2021 年第 6 期。

〔4〕 高富平：《数据流通理论 数据资源权利配置的基础》，载《中外法学》2019 年第 6 期。

本、阻碍数字经济发展，进而应当通过规制市场来实现数字经济秩序的保护。而作为保障法，倘若刑法上直接将一般数据作为财物而采用财产犯罪予以保护，恐怕会扩大财产犯罪的处罚范围。

二、信息犯罪保护方案

由于一般数据上也多数体现了一定的公民信息，因而实践中也有法院将非法获取一般数据的行为认定为侵犯公民个人信息罪。但是，与个人信息数据不同，一般数据上并不具有明确的身份可识别性，因而难以直接导向公民人格权从而被作为公民信息受到保护。

2016 年颁布的《网络安全法》将个人信息界定为"能够单独或者与其他信息结合识别自然人个人身份的各种信息"，而 2017 年两高颁布的《关于办理侵犯公民个人信息刑事案件适用法律若干问题的解释》则将个人信息界定为身份识别信息和活动情况信息。实际上，《网络安全法》中所列举的个人信息也包括行踪轨迹等活动情况信息，实践中活动信息也大多能被结合从而识别信息主体的身份。身份可识别性是个人信息数据的本质特征，这是由信息犯罪所保护的法益所决定的，个人信息数据必须指向公民信息自决权，进而指向公民人格权，对其的保护才能获得宪法与法理上的根据。

但是，一般数据大多与公民身份无涉。例如公民的邮箱账号、手机账号，虽然数据本身体现了一定信息，但这一信息并不能直接指向公民。个人信息数据与一般数据的保护属于两种不同的路径：个人信息数据的刑法保护所关注的是公民的人格利益，而一般数据的刑法保护所关注的则是数据本身作为行为客体的支配权限。[1] 一般数据上所涉及的法益是数据的私密性、完整性和可用性，是需要刑法保护的新

---

〔1〕 参见王华伟：《数据刑法保护的比较考察与体系建构》，载《比较法研究》2021 年第 5 期。

的价值形式。[1] 这种一般意义上的公民对数据本身的支配权限来源于公民在互联网世界的生活安宁权,与个人信息数据受保护的根据——信息自决权——属于两种各自独立的基本权利。倘若无视身份可识别性而将一般数据纳入信息犯罪中保护,将面临着信息犯罪的规制边界模糊化的风险,同时也会动摇信息犯罪的可罚性根据。

目前国际上也普遍采用一般数据与个人数据(个人信息数据)并行保护的方案,如美国的分散式立法模式中,将个人信息数据的保护规制在各个领域的附属刑法中,而采用《计算机欺诈和滥用法》保护一般数据;欧盟也分别采用《网络犯罪公约》和《通用数据保护条例》规制对计算机信息系统中的一般数据和公民个人数据的保护,而出于对国际立法的衔接和欧盟立法的落实,德国也采取了附属刑法中保护个人数据、刑法典中保护一般数据的模式;英国则是使用《数据保护法案》保护个人数据,而通过《计算机滥用法案》保护一般数据。

因此,个人信息数据与一般数据上所体现的法益不同,无法使用侵犯公民个人信息罪保护一般数据。对于个人信息数据而言,由于其体现的是个人的信息与隐私,公民对于自己的信息具有是否公开、如何公开的支配权,因而在保护时必须对信息性内容进行实质考察,判断是否体现了个人信息与隐私,进而判断是否实现了保护信息自决权的目的。但对于一般数据而言,其本身保护的就是公民互联网生活安宁的价值,这一价值反映在权利人如何处置该数据的意愿上,所以无需对内容进行实质考察,只需考察行为人是否违背了权利人处置数据的意愿从而导致其遭到了损失即可。同时,在我国当前的刑事立法中,也存在对二者进行区分保护的空间。我国刑法中分别规定了侵犯公民

---

〔1〕 [德] 乌尔里希·齐白:《全球风险社会与信息社会中的刑法:二十一世纪刑法模式的转换》,周遵友、江溯等译,中国法制出版社2012年版,第308页。

个人信息罪和非法获取计算机信息系统数据罪，能够实现对一般数据的单独保护。但是，当前的计算机犯罪保护方案也仍然存在一定不足。

三、计算机犯罪保护方案

我国目前《刑法》第 285 条所规制的行为类型包括 "非法侵入计算机信息系统" "非法获取计算机信息系统数据" "非法控制计算机信息系统"，由于立法中直接将对象设定为计算机信息系统和计算机信息系统数据，因而存在将一般数据纳入保护的空间。但是，依照我国目前计算机犯罪的立法表述，很难在法条语义范围内将完整的一般数据保护纳入解释。法条中将非法侵入行为的犯罪对象限定在 "国家事务、国防建设、尖端科学技术领域"，对于非法获取和非法控制行为也规定了 "违反国家规定" 的前提条件，可以看出，当前立法更侧重于对计算机信息系统安全的保护，而非一般数据的私密性、完整性与可用性。

（一）我国《刑法》第 285 条第 1 款保护的对象是特定数据

根据法条原文表述，《刑法》第 285 条第 1 款所规制的 "侵入" 行为的对象是与国家公共利益相关的特定计算机系统，因此，该规定并非从保护处置权的角度出发，而是从保护重大数据信息安全的角度出发，对非法侵入行为进行处罚。实践中，对于如何认定 "国家事务" 的计算机信息系统存在一定争议。例如，侵入地方政府机关网站的行为是否构成非法侵入计算机信息系统罪？有的法院认为县级人民政府公众信息网、党务公开网、电子政务网等属于 "国家事务、国防建设、尖端科学技术以外的计算机信息系统"，侵入行为应以非法控制计算机信息系统罪定罪处罚；[1] 有的法院认为省级教育考试官网属于国家事

---

[1] 云南省曲靖市中级人民法院（2018）云 03 刑终 357 号刑事判决书。

务领域的计算机信息系统。[1] 此外，还有法院将某行业综合管理服务信息系统也认定属于国家事务的领域。[2]

从体系解释上来看，对于"国家事务"的认定应该限定在和"国防建设""尖端科技"一样对整个国家有重要意义的事务上。这样一来，虽然地方政府部门的官方网站也可以被解释为对国家事务管理具有意义，从而被认定为非法侵入的对象，但行业的管理服务信息系统就应当属于该自律组织的私域计算机系统。司法实践中之所以存在认定混乱，或许归根结底还是因为法院一方面认可对这部分法益的保护，一方面立法中缺乏相应的规制，进而带来实际认定上的扩张。

应当认为，目前我国《刑法》第 285 条第 1 款保护特定的重大数据信息安全具有其独立的意义，与私人对于数据的处置权不同，不应将其与一般数据混合。从可罚性上来说，侵犯这一重大信息安全也比侵犯一般数据更为严重。因此，目前《刑法》第 285 条第 1 款的规定仍有存在的必要，但其并不能将私人的一般数据纳入解释范围内。

（二）我国《刑法》第 285 条第 2 款所保护的法益是计算机信息系统安全

目前的非法获取计算机信息系统数据罪被规定在妨害社会管理秩序罪一章中，传统观点认为，本罪的法益是国家对计算机信息系统安全的管理秩序，[3] 指向的是国家信息网络安全，保护的对象是计算机信息系统中储存、处理或传输的数据。[4] 因而，本条所指的数据应当是已经处于公共秩序治理范畴内的数据，而并非私域中的个人处置权

---

[1]　广东省广州市天河区人民法院（2021）粤 0106 刑初 92 号刑事判决书。

[2]　贵州省都匀市人民法院（2021）黔 2701 刑初 388 号刑事判决书。

[3]　参见王作富主编：《刑法分则实务研究（中册）》，中国方正出版社 2010 年版，第 1209 页。

[4]　参见周道鸾、张军主编：《刑法罪名精释（下册）》，人民法院出版社 2013 年版，第 704～705 页。

范畴内的数据。另一方面，根据法条表述，本条要求行为必须"违反国家规定"，这也从侧面证明此时的数据保护目的是国家对数据流通秩序的整体调控，由于我国前置法中并没有直接规制一般数据，因而在满足"违反国家规定"的构成要件前提下，势必无法完整保护一般数据。

对此，有学者主张在现有的计算机犯罪中取消特殊数据与一般数据的界限，针对所有的计算机信息系统分别规定非法侵入计算机信息系统罪和非法获取计算机信息系统数据罪。[1] 但是，与国家重大利益相关的特定计算机信息系统的应保护性比一般计算机信息系统更高，直接取消特殊数据与一般数据的界限将导致罪刑不均衡。也有学者主张直接将非法获取计算机信息系统数据罪和《刑法》第286条破坏计算机信息系统罪中第2款关于删除、修改、增加数据的规定称为数据犯罪，按照保护数据安全的法益目标对其进行解释。[2] 将计算机犯罪转向为数据犯罪，保护数据自身的保密性、完整性、可用性。[3] 但是，计算机信息系统安全与公共数据流通秩序的保障有利于国家数据安全与数据技术发展，这一法益同样具有保护的必要性，直接将计算机犯罪更改为数据犯罪，而将法益保护目标转向数据本身，也会导致立法规制上的不周延。

因此，一方面有必要增加对一般数据处置权的单独保护，另一方面也有必要调整并区分好特殊数据与一般数据的界限。由于当前国际中的计算机刑法理论还处在发展阶段，各国对于数据的保护法益存在

---

〔1〕 王华伟：《数据刑法保护的比较考察与体系建构》，载《比较法研究》2021年第5期。

〔2〕 参见杨志琼：《我国数据犯罪的司法困境与出路：以数据安全法益为中心》，载《环球法律评论》2019年第6期。

〔3〕 杨志琼：《非法获取计算机信息系统数据罪"口袋化"的实证分析及其处理路径》，载《法学评论》2018年第6期。

不同，德国的数据犯罪体系与我国存在较大区别，但是对于具体法规的内容仍然存在很多共识。[1] 因而可以考察并借鉴德国的一般数据犯罪的规范体系构造，在当前立法的基础上，将一般数据保护纳入我国刑法当中。

第四节 德国一般数据犯罪的规范体系构造

《德国刑法典》对一般数据的保护具有较为完整的逻辑顺序，从行为对象上看，四条法律所指向的都是与人格权无涉的一般数据，同时该数据还应是不可直接感知的、受特殊保护的数据。从行为类型上看，第 202a 条刺探数据罪与第 202b 条截取数据罪所规制的是两类侵犯数据处置权的实行行为，而第 202c 条预备刺探、截取数据罪则是规制以实施刺探或截取行为为目的的、获取密码或安全码的预备行为。相应地，第 202d 条数据赃物罪是规制对他人所非法取得的数据的后续获取、转让、散播、公开等赃物行为。

一、德国一般数据犯罪的法益保护目的

《德国刑法典》第 202a 条刺探数据罪规制的是突破保护措施、获取他人设有保护机制的数据的行为，是德国 1986 年 5 月 14 日第二部《数据保护法》新设立的条款之一，旨在打击计算机和数据犯罪。[2] 该条款被规定在第十五章侵犯个人生活及秘密领域罪中，但是，该罪与我国的侵犯公民个人信息罪不同，我国的侵犯公民个人信息罪保护

---

〔1〕 Walter Kargl, in: Nomos Kommentar, 5. Aufl., 2017, § 202a, Rn. 2.

〔2〕 Vgl. Urs Kindhäuser/Ulfrid Neumann/Hans-Ullrich Paeffgen (Hrsg.), Strafgesetzbuch, 5. Aufl., 2017, § 202a, Rn. 1.

的是公民个人的信息权[1]或信息自决权,[2] 因而需要考察数据的具体信息内容是否具有可识别性,范围仍限定在个人信息数据中。《德国刑法典》第 202a 条所保护的数据不限于个人数据,相反,它可以是任何类型的信息;它不一定是基于一个秘密,它甚至可以是其他地方公开或免费提供的数据。[3] 同时,仅仅通过克服访问保护而获取数据的行为已然构成本罪。[4] 可以看出,本条保护的是严格的对数据的支配权,而不要求该数据涉及公民人格,故而其范围更为广泛与一般。这种可罚性也并不是来自数据的所有权(Eigentum),而是来自对数据的处置权(Verfügung)本身。[5]

实际上,与我国目前对数据犯罪法益的争论一样,在立法之初,关于刺探数据罪所保护的法益,德国学界也曾存在一定的争论。例如,有学者认为该条的法益应当是从数据或程序中反映出的财产价值,其保护的数据应当是具有经济价值的数据,因而刺探数据罪应当与第248c 条盗窃电力罪相似,被称为"数据盗窃"或"信息盗窃"更为贴切。[6] 这种考虑不无道理,在欧洲其他国家如瑞士,就将非法获取数据的行为纳入盗窃罪。但是,仅从《德国刑法典》对于刺探数据罪的构成要件中,并不能看出"取得财产"(Vermögensbezug)这一要件,这一条也并不侧重于获取数据知识,或具有直接经济价值的信息。[7]

---

〔1〕 参见张明楷:《刑法学(下册)》,法律出版社 2021 年版,第 1199 页。

〔2〕 参见马永强:《侵犯公民个人信息罪的法益属性确证》,载《环球法律评论》2021 年第 2 期。

〔3〕 Vgl. Ernst Jessen, Zugangsberechtigung und besondere Sicherung im Sinne von §202a StGB, 1994, S. 46f.

〔4〕 Vgl. Dieter Kochheim, Cybercrime und Strafrecht in der Informations – und Kommunikationstechnik, 2. Aufl., 2018, S. 569f.

〔5〕 Urs Kindhäuser/Edward Schramm, Strafrecht Besonderer Teil I, 10. Aufl., 2021, §30 Rn. 5.

〔6〕 Haft, in: NStZ 1987, 9.

〔7〕 Vgl. Stephan Beukelmann, Prävention von Computerkriminalität: Sicherheit in der Informationstechnologie, 2001, S. 113.

根据立法历史和法条措辞，当有权处置数据的人表达了控制数据的意愿，特别是确保数据不被未经授权地访问时，刺探数据的行为就足够构成本罪了。[1] 因此，对于刺探数据罪而言，其保护的法益仍然是个人产生于信息内容的处置的权利。[2]

《德国刑法典》第 202b 条截取数据罪规制的是从非公开的数据处理或传输设施中截取数据的行为，是《德国刑法典》在 2007 年根据 2001 年《欧盟网络犯罪公约》（ETS Nr. 185）第 3 条而新设立的条款。刺探数据罪仅规制对传输过程中的受特别保护的数据的刺探行为，但在多数无线访问中，电信供应商和制造商往往只提供相应设备未加密的（unverschlüsselter）配置，这部分数据也需要刑法保护。[3] 可以说，截取数据罪起到的是对刺探数据罪的补充功能。[4]

因此，截取数据罪所保护的法益与刺探数据罪一致，都是对数据的处置权。其涉及的并不是公民特殊的秘密性利益（Geheimhaltungsinteresse），而是一般意义上的通信不公开的权利所产生的处置性利益（Verfügungsinteresse）。[5] 而我国的侵犯公民个人信息罪和非法获取计算机信息系统数据罪虽然也规制了类似的非法获取数据的行为，但是并不保护形式上的一般数据的处置权，这源于我国民法上主张的个人数据不可确权性。理论上认为，数据上无法确定物权。一般数据可以无损耗、低成本地无限复制，具有非排他性，无法确定权利边界。[6] 我国信息犯罪保护法益的根据在于人格权利益，而我国目前的计算机

---

〔1〕 Adolf Schönke/Horst Schröder, Strafgesetzbuch: Kommentar, 30. Aufl. , 2019, § 202a, Rn. 1.

〔2〕 Vgl. Friedrich Schoch, Das Recht auf informationelle Selbstbestimmung, in: Jura, 2008, S. 352

〔3〕 Vgl. Stefan Ernst, Das neue Computerstrafrecht, in: NJW, 2007, S. 2661.

〔4〕 Urs Kindhäuser/Ulfrid Neumann/Hans-Ullrich Paeffgen（Hrsg. ）, Strafgesetzbuch, 5. Aufl. , 2017, § 202b, Rn. 2.

〔5〕 Kay H. Schumann, Das 41. StrÄndG zur Bekämpfung der Computerkriminalität, in: NStZ, 2007, S. 675.

〔6〕 高富平：《数据流通理论 数据资源权利配置的基础》，载《中外法学》2019 年第 6 期。

犯罪所保护的法益更偏重国家对计算机信息系统安全的管理秩序,[1] 在这种意义上, 我国所规制的行为对象与德国实际上并不相同。

《德国刑法典》第 202c 条预备刺探或截取数据罪规制的是对于刺探或截取数据行为的预备行为, 与截取数据罪一样, 也是 2007 年基于欧盟网络犯罪公约而新添加的条款, 其旨在独立惩罚刺探或截取数据的 "特别的危险的准备行为"。[2] 立法者认为, 黑客工具的使用通过互联网而具有了广泛的传播性与简便的使用性, 这构成了相当大的抽象危险, 只有处罚传播这种黑客工具的行为, 才能有效打击这种危险。[3] 因此, 预备刺探或截取数据罪是进一步对侵犯数据处置权的抽象危险的规制, 其将处罚时点提前至对黑客工具的生产、采购、销售等环节。但同时, 为了避免处罚范围过宽, 尤其是针对青少年容易涉及此罪的情况, 该条款也沿用了《德国刑法典》第 149 条预备伪造或变造货币与支付证券罪的中止的规定, 对放弃预备行为并消除自己所引起的危险的行为免除处罚。

《德国刑法典》第 202d 条数据赃物罪规制了以非法获利为目的而对非法获取的数据进行取得、交付或散布的行为。该条是在 2015 年新增的, 目的是弥补针对身份信息 (digitalen Identitäten) 的买卖行为的处罚漏洞, 特别是信用卡数据或网上银行、电子邮件服务、社交网络的访问数据。[4] 预备刺探或截取数据罪虽然也规制了对数据的取得、交付或散布行为, 但其对象仅限于访问数据所需的密码或其他安全代

---

〔1〕 参见王作富主编:《刑法分则实务研究 (中册)》, 中国方正出版社 2010 年版, 第 1209 页。

〔2〕 Andreas Popp, §202c StGB und der neue Typus des europäischen " Software – Delikts", in: GA, 2008, S. 375.

〔3〕 Stefan Ernst, Das neue Computerstrafrecht, in: NJW, 2007, S. 2661.

〔4〕 Vgl. Urs Kindhäuser/Ulfrid Neumann/Hans – Ullrich Paeffgen (Hrsg.), Strafgesetzbuch, 5. Aufl. , 2017, §202d, Rn. 2.

码，那些直接用于支付的信用卡数据就不被涵盖其中了。[1] 同时，如果行为人获取数据的目的是转售，而非实施刺探或截取行为，那么也不再属于预备行为从而不能被第 202c 条规制。[2] 此时的数据仍具有保护的必要性，从而需要数据赃物罪予以填补。

因此，数据赃物罪所保护的法益与前三条相对应，针对数据处置权的保护不仅在于排除一次非法获取的侵害，而且也必须排除对数据的披露或传播而带来的侵害。因为当上游行为人获得数据时，数据所有人的数据处置权已经受到侵犯，如果下游第三方随后获得了被盗数据，那么该第三方就有机会决定处置这些数据，这实际上加深了对数据所有人的处置权的侵害。[3] 与此同时，也正如其他赃物犯罪一样，这种对所非法获取的数据的下游贩卖或散布行为也进一步为实施上游犯罪提供了激励。[4] 因而数据赃物罪所防止的是被害人所被侵害的处置权法益的进一步加深与恶化。

目前关于数据赃物行为，我国司法解释中也有相关规定，即对于明知是非法获取计算机信息系统数据犯罪所获取的数据，转移、购买、销售或以其他方法掩饰隐瞒的，定为掩饰隐瞒犯罪所得罪。可以看出，我国目前虽然没有数据赃物罪，但是对于数据赃物行为也按照赃物罪予以规制。但是，是否应当如德国刑法一样区分数据赃物罪与普通赃物罪仍是值得讨论的问题，这涉及对数据赃物罪的规范构造与体系性定位的单独考察。

---

〔1〕　Sebastian J. Golla, Der Entwurf eines Gesetzes zur Strafbarkeit der Datenhehlerei, in: JZ, 2014, S. 668.

〔2〕　Eric Hilgendorf, in: Leipziger Kommentar, 12. Aufl., 2009, §202c, Rn. 26.

〔3〕　Vgl. Urs Kindhäuser/Ulfrid Neumann/Hans - Ullrich Paeffgen (Hrsg.), Strafgesetzbuch, 5. Aufl., 2017, §202d, Rn. 5.

〔4〕　Hehlerei Maier, in: Münchener Kommentar StGB, Band 4, 4. Aufl., 2021, §259 Rn. 3.

二、德国一般数据犯罪的构成要件

（一）"受特殊保护"的一般数据

针对刺探数据罪而言，刺探行为的对象必须是行为人无权处置的、被施加了特别保护的数据；针对截取数据罪而言，截取行为的对象是非公开的数据传输或数据处理系统的电磁辐射；而对于预备刺探或截取数据罪和数据赃物罪来说，其预备行为和赃物行为所指向的一般数据与上述两条一致。

首先，行为对象指向广泛意义上的一般数据。立法者在法条中并没有明确定义"数据"的概念范围，但是，根据普遍观点，应当在广泛的意义上设定数据的概念，既包括有处理目的的信息，也应当包括没有直接处理目的的信息。[1] 正如上文所言，德国对一般数据的刑法保护并不在于数据所反映出的人格权利益，而是数据所有人对数据的完整的处置权。因此，从第 202a 条到第 202d 条所保护的数据也不限于个人数据，而可以是任何类型的信息，其不需要基于数据所有人的秘密，而甚至可以是在其他地方已经公开或免费提供的数据。[2]

其次，数据必须具有不可感知性。由于《德国刑法典》中第 201 条侵害言论秘密罪和第 202 条侵害信件秘密罪已经将能被感知的秘密信息予以保护，[3] 因而刺探数据罪的第 2 项规定，数据必须是"不可直接感知的数据"。一般认为，如果数据的意义不容易被感官直接感知，而只能通过技术转换或通过技术辅助手段获取，就不是直接可感知的。[4] 此外，由于所规制的行为类型是对数据的刺探、截取行为，

---

〔1〕 Vgl. Roland Schmitz, Ausspähen von Daten，§202a StGB, in：JZ, 1995, S. 478-479.

〔2〕 Adolf Schönke/Horst Schröder, Strafgesetzbuch：Kommentar, 30. Aufl.，2019，§202a, Rn. 3.

〔3〕 Graf, in：Münchener Kommentar StGB, 4. Aufl.，Band 4, 2021，§202a, Rn. 14.

〔4〕 Adolf Schönke/Horst Schröder, Strafgesetzbuch：Kommentar, 30. Aufl.，2019，§202a, Rn. 4.

数据的概念也要求待保护信息具有储存特征或传输功能，前者是指为了进一步处理或使用而在数据载体上记录、录制或储存数据，后者是指能够将存储的数据或通过处理所获得的数据传递给第三方，这种传输必须以电子方式或其他非实体技术手段。[1]

再次，行为人必须无权处置该数据。根据刺探数据罪的立法文件，该条所针对的数据必须是行为人无权支配的，而他人享有处置权的数据。[2] 通常情况下，收集并储存数据的人对其享有处置权，并有权决定对该数据处置权的转移。[3] 而在数据传输的情况下，只有传输方和接收方享有数据处置权，即使行为人对于数据载体本身或数据处理系统本身所有或占有，也不意味着其享有处置权。换句话说，如果行为人未经许可刺探有关自己而由他人储存的数据，也可能构成本罪。[4]

关于"无权处置"的认定，德国实践中与理论中按照不同的情形确定了更为具体的标准。例如，对于那些出于业务需要而在工作中能够接触到数据的雇员而言，倘若其在非工作时间或权限范围之外访问数据，此时已经属于无权处置数据的情形；[5] 而行为人使用他人密码或绕过密码访问数据，也属于无权处置，除非其密码是从被授权人处获得，此时取决于双方是否约定了该数据可以被披露；[6] 在数据盗版的问题中，需区分该盗版拷贝是由被授权用户还是由以不正当手段获得数据的人生成的，对于已被授权使用数据的用户来说，其并非刺探数据罪意义上的"无权处置"，该复制盗版行为只是侵犯了相应的

---

〔1〕　§ 3 IV Nr. 1 BDSG.

〔2〕　BT-Drs. 10/5058, 29.

〔3〕　BayObLG 5, 5（93），wistra 1993, S. 304.

〔4〕　Eric Hilgendorf, Grundfälle zum Computerstrafrecht, in：JuS, 1996, S. 509.

〔5〕　Roland Schmitz, Ausspähen von Daten, § 202a StGB, in：JA, 1995, S. 478.

〔6〕　Roland Schmitz, Ausspähen von Daten, § 202a StGB, in：JA, 1995, S. 478.

版权。[1]

同时，对未经授权访问需要存在特别保护。刺探数据罪还要求数据所有人必须采取了特别的保护措施，以使得数据更难被获取，而如果获取数据的难度仅仅来自系统的复杂性和不可操作性，则并不符合这种情况。[2] 首先，"未经授权"要求数据将行为人排除在访问权限之外，而数据被特殊保护表示数据的获取渠道无从被确定。目前常见的特别保护措施包括安装指纹或语音识别装置、安装防火墙保护、将文件隐秘储存在不易识别的储存器中，等等。[3]

最后，"非公开性"要求。截取数据罪和数据赃物罪要求所谓的"数据具有非公开性"，这种非公开性并非指数据内容本身的非公开性，而是数据传输的方式具有非公开性，例如使用虚拟私人网络、公司或内部部门的网络等进行传输。[4] 这种非公开性要求也同样体现了刑法对数据权人处置权的保护，因为倘若数据权人采用加密的传输手段将数据传输给特定的对象，那么他人对数据的截取行为或传播行为就违背了数据权人处置数据的目的。同时通过对这种数据权人所采取的技术手段的判断，更具有明确性，能够公正地、无偏见地保护通信利益。[5]

因此，德国刑法通过对刺探数据罪行为对象的规定，将具有刑法保护意义的数据限定在受数据所有人特殊保护的范围内，这也体现了对数据处置权保护的法益目的。而我国《刑法》第253条之一的侵犯公民个人信息罪被安排在侵犯公民人身权利、民主权利罪一章中，规

---

〔1〕 Bernd-Dieter Meier, Softwarepiraterie -eine Straftat?, in: JZ, 1992, S. 657.

〔2〕 BT-Drucks. 10/5058, S. 29.

〔3〕 Stefan Ernst, Wireless LAN und das Strafrecht, in: CR, 2003, S. 898.

〔4〕 BT-Drucks. 16/3656, S. 18.

〔5〕 Frank Michael Höfinger, Zur Straflosigkeit des sogenannten ,, Schwarz-Surfens ", in: ZUM, 2011, S. 212.

制违反国家规定向他人出售或提供公民个人信息的，履职或服务期间获得公民信息并出售或提供、窃取或以其他方法非法获取公民个人信息的行为。目前对该条所保护的法益到底应该是个人法益上的信息自决权或数据财产权，还是集体法益上的信息安全或信息专有权，我国学界仍未有定论。[1] 但无论如何，侵犯公民个人信息罪指向的是能够单独或与其他信息结合识别自然人个人身份的信息，更贴近于《德国联邦数据保护法》中对个人数据的保护，与《德国刑法典》第 202a 条至第 202d 条所保护的与公民人格权无涉的一般性数据并不相同。与此同时，我国《刑法》第 285 条规定了非法侵入计算机信息系统罪、非法获取计算机信息系统数据罪，对非法侵入特定系统的，以及侵入计算机系统并获取数据或非法控制数据的，还有为他人实施相应行为提供工具的行为进行相应规制。这一罪名的对象是与公民个人信息无涉的数据，但该条属于妨害社会管理秩序罪一章，指向的是计算机信息安全管理秩序的法益。[2] 保护目的的不同，直接导致了我国数据犯罪的规范构造与德国刑法典中对一般数据保护的构造不同。

（二）对一般数据的刺探与截取

《德国刑法典》对侵犯他人数据处置权的实行行为主要规制在刺探数据罪与截取数据罪中，其中刺探数据罪处罚的是行为人对于其无权支配的、经过特殊保护的、非公开的数据，采用突破保护的手段获取该数据的行为，而截取数据罪规制的则是针对非公开传输数据的截取

---

〔1〕 参见劳东燕：《个人信息法律保护体系的基本目标与归责机制》，载《政法论坛》2021 年第 6 期；敬力嘉：《大数据环境下侵犯公民个人信息罪法益的应然转向》，载《法学评论》2018 年第 2 期；冀洋：《法益自决权与侵犯公民个人信息罪的司法边界》，载《中国法学》2019 年第 4 期；张忆然：《大数据时代"个人信息"的权利变迁与刑法保护的教义学限缩——以"数据财产权"与"信息自决权"的二分为视角》，载《政治与法律》2020 年第 6 期；欧阳本祺：《侵犯公民个人信息罪的法益重构：从私法权利回归公法权利》，载《比较法研究》2021 年第 3 期。

〔2〕 参见喻海松：《网络犯罪二十讲》，法律出版社 2018 年版，第 20 页。

后取得的行为。

首先，需要克服访问保护并获取数据。《德国刑法典》第202a条刺探数据罪的实行行为主要分为两部分：一是行为人获取他人数据，二是该获取数据的方式是克服特殊的数据访问保护。由于数据概念的特殊性，刺探行为的对象既包括储存在数据载体上的有体形式，又包括无体的数据，因而获取他人数据的行为是指行为人获得对数据的实际控制权。[1] 获取数据的方式既包括直接占有数据载体或将数据转移至自己所占有的载体上，也可以是行为人通过实际得知数据而不需要进一步地储存或转移，例如在数据程序中安装木马、欺骗数据权人打开或允许访问安全数据等。[2]

实践中的大部分情况下，行为人只需能够取得数据访问权限就能够获取数据，即只需突破了访问数据的密码或PIN码等，就实际上随时可以转移或知悉数据。前者获取访问数据密码的行为属于预备行为，后续行为人转移或知悉数据的行为才是侵犯数据处置权的实行行为。在德国的实践中，这一保护十分严格，即使是父母通过破解密码来检查子女的设备，也有可能构成犯罪，只有在怀疑孩子是被具有犯罪相关目的的第三方引诱到聊天中的情况下，父母阅读聊天记录数据的行为才能够根据《德国刑法典》第35条紧急避险而免除责任。[3]

"克服特殊的数据访问保护"的要求是在《德国刑法典》第41次修正案中提出的，目的是排除轻微案件的可罚性，表示行为人只有表现出特殊的犯罪动力与一定技术努力时才值得被处罚。[4] 但是，这并不意味着只要行为人能够不费吹灰之力地克服访问保护，被害人就不

---

〔1〕 Graf, in: Münchener Kommentar, 4. Aufl., 2021, § 202a, Rn. 56.

〔2〕 Kargl, in: Nomos Kommentar, 5. Aufl., 2017, § 202a, Rn. 13.

〔3〕 Graf, in: Münchener Kommentar, 4. Aufl., 2021, § 202a, Rn. 63.

〔4〕 BT-Drucks. 16/3656, S. 17.

具有刑法上的需保护性。因而普遍认为，这里的"克服"应当是能够消除保护装置的任何行动，[1] 并不要求数据权人对数据设定较高的保护装置，也不要求行为人付出较高的技术努力。

其次，采用技术手段获取数据。《德国刑法典》第 202b 条截取数据罪的实行行为同样包括获取未经授权的他人的数据，在此基础上，与刺探数据罪一样，为了限制该罪的成立范围，行为人获取数据必须通过一定的技术手段。截取数据罪中所规定的"获取数据"与刺探数据罪的规定一致，都是指获得对数据的实际控制权。但是，如果行为人只是获得了数据的访问权限，在截取数据罪中并不相当于获得了数据的实际控制权，因为立法者并未制定与刺探数据罪条文中所规制的类似的关于黑客行为的规定。[2]

截取数据罪所要求的"通过技术手段"获取数据，既包括捕捉和记录无线通信的设备，也包括使用软件、代码、密码等。[3] 目前立法中没有说明具体哪些手段才属于截取数据罪所要求的技术手段，但或许正如德国学界有的学者所主张的一样，立法者选择技术手段的限制，在具体犯罪的分类中所造成的问题，都必须等实践中相应的案例出现后才能知道。[4]

（三）预备行为和赃物行为

首先，预备行为是指获取密码、安全码或计算机程序。《德国刑法典》第 202c 条预备刺探或截取数据罪的行为对象包括能够访问数据的密码或安全码，或能够实施刺探或截取数据的计算机程序。由于第 202c 条规制的是预备行为，因而并不要求行为人使用技术手段获取密

---

〔1〕　Sauter/Schweyer/Waldner, Der eingetragene Verein, 21. Aufl. , 2021, Rn. 5.

〔2〕　Hilgendorf, in: Leipziger Kommentar, 12. Aufl. , 2009, § 202b, Rn. 16.

〔3〕　BT-Drs. 16/3656, S. 11.

〔4〕　Hilgendorf, in: Leipziger Kommentar, 12. Aufl. , 2009, § 202b, Rn. 16.

码或安全码。例如，办公室同事或清洁工写下工作场所电脑的密码并传给别人也足以构成预备行为。[1] 而法条里所指的计算机程序即所谓的黑客工具，这些工具的构造方式已经被设计为服务于非法目的，包括密码生成器、确定密码的程序、进入计算机或数据网络的程序、监视计算机或提取数据信息的木马病毒等。[2]

具体而言，本罪的行为类型包括获取、出售、转让、分发或以其他方式向自己或他人提供密码或安全码、计算机程序。其中，"获取"的定义与刺探、截取数据中的"获取"定义一致，即获取实质处置权，既可以通过笔记、口头信息获得，也可以通过电子传输的形式获得。[3] 而"出售、转让、分发"等行为实际上也都以获取实质处置权为前提，这些行为使得更多用户接触到能够获取数据的密码或程序，对数据都造成了抽象的危险。

除此之外，满足构成预备刺探或截取数据罪的行为必须为了自己或他人实施刺探数据和截取数据的犯罪行为做准备，即行为人在获取密码、安全码或计算机程序的时候，起码已经设想了后续的计算机犯罪。[4] 当然，这一设想不一定是具体的，也不一定是行为人自己实施后续犯罪行为，例如行为人可以将密码或程序转移给他人以便他人实施刺探或截取数据的行为。[5]

其次，赃物行为是指非法所得数据的后续获取、转让、散播、公开。《德国刑法典》第202d条数据赃物罪规制的是行为人将他人通过非法行为所获得的数据，进行获取、转移、传播或以任何其他方式使

---

〔1〕 BT-Drs. 16/3656, S. 18. 当然，欲构成本罪还需要行为人具有刺探或截取的目的，否则单纯的获取密码行为不构成犯罪。

〔2〕 Vgl. Graf, in: Münchener Kommentar, 4. Aufl., 2021, § 202c, Rn. 12.

〔3〕 Vgl. Graf, in: Münchener Kommentar, 4. Aufl., 2021, § 202c, Rn. 19.

〔4〕 BT-Drs. 16/3656, S. 19.

〔5〕 Schönke/Schröder, Strafgesetzbuch, 30. Aufl., 2019, § 202c, Rn. 7.

其可被其他人获取的行为。该行为通过进一步转移或传播违法取得数据，使数据权人遭受的损害"永久化"。[1] 同时，如果行为人为自己或他人获得数据、将其交给他人、传播或以其他方式使其可获得，那么上游犯罪必须已经完成，也即数据赃物罪是以《德国刑法典》第259条"赃物罪"为蓝本制定的，因此与该条相同，也被设计为"后行犯（Anschlussdelikt）"。[2]

数据赃物罪中的"为自己或他人获得数据"，同样是指获取数据的实质处置权。转移意味着对数据的占有被转移给另一个人，但具体的处置权并没有随之转移，[3] 当然该处置权也可以随时被转移或放弃。传播是指将数据至少传递一次，目的是使更多的用户能够使用这些数据。在许多情况下，数据将以原始或复制的形式留在传播者那里。使人可以访问是指有可能访问通过非法行为获得的数据，例如有机会从存储介质中"下载"它或以其他电子方式访问。[4] 同时，与第259条规定的财产的赃物罪类似，数据赃物罪也需要行为人与上游犯罪者之间存在合意合作，即行为人必须利用上游犯罪者通过其非法行为创造的可能性，与上游犯罪者达成协议，获取数据。[5] 因此，如果行为人不使用上游犯罪者作为数据来源，而是以其他方式获取数据，即使他知道上游犯罪，也会排除数据赃物罪的刑事责任。

第五节　我国一般数据犯罪立法体系参考

在肯定了对一般数据保护的重要性之后，也有必要关注到德国刑

---

〔1〕　BT-Drs. 18/5088, S. 26.

〔2〕　Reinbacher, Daten-oder Informationshehlerei? in: GA, 2018, Vol 6, S. 311.

〔3〕　Hoyer, in: Systematik Kommentar §202c, Rn. 7.

〔4〕　Hilgendorf, in: Leipziger Kommentar, 12. Aufl., 2009, §202b, Rn. 22.

〔5〕　Reinbacher, Daten-oder Informationshehlerei? in: GA, 2018, Vol 6, S. 311.

法在立法与实践过程中遇到的争议与矛盾。《德国刑法典》中将预备刺探与截取行为设为犯罪之后，引发了对刺探数据罪与截取数据罪处罚范围的反思，而在增加了数据赃物罪后，更进一步引发了学界对一般数据犯罪体系存在矛盾以及认定过度形式化的批评。可以说，这种反思实际上是对数据处置权保护范围的界限究竟在哪，或者说刑法对一般数据保护的根据究竟为何的思考，这对我国的一般数据刑法保护体系构建也具有借鉴和参考意义。

经过十几年的实践与讨论，以及数据技术的不断发展，德国学界和理论界对于目前的一般数据犯罪规定也产生了越来越多的反思：首先，刺探数据罪与截取数据罪并不处罚未遂，但是预备刺探罪和截取数据罪却是二者的预备行为实行化的体现，这就产生了处罚预备行为而不处罚未遂行为的矛盾；其次，正如前文所说，德国的一般数据犯罪保护体系关注的法益是数据权人对数据绝对的处置权，不考察数据的实际内容，这导致在实践中，对于犯罪的实际认定趋向形式化，尤其对于数据赃物罪的形式认定，带来了过分扩张刑罚范围的质疑；最后，目前《德国刑法典》的具体构成要件设置中仍存在一定的处罚漏洞，在实践认定中，也存在着模糊与争议的地带，尤其随着技术的发展，法条也正存在着更新换代的需要。通过审视德国司法实践中目前存在的问题，有利于构造我国相应的一般数据保护体系，并提前对相应问题给予关注。

一、规避法条间的体系性矛盾

在 1986 年《德国刑法典》设置第 202a 条刺探数据罪时，德国立法者认为单纯的刺探数据未遂行为没有实际侵害到数据的处置权，为了避免过度定罪的危险，不对单纯的刺探数据未遂行为处罚，即对于那些行为人技术能力不足或数据保护措施过于严密而导致行为人没能成功获取数据的情况，排除于刺探数据罪的处罚范围之外。[1]而截取数据罪由于是附属于刺探数据罪而产生的，为了保持二者的一致，该条也没有规定对未遂的处罚。[2]

但是，其后《德国刑法典》增加第202c条，规定了对获取、贩卖、传播能够进入计算机系统的密码、安全码、其他数据程序等黑客工具行为的可罚性。立法者同时也认为，这种黑客工具在互联网上广泛传播并容易获得与使用，构成了相当大的抽象危险，"只有通过对传播这种固有危险手段的行为进行惩罚，才能有效地打击这种危险"。[3]然而立法者并没有有效地说明，获取、贩卖、传播黑客工具的行为所造成的危险，与刺探或截取数据未遂所带来的危险，到底有什么差距。既然增加第202c条并处罚预备行为的目的是填补处罚漏洞，那么立法中也有必要修改第202a条与第202b条的规定，使未遂行为也受到相应的处罚。

不予处罚刺探与截取数据未遂的行为，体现的是1986年《德国刑法典》对刺探数据罪设立之初，立法者限缩犯罪成立范围的考量。而随着实践中相应前置行为带来的抽象危险越来越引起人们的重视，这一最初的考量已经不再符合当前的情况。因而，立法者后续将预备行为也纳入处罚。但刺探或截取数据未遂的行为仍然存在规制漏洞，同时截取数据罪是否也应增加对单纯黑客行为，即获取数据访问权限的行为的处罚仍有待进一步讨论。

除了实行行为与预备行为之间的关系之外，刺探数据罪与截取数据罪、数据赃物罪三条罪名之间也存在设计上的不合理：刺探数据罪

[1]　BT-Drs. 10/5058, S. 28f.
[2]　BT-Drs. 16/3656, S. 11.
[3]　BT-Drs. 16/3656, S. 20.

与截取数据罪的构成要件近乎一致，截取数据罪所保护的法益也完全能够被直接涵盖于刺探数据罪之中。因而，也有学者主张将截取数据行为的规定作为一个新的段落纳入第 202a 条中，并对其进行补充，令其除了"获取数据"之外，还包括"向第三方或公众提供数据"的行为，从而使第 202a 条直接涵盖目前三条法律的内容。[1]

我国目前尚未建立系统的一般数据刑法保护，但是按照我国《刑法》第 285 条的规定，单纯地侵入计算机信息系统或提供相应的工具也构成犯罪，不过该条针对的对象是国家事务、国防建设、尖端科技领域的计算机信息系统，这导致了实践中许多针对一般计算机信息系统的攻击并没有得到规制，通过考察德国对一般数据保护的立法进程，可以借鉴相关的立法经验与技术。但是，诚如德国学者对刺探数据罪和截取数据罪立法设置的批评，目前德国的刺探数据罪和截取数据罪构成要件几乎重合，第 202b 条完全可以被纳入第 202a 条之中。同时，截取数据罪如今仍然不处罚行为人单纯的侵入行为，这与刺探数据罪处罚单纯黑客行为的立法目的不符，也不具有合理性。而刺探数据罪中"数据受特殊保护"的要件，原本是立法者出于限缩处罚范围的目的所设，目前却带来了处罚漏洞与认定上的分歧。我国在设置一般数据犯罪的构成要件时，应当兼顾吸收以上立法经验，可以直接将数据储存系统与数据运输系统统合成数据系统，并在"侵入"的认定上予以行为可罚性的实质考察空间。

具体来说，"侵入"不仅是指行为人采用技术手段、采取破坏数据安全保护措施的方式进入数据储存或运输系统中。对于那些虽然掌握了进入数据系统的工具（如密码、账号获授权等），但该工具存在使用

---

[1] Eisele, Computerstrafrecht, in: Hilgendorf/Kudlich/Valerius, Handbuch des Strafrechts Band 6, 1. Aufl., 2022, Rn. 164.

时间、使用场景或使用目的的限制时，行为人超越工具的使用限制而使用，并进入数据系统的行为，也应当属于"侵入"。

二、避免保护形式化带来的构成要件争议

由于德国一般数据犯罪所保护的法益是数据权人的数据处置权，因而一旦行为人突破了数据权人对数据所设置的保护并获取数据，就侵犯了数据权人的处置权，进而构成犯罪，数据的具体内容以及是否具有需保护性则在所不问。因此，《德国刑法典》中构成一般数据犯罪并不需要被害人存在任何财产损失。

但是，这种形式保护的规范目的反而使得构成要件的定位与判断陷入困境，这主要集中在数据赃物罪上。数据赃物罪是比照传统的财产赃物罪而设计的，但其对犯罪客体的要求却与刺探数据罪一样，都是无需考察实质内容的一般数据。由于数据具有可复制性，针对数据的转移与传播行为并不会像转移财物一样使财产直接减损，所以数据所体现出来的财产价值并不能与传统的财产赃物罪相类比。进一步说，倘若认为数据的创造者享有相应的处置权，那么在行为人复制数据之后，似乎也就享有了对其创造的复制品的处置权。这种权属认定的混乱源自数据所具有的、不同于传统财产的特殊属性，由此引发的问题是，在多大程度上可以将赃物罪的原则适用于数据赃物罪，[1] 即数据赃物罪究竟应当更多地类比赃物罪、从而实质考察权利人对于数据所享有的财产权，还是应当更多地偏向形式考察的刺探数据罪？

这一问题实际上反映出的是数据赃物罪的保护根据的争议：一般数据的处置权产生于权利人的记录行为，行为人通常也是将数据的编码信息复制记录，不会将数据"取走"，而赃物罪的处罚根据是使得权

---

〔1〕 Tobias Reinbacher, Daten-oder Informationshehlerei?, in: GA, 2018, Vol 6, S. 312.

利人免受侵害的持续与加剧，[1] 窝藏者的特殊危险在于其取得物品的意愿会对实施财产犯罪产生一种持续性的刺激。[2] 因此，在数据赃物罪中，权利人并不是因为行为人的窝藏行为导致难以重新取得财物进而导致侵害持续与加剧，[3] 也就无法在赃物罪的意义上得出处罚"窝藏数据行为"整体上缺乏合法性的结论。

在非法获取一般数据的构成要件设置上，我国对德国刑法可借鉴之处主要在于"获取"的认定，即要求行为人获得对数据的实际控制权。[4] 实际控制权体现的正是对数据的处置权，由于数据具有无体性、易传播性等特征，一旦行为人获得了数据的实际控制权，例如直接占有了数据载体，或将数据转移至自己所占有的载体上，或者仅仅是实质上得知了数据，都会直接破坏数据权人的处置权。

基于对德国形式化认定而带来的处罚范围过度扩张的经验吸取，对于一般数据所谓的"广泛意义上的"保护应仅仅是指不对数据内容进行实质考察，但无论是在对"侵入"或"获取"的行为认定上，仍将按照"保护处置权"的法益目的进行实质解释，即要求存在一定的经济损失。当然，在实践中，按照不同的犯罪类型与手段，有待发展出更为细致具体的判断标准。

三、降低具体认定的模糊

除了是否应在构成要件中加入实质考察之外，在《德国刑法典》刺探数据罪和数据赃物罪的具体构成要件认定中，也存在一定的模糊与争议。尤其是刺探数据罪的"突破特殊数据访问保护"的要件，本

---

〔1〕 Maier, in：Münchener Kommentar, 4. Aufl., 2021, §259, Rn. 2.

〔2〕 Reinbacher, Daten-oder Informationshehlerei?, in：GA, 2018, Vol 6, S. 314.

〔3〕 Stuckenberg, Der missratene Tatbestand der neuen Datenhehlerei, in：ZIS, 2016, S. 526.

〔4〕 Graf, in：Münchener Kommentar, 4. Aufl., 2021, §202a, Rn. 56.

是立法者出于限缩犯罪成立范围的目的而设立的，但在很多情况下，这反而造成了处罚漏洞。例如在企业员工掌握了一定的数据权利的情况下，倘若员工的处置权只在每天的工作时间内存在，那么其在非工作时间或权限范围之外访问数据，已经属于无权处置数据的情形，可以认为构成刺探数据罪。然而，通过他们下班后仍然可以访问数据，又能推知该数据并未设置特殊的安全保护，根据"突破特殊数据访问保护"的要件判断后，该行为仍然无法构成刺探数据罪。[1]

除此之外，在数据赃物罪中，除了与赃物罪的适用根据存在矛盾之外，在具体的构成要件认定上，立法者的立场也模糊不清：立法者一边将刺探数据罪中的对一般数据的形式保护沿用于数据赃物罪中，另一边又要求数据赃物罪的犯罪对象是"非公开的数据"，而将《德国联邦数据保护法》中对个人信息的认定标准作为"非公开数据"的实质判断依据。[2] 因此，有德国学者也提出，应当转变目前纯粹的形式保护方案，要么采取形式-实质判断的方案，[3] 要么彻底改变目前形式保护的思路、改革构成要件，对所有与数据相关的犯罪的构成要件都进行实质考察。[4]

通过考察德国的立法与结合我国对一般数据保护的应然目的，数据赃物这类进一步侵害数据权人处置权的行为也具有可罚性。因为虽然对于权利人而言，数据本身并未消失，但是针对数据的进一步获取与转移等行为将大大增加权利人重新取得独立的数据处置权的难度。[5]

不过，不同于德国数据赃物罪存在认定模糊或形式化的问题，我

---

〔1〕　BT-Drs. 10/5858, S. 28.

〔2〕　Vgl. Reinbacher, Daten-oder Informationshehlerei?, in: GA, 2018, Vol 6, S. 322.

〔3〕　Vgl. Brodowski/Marnau, Tatobjekt und Vortaten der Datenhehlerei, in: NStZ, 2017, S. 377.

〔4〕　Vgl. Hoppen, Leistungsbeschreibungen bei Software, in: CR, 2015, S. 802; Reinbacher, Daten-oder Informationshehlerei?, in: GA, 2018, Vol 6, S. 322.

〔5〕　Kargl, in: Nomos Kommentar, 5. Aufl., 2017, § 202d, Rn. 5.

国司法解释中规定了违法所得数额这一实质考察要件，能够有效避免处罚范围的进一步扩展。但必须承认的是，赃物罪的可罚性根据本质上还是行为导致了被害人难以追回其财产，故而在构建数据赃物罪时，似乎也有必要加入损害要件，即该行为必须造成了数据权人的损害。通过该要件限缩数据赃物罪的成立范围，以免由于处罚过宽而阻碍数据的正常流通。

总之，考察德国的一般数据犯罪体系，关注其立法与实践中存在的问题，对我国如何建构一般数据犯罪体系具有较大启示。尤其是德国存在的体系性矛盾和认定标准形式化的问题，在我国的立法土壤中也存在预防和思考的必要。例如，数据在储存系统与运输系统中被侵入与获取的情况无需分开考察，且二者的未遂与预备行为都存在处罚的必要。而对于对他人非法获取的数据的购买、出售、转移等赃物行为，应当承认其可罚性，并在一般数据保护的法条中添加"导致数据权人遭受损失"或"行为人非法获取利益"的实质考察要件。

第六节　小结

一般数据是指网络中大量存在的不涉及公民隐私或商业秘密的数据，例如浏览数据、购物记录、点评数据等。一般数据受刑法保护的根本依据在于私主体对其所产生的数据享有完整的处置权，其上位根据来源于宪法上所确立的生活安宁权。对于公民而言，公民对其所产生的数据享有自由处置的权利就是生活安宁权在互联网空间中的具体体现，而对于企业而言，参照对公民一般数据处置权的保护，也能够为企业运营在互联网空间划定私人领域的界限，这一边界既保护了私主体网络生活不受其他私主体侵扰，也防止了公权力对私域空间的侵入，从而保障了公民的人格自由与企业的良性发展。

由于一般数据同时具有一定的经济性和信息性，因而在实践中可能被作为财产犯罪的对象或侵犯公民个人信息罪对象而受保护，同时，作为计算机信息系统数据，一般数据也存在被作为非法获取计算机信息系统数据罪对象而受保护的可能。

但是，一般数据的经济价值来源于数据本身的流通与使用，从经济学的角度而言，对一般数据进行确权反而不利于其价值的发挥，而从物权法的角度而言，一般数据具有碎片化、同质化的性质，不具有被确权的必要，且一般数据能够被低成本复制，难以确定权利边界。在前置法尚未对一般数据确权的情况下，刑法也无法将其纳入财产犯罪的保护对象中。而在信息犯罪保护方案中，由于一般数据不具有明显的身份可识别性，并未涉及公民的核心隐私和秘密领域，对一般数据的侵犯并不涉及对公民人格权以及信息自决权的侵害，因而也无法将一般数据纳入侵犯公民个人信息罪中保护。此外，我国计算机犯罪所保护的法益是国家重大计算机数据安全和计算机信息系统秩序，这一法益本身具有保护必要性，却无法将一般数据所涉及的公民生活安宁权纳入其中。

因此，刑法有必要专门设立一般数据的保护条款。《德国刑法典》对于一般数据的保护具有较为完整的体系，从预备阶段到实行阶段规制了侵犯一般数据的行为，具有一定的借鉴意义。《德国刑法典》所保护的一般数据法益是一般意义上的通信不公开的权利所产生的处置性利益，而并不在于数据所反映出的人格权利益。因此，《德国刑法典》从第 202a 条到第 202d 条所保护的一般数据也不需要基于数据所有人的秘密，只需该数据受到权利人的特殊保护即可。

而在行为类型上，《德国刑法典》规制了三种针对一般数据的侵害行为：刺探行为、截取行为、赃物行为。刺探行为是指对一般数据特殊保护措施的突破，截取行为是指在数据加密传输过程中通过技术手段获取数据，赃物行为则包括了对所获取的一般数据的出售、转让、分发或非法提供等。

通过考察《德国刑法典》的具体条文设置，审视德国司法实践中目前存在的问题，有利于构造我国相应的一般数据保护体系，并提前对相应问题给予关注。德国一般数据犯罪的立法几经变动，故而产生了体系结构和具体要件认定上的问题。在体系设置上，最初《德国刑法典》中只有第 202a 条刺探数据罪，而后立法者出于对处置权更周延保护的目的，增加了第 202b 条截取数据罪与第 202c 条预备刺探、截取数据罪。但是，一方面，刺探数据罪和截取数据罪的构成要件大部分重合，却在具体的既遂要求上不同；另一方面，《德国刑法典》中已经设置了预备刺探、截取数据罪，却不处罚刺探数据和截取数据的未遂行为，也不具有合理性。此外，在具体要件认定上，刺探数据罪中"突破特别保护"的要件仍不明确，数据赃物罪中是否需对数据内容作实质考察也存在争议。德国早期对一般数据进行立法保护的讨论为我国设置独立的一般数据犯罪条款提供了理论基础，而《德国刑法典》对数据犯罪的进一步修法过程也为我国提供了重要借鉴资料。

综上所述，数据依照权利来源的不同，可以被分为个人信息数据、财产性数据、一般数据。个人信息数据的刑法保护根据是公民信息自决权，因而个人信息数据必须具有身份可识别性，并应当围绕身份可识别性与公民授权处分信息的程度进行分级治理。财产性数据受财产犯罪保护的前提是能被确立财产权，因而，一方面，无法被确立财产权的数据在作为生产资料流通于数字经济市场时，可以被作为经济犯罪对象予以规制和保护；另一方面，能够被确立财产权的数据由于存在虚拟性，推动了财产概念与财产犯罪行为要件的发展，有必要修改财产犯罪立法以适应这一变化。一般数据的处置自由保障了私主体在互联网空间的生活安宁，具有刑法保护的必要，考察与借鉴德国的立法，有助于启发我国刑法设置相应的一般数据犯罪构成要件。在明确了当前各数据相关的罪名的构成要件解释边界的基础上，本书拟围绕"个人信息数据–财产性数据–一般数据"的数据犯罪类型化研究模型，提出数据刑法保护体系的构建方案和具体构成要件设置的立法建议。

第五章 数据犯罪立法修正方案

前文从解释论的角度分析了当前刑法中的侵犯公民个人信息罪与财产犯罪对数据的保护路径，明确了当前立法中构成要件的解释边界，同时考察了域外对一般数据保护的经验，结合我国的司法实践，讨论了我国新增一般数据犯罪的必要性与可行性。在解释论分析与域外比较考察的基础上，本章提出数据犯罪的具体立法方案，并运用该方案，提出对实践争议问题的解决思路。

第一节 立法活性化时代的刑法功能

晚近以来，我国刑法修正案频频颁布，刑法的规制范围逐渐广泛，刑事立法呈现"严而不厉"的"活性化"趋势。而尤其在数字时代，刑法的功能不仅在于权利保障，也融合了社会治理。同时，随着《民法典》的出台，刑法学界对于刑法典的再法典化的呼声也日益高涨，数据作为当下新型犯罪的重点指向对象，势必将成为刑法典中重要的规制部分。结合前文解释论上的分析，针对目前难以被刑法纳入保护范畴的数据，有必要结合刑罚正当性标准，讨论相应法条的增设与修改必要性与可行方案。

一、积极刑法观下的刑法治理特征

刑事立法应当在宽严相济的刑事政策指导下，进行以宽为主，以严为辅，严以济宽的犯罪化改造。[1] 在综合治理和宽严相济的基本刑事政策之下，刑事立法正向着使用轻罪实现控制、治理、预防的转向上发展。数字社会带来了更低的犯罪成本与更高的犯罪风险，因而未来刑法治理的观念应当以安全为导向，强调风险规避规制，进而实现对数据法益的宏观保护。

（一）轻罪化趋势

虽然目前学界对积极立法观与轻罪刑事政策仍存在反对观点，但是必须关注到的现实情况是，无论是我国还是其他法治国，都正为了适应近代社会形态的变动和抵御风险社会下的"全球性不安"而通过增设轻罪转向积极的立法观，使得刑法逐步从法治国背景下的法益保护和自由保障转向兼顾社会防卫的法律。[2] 轻罪增设主要遭到的质疑集中在两方面：其一，大量象征性立法与刑法上一直坚持的法益保护主义立场不一致，也违反了刑法的谦抑性；[3] 其二，轻罪的增设会模糊刑法与其他部门法的边界，最典型的例子是，在民法尚未确立个人信息权时，刑法已经增设了侵犯公民个人信息罪，同时，高空抛物原本被作为民事侵权来处理，入罪后也面临着刑民区分与衔接的问题。

但是，刑法的发展需要与时代同步，在新时代的风险和灾难面前，

---

〔1〕　参见郑丽萍：《轻罪刑事政策的独立品格与基本释义》，载《法学评论》2013年第2期。

〔2〕　参见周光权：《论通过增设轻罪实现妥当的处罚——积极刑法立法观的再阐释》，载《比较法研究》2020年第6期。

〔3〕　参见刘宪权：《刑事立法应力戒情绪——以＜刑法修正案（九）＞为视角》，载《法学评论》2016年第1期。

自由与秩序需要有新的注解和平衡。[1] 刑法中增设轻罪的最主要原因在于，轻罪可以分担现有重罪的规制功能。司法上在遇到值得处罚的新行为时，往往倾向于通过软性解释刑法来应对。[2] 对没有对应轻罪的行为，有可能为了入罪而采用扩张解释乃至类推解释，如将高空抛物解释进以危险方法危害公共安全罪。而在新类型数据犯罪出现后，则出现了没有对应罪名而滥用原有罪名，从而导致口袋罪的情况。如前文所说，对于"恶意刷单"等利用更改数据妨害业务的行为，实践中大多认定为破坏生产经营罪，但是并不能认为此处的数据属于"机器设备、耕畜"等生产设备，对于那些具有刑事可罚性却又没有对应罪名规制的行为，不予入罪只会导致现有罪名被不当扩张。

因此，为了防止司法冲动，严守罪刑法定原则，积极刑法观提出，应当通过增设轻罪来解决实务困惑。[3] 也正是为了避免前述对"谦抑性"的质疑，主张增设轻罪的学者大多反复强调轻罪的增设必须符合处罚的需要性与妥当性，恪守罪刑法定原则的人权保障价值，同时围绕以个人利益为核心的法益概念，限制处罚的范围并检视刑事立法的正当性基础。[4] 此外，在肯定立法积极的前提下，还需秉承司法上的谨慎性与消极性。立法的积极性昭显了行为无价值的立场，即提出某种行为被刑法规范禁止，是为了发挥规范的价值导向作用，而司法上定罪考虑的因素应当更为复杂，注重结果无价值的立场，在没有实害

---

〔1〕 参见孙国祥：《积极谨慎刑法发展观的再倡导——以<刑法修正案（十一）>为视角》，载《西南民族大学学报（人文社会科学版）》2021年第9期。

〔2〕 参见［日］佐伯仁志：《刑法总论的思之道·乐之道》，于佳佳译，中国政法大学出版社2017年版，第23页。

〔3〕 参见周光权：《论通过增设轻罪实现妥当的处罚——积极刑法立法观的再阐释》，载《比较法研究》2020年第6期。

〔4〕 参见欧阳本祺、秦长森：《积极刑法观的实践修正与功能完善》，载《东南大学学报（哲学社会科学版）》2023年第2期。

结果时，应当更多地通过行政规范和民事规范予以调整，刑法仅仅为前置法所确立的法律关系或者法益提供法秩序最后的规范保护。[1] 可以看出，立法积极化与轻罪化趋势已经得到了应然上和实然上的双重证明，需要关注的问题不在于"应否增设新罪"，而是"新罪增设的合理性与必要性"。

（二）强调风险规制

风险社会的概念最早于 1986 年由乌尔里希·贝克提出，起初危险社会（Gefahrgesellschaft）是指社会内部的实际危险显著增加，而风险（Risiko）是由人类处理危险所产生的，预防刑法就诞生于技术进步所产生的风险面前。[2] 之后，风险社会理论进一步发展，提出社会针对风险进行处理，从而在刑法教义学中引入"风险"要素，从而产生了法律政策的新目标：安全信条（security dogma），即通过早期干预、预防和先发制人来保障安全。[3]

在风险社会理论的基础上，刑法领域发展出风险刑法理论，认为刑法不仅是对侵害的反应，而且应当保障社会安全的基本条件得到遵循。[4] 刑法的工具价值应当体现在管理不安全性上，公共政策成为刑法体系构造的外在参数。[5] 风险刑法理论带来了刑法上的新的研究范式，刑法承担起了控制风险的政治手段责任，刑法体系从惩罚转型为威慑。

---

〔1〕　参见孙国祥：《积极谨慎刑法发展观的再倡导——以<刑法修正案（十一）>为视角》，载《西南民族大学学报（人文社会科学版）》2021 年第 9 期。

〔2〕　Vgl. Cornelius Prittwitz, Strafrecht und Risiko: Untersuchungen zur Krise von Strafrecht und Kriminalpolitik in der Risikogesellschaft, 1999, S. 61.

〔3〕　参见［德］乌尔里希·齐白：《安全法的新格局：全球风险社会中的犯罪控制》，李岚林、周遵友译，载江溯主编：《刑事法评论：刑法的转型（第 46 卷）》，北京大学出版社 2022 年版，第 29 页。

〔4〕　参见［德］乌尔斯·金德豪伊泽尔：《安全刑法：风险社会的刑法危险》，刘国良译，载《马克思主义与现实》2005 年第 3 期。

〔5〕　参见劳东燕：《公共政策与风险社会的刑法》，载《中国社会科学》2007 年第 3 期。

随着风险刑法理论的研究与讨论深入，近来也引发了许多争议。例如有学者认为，根据风险刑法理论，凡是参与实施风险行为的人，即使没有故意和过失也要承担责任，这就淡化了主观罪过要素在犯罪构成中的地位和作用，有悖于责任主义。[1] 此外，"风险社会"这一概念本身是否具有合理性也有待商榷，反对者同时认为，当前人们所谈论的风险实际上并没有增加，只是感知到的风险增加了，这种感知源于社会、媒体、心理、文化等多种因素，同时人们只关注到科技带来了风险，却没有认识到科技同时也降低了风险。[2] 所以，不能以"风险社会"这一是否真实存在尚且存疑的概念为背景，要求刑法对此做出反应。

但是，风险刑法理论并非只建立于上述的"主观风险"之上，风险刑法理论的支持者大多强调，"只有当人们主观定义的风险确实存在引起严重危害后果的高度可能性时，刑法才可以对其予以规制"。[3] 同时，新兴技术所带来的风险确实与传统自然风险具有质的不同，在现有的刑法规范体系的制定过程中，已经将自然风险作为立法背景纳入立法考量中了，但尚未融入对技术风险的考虑，这也同样制约着刑法安全保障功能的实现。

因此，虽然风险刑法理论仍面临着理论上的争议，但近年来的刑事立法上的确正逐渐偏向对风险的前期干预和治理。以《刑法修正案（十一）》为例，《刑法修正案（十一）》增设了妨害交通工具安全行驶罪、高空抛物罪、危险作业罪等前置性立法，体现了早期化预防的理念，增强了对抽象危险的前期管控。当然，必须认识到的是，单纯

---

〔1〕 参见张明楷：《"风险社会"若干刑法理论问题反思》，载《法商研究》2011 年第 5 期。

〔2〕 同上注。

〔3〕 参见叶良芳：《为风险刑法理论辩护》，载《四川大学学报（哲学社会科学版）》2022 年第 4 期。

的"风险社会"背景无法成为刑罚规制前置化的依据，正如轻罪增设问题一样，抽象危险罪的增设也必须遵循合理性与必要性依据。

综上所述，刑法出于安全保护的目的，立法上逐渐倾向于风险规制，但无论是积极刑法观还是风险刑法理论，都面临着质疑与担忧，争论的根本实际上在于"安全与自由孰轻孰重"这一哲学上的经典议题，对此，风险刑法理论的回答是，"不同的领域可以有不同的做法，对于存在无法容忍的风险的领域，刑法的介入没有意义；在涉及民主政体的政治自由和公民个体自由的领域，保护自由的考量应当优于对安全的追求；在前述领域之外的其他领域，对安全的追求应当优于对自由的保护。"[1] 为了平衡自由与安全、法益保护与规范保护两种价值和立场，有必要探讨刑罚确立的正当性和合理性标准，然后按照不同的风险领域特征，讨论数据犯罪立法的立场。

二、确立刑罚规范的正当性标准

传统的刑法立法评价标准主要围绕法益保护展开，即行为规范应该服务于正当目标，同时刑法应当具有最后手段性，但随着法益理论的发展，学者们逐渐发现法益概念不足以实现限制和理性审查功能，进而提出引入更为精准的标准。[2] 同时，上述积极刑法观与风险社会的理论背景也成为利益合理性考察中的新的衡量要素，应当结合新的法益合理性标准，使用宪法上的比例原则确定刑罚规范正当性，并置于刑法的现有结构中作进一步检视，评价刑事立法是否实现了刑罚目

---

〔1〕 Vgl. Prittwitz, Strafrecht als propria ratio, in: Festschrift für Claus Roxin zum 80. Geburtstag am 15. Mai 2011, 23, 转引自陈昊明：《风险社会中的刑法危机——〈刑法与风险〉评述》，载江溯主编：《刑事法评论：刑法的转型（第46卷）》，北京大学出版社2022年版，第597页。

〔2〕 参见［德］米夏埃尔·库比策尔、托马斯·魏根特：《评价刑法立法的学理标准》，张志钢译，载《南大法学》2023年第2期。

的，并兼顾保障了行为人的基本权利。

（一）保护的利益合理

基础性个人利益包括公民与生俱来的生命、健康、自由、财产等，对基础性利益的保护能够实现公民自由自在共同生活，因而这类基础性公民利益，以及保障基础性利益实现的社会条件与自然环境，就属于具有刑法保护合理性与正当性的利益，国家有权力也有义务通过刑法保护这些利益。不过，数据时代基础性利益也有了新的注解，

例如，在互联网普及之后，公民的人格被细分为心理人格、社会人格、网络人格，而对公民自由的保护不仅建立在物理意义上，还有赖于互联网空间对私人领域的区隔。此外，公民的财产不再以纯粹的物理形式存在，而大多转为虚拟财产，大规模的行为数据也成为财产的组成部分。而在经济领域，随着生产方式智能化，生产资料与生产工具也转向数字化，劳动摆脱了对传统生产工具的依赖，而转向了数字工具对数字产品的生产。

在基础性利益向数据化、电子化过渡的同时，保障基础性利益实现的社会条件也逐渐向网络化、虚拟化过渡。例如，数字时代的经济利益的维护，不仅有赖于经济活动交易方或参与者之间的秩序，而且有赖于确立第三方平台责任与维护数据流通秩序。对公民自由发展与人格健全，需要在社会空间中和网络空间中建立多方位保障规范。对公民财产安全的保护，涉及电子银行、第三方支付平台、游戏平台等虚拟空间中的规范。

此外，在数据时代，超个人法益也具有新的内涵与地位。由于生产方式的变化，生产关系也逐渐协同化，消费者与生产者之间从过去的多节点链式距离缩短到点对点的对折距离，打破了传统分工下的专

业壁垒，形成扁平分层式的管理组织形式。[1] 数字经济的效益呈现集群特征，因此，对数据生产中的超个人法益的保护被赋予了更多的必要性。

（二）行为规范合比例

比例原则要求刑法在立法干预社会治理时，必须具备适当性、必要性、均衡性。具体而言，在确定法益值得刑法保护之外，还需要确定没有替代性的监管措施或其他措施可以保护该法益，同时确定刑罚效果上积极影响大于消极影响。

在数据治理与网络治理中，所谓其他监管措施主要包括"替代性的前置预防措施"以及其所形成的"替代性的规制系统"。前置预防措施不仅包括刑法之外的法律措施，如《民法典》《个人信息保护法》《网络安全法》《数据安全法》等前置规范，而且包括互联网技术手段、行政程序法规制、社会治理手段等，由这些前置性的预防措施，形成了刑法之外的替代性规制系统，在刑法介入之前就可以直接干预并有效防止损害。[2] 刑法在立法时，必须确认没有替代措施或前置规制可以全面保护法益，尤其是在数据犯罪中，倘若可以由技术的手段直接解决数据所受到的风险，就无需使用法律手段。否则基于刑法的谦抑性与最后手段性原则，增设新罪不具有适当性与必要性。

此外，在设立刑罚时，还需要确定刑罚所带来的积极影响大于消极影响。新法的增设的确减少了兜底条款的使用，避免了实践中产生"口袋罪"，但是单凭这一点无法证立新法增设的合理性，倘若增设新罪导致"刑罚过剩"，那么增添新罪实际上是加重了行为人的负担，陷入了重刑主义逻辑。因而，一方面要分析新罪增设所带来的积极影响，

〔1〕 参见姜涛、韩辰：《数字经济时代刑法规制网络犯罪的困境与出路》，载《苏州大学学报（哲学社会科学版）》2023年第1期。
〔2〕 参见刘艳红：《网络时代社会治理的消极刑法观之提倡》，载《清华法学》2022年第2期。

即刑罚的报应与预防目的是否实现，另一方面要分析新罪增设所带来的消极影响，包括是否限制了数据市场的发展、是否增加了数据主体的责任、是否阻碍了数据技术的进步等，在权衡积极影响与消极影响的基础上，得出是否增设新罪的结论。

（三）刑法内在体系的审查

一项行为是否入刑始终取决于权益之间的衡量，但是大多数情况下，衡量的结论无法显而易见、确定无疑，因此，论证结论是否合理，除了从权利与义务、安全与自由之间比较考察之外，也无法脱离刑法内在体系的检验，刑法学要在保持自主性的同时，实现与刑事政策领域的科学调试。[1]

首先，新的构成要件应当在遵循刑法已有规定的框架中发展现行刑法。刑法所保护的行为规范应当具有一致性，尤其是在责任的分配规则上，立法机关应当保持责任分配类型的一贯性。[2] 如在讨论财产性数据是否应受财产犯罪保护时，需要体系性考察财产犯罪对象所具备的前置性特征，以及财产犯罪所规制的行为的可罚性根据，进而得出新型数据财产是否需作为财产犯罪的新对象予以保护。

另外，刑法体系的检验也涉及其他论证上所必须考证的问题：未遂犯的可罚性与抽象危险犯的可罚性必须得到特别的正当性证明、积极义务的设定必须存在特殊理由、行为的规范违反必须足以触动所公认的刑罚目的之一等。[3] 立法者必须对这些问题提出充分的论证，才能为新罪设立寻找到社会需求、道德倾向、哲学偏好之外的，属于刑

---

〔1〕 参见 ［德］米夏埃尔·库比策尔、托马斯·魏根特：《评价刑法立法的学理标准》，张志钢译，载《南大法学》2023 年第 2 期。

〔2〕 参见 ［德］米夏埃尔·库比策尔、托马斯·魏根特：《评价刑法立法的学理标准》，张志钢译，载《南大法学》2023 年第 2 期。

〔3〕 参见 ［德］米夏埃尔·库比策尔、托马斯·魏根特：《评价刑法立法的学理标准》，张志钢译，载《南大法学》2023 年第 2 期。

法体系内部的标准。

在确定了新时代刑法发展的立场与增设新罪的标准后，结合上文对个人信息数据、财产性数据、一般数据的定性分析，以及现行法条对其保护的争议与不足，本书提出针对侵犯公民个人信息罪、计算机犯罪、财产犯罪的具体修正方案。

第二节　一般数据的二元治理路径

目前，具有身份可识别性的个人信息被规定于《刑法》第 253 条之一的侵犯公民个人信息罪之中，而一般数据虽然不具有身份可识别性，但对其非法获取或使用的行为也侵入了公民的私人领域，侵犯了公民的网络生活安宁权，因此应当增设相应条款。此外，在企业数据中，一般数据所具有的数据本身的"保密性、可用性、完整性"也值得被刑法保护，有必要修改《刑法》第 285 条计算机犯罪的规制范围。

一、增设《刑法》第 253 条之二

一般数据受保护的不是公民特殊的秘密性利益（Geheimhaltungsinteresse），而是一般意义上的通信不公开的权利所产生的处置性利益（Verfügungsinteresse）。[1] 因而一般数据无需具有身份可识别性，不涉及公民的隐私。但是大量一般数据组成了公民的私人互联网生活，公民有权阻止他人通过非法窥探其数据而窥探其生活，这种处置性权利更上位的正当性根据来源于人身权中的互联网生活安宁权，该网络生活安宁权与个人信息权并列，同属于特殊的人格权，应当被单独规制

---

〔1〕 Kay H. Schumann,, Das 41. StrÄndG zur Bekämpfung der Computerkriminalität, in：NStZ 2007, S. 675.

于《刑法》第 253 条之二，具体行为规范可表述为："未经公民授权，采取技术手段非法获取、截取、使用、出售受公民特殊保护的个人数据"。

（一）一般数据受特殊保护

由于一般数据受保护的根据与公民秘密无关，因而其内容无需被实质性考察，对一般数据的保护范围判断只需结合该数据是否受特殊保护即可。实践中常见的个人对数据的特殊保护措施主要包括设定密码、增加防火墙、隐秘储存文件等，而随着技术手段的发展，密码也由单纯的数字或字母组合转向声音、指纹、面部等。

"受特殊保护"的要求意味着，公民对该数据享有绝对的处置权，他人无法随意获取该数据，同时也承担着尊重数据主体对数据的处置的义务，而数据"受特殊保护"也限制了一般数据犯罪的处罚范围，防止刑法过度介入数据社会，进而阻碍数据的流通与发展。

（二）行为需突破特殊保护

由于一般数据犯罪保护的是对数据自身的处置权，因而具有法益侵害性的行为应当包括突破特殊保护（非法侵入），以及突破保护措施后的非法使用、出售、提供等行为。

突破特殊保护意味着行为人侵入了公民对数据的绝对控制，因而倘若行为人提前获得了数据处置的授权，则不属于突破特殊保护。值得注意的是，倘若行为人获得的授权是有限授权，例如在一定期限内或一定条件下可以使用密码获取数据，那么在授权范围之外，即使行为人因为知晓密码而无需采用技术手段突破保护，其越权使用密码获取数据的行为也属于突破特殊保护非法获取行为。

（三）与第 253 条之一的区别与竞合

在入罪判断上，针对侵犯个人数据的行为，应当首先考察是否构成第 253 条之一的侵犯公民个人信息罪，即应当先判断该数据是否具有身份可识别性，确定具有可识别性后按照个人信息数据的分级治理模式，得出行为是否构成侵犯公民个人信息罪。而倘若该数据不具有身份可识别性，再进一步判断公民是否对其设置了特殊保护，进而考察是否构成一般数据犯罪。

在此意义上，可以认为，《刑法》第 253 条之一与之二是特殊与一般的关系，在公民个人数据具有身份可识别性时直接适用前者。

二、修改《刑法》中的计算机犯罪

一般数据既包括个人领域中的与身份无关的私人数据，也包括公共或商业领域的企业数据，基于数据的可用性价值与保密性价值，企业对其设置了特殊保护措施的一般数据也应当享有处置权。我国《刑法》第 285 条被设立于《刑法》第六章妨害社会管理秩序罪中，规制的是计算机信息系统管理秩序，具有将一般数据纳入保护的修改空间。

（一）扩张第 285 条第 1 款非法侵入计算机系统的范围

如前述分析，《刑法》第 285 条第 1 款非法侵入计算机信息系统罪被限定在国家事务、国防建设、尖端科学技术的特殊领域，而这种限制会造成普通计算机信息系统被排除于刑法保护之外。倘若侵入非特定领域范围内的计算机信息系统不成立犯罪，则难以说明为该类行为提供计算机信息系统程序、工具的行为因何具有可罚性。[1]

因此，为了解决这种系统上的矛盾，应当取消第 285 条第 1 款的特殊领域限制。但是由于涉及国家数据重大安全利益的行为可罚性的确重于普通非法获取数据的行为，具有特殊保护的必要，因而针对特殊领域的侵入和获取行为，可以作为情节要素，设置更为严格的刑罚。

---

〔1〕　参见付玉明：《数字足迹的规范属性与刑事治理》，载《中国刑事法杂志》2023 年第 1 期。

（二）修改第 285 条第 2 款非法获取数据的定义

根据《最高人民法院、最高人民检察院关于办理危害计算机信息系统安全刑事案件应用法律若干问题的解释》，第 285 条第 2 款所规定的非法获取计算机信息系统数据的情形包括：获取支付结算、证券交易、期货交易等网络金融服务的身份认证信息 10 组以上的；获取上述以外的身份认证信息 500 组以上的。可见，上述司法解释将本条的行为对象限制在能够确认用户对计算机系统操作权限的"身份认证信息"上。但是，这类个人信息数据具有身份可识别性，可以由《刑法》第 253 条之一规定的侵犯公民个人信息罪保护。[1] 而随着数据技术的发展，许多数据已经可以脱离计算机信息系统而存在，同时，将非法获取计算机信息系统数据的对象限制为身份认证信息也难以实现对数据本身的完整性的保护。

除了保护一般数据之外，对于第三章所论证的无法被确立财产权的大数据集合与流量而言，其经济价值的保障也有赖于对数据流通秩序的维护。对此，可以借鉴《数据安全法》第 51 条所规定的"窃取或者以其他非法方式获取数据，开展数据处理活动排除、限制竞争，或者损害个人、组织合法权益的，依照有关法律、行政法规的规定处罚"，对这类行为规定刑事处罚。

因此，有必要修改《刑法》第 285 条第 2 款，拓展行为对象为所有被设置了特殊保护的数据，并将行为类型设定为"突破防护措施获取、处理数据，或截取数据传输系统中的数据，排除、限制竞争，或者损害个人、组织合法权益"。

（三）调整第 286 条破坏计算机系统的罪状

我国《刑法》第 286 条目前同时规制了删除、修改、增加、干扰

---

[1] 学界也有学者主张这种观点，参见付玉明：《数字足迹的规范属性与刑事治理》，载《中国刑事法杂志》2023 年第 1 期。

计算机信息系统的行为，以及对计算机信息系统中储存的数据的删除、修改、增加行为，其中，要求前者造成计算机信息系统不能正常运行，而后者则要求造成严重后果。但是这种既规制破坏计算机系统又规制破坏数据的立法表述容易带来体系上的矛盾：两种行为所侵害的法益并不相同，本条的立法目的在于加强计算机信息系统的管理和保护，从而保障信息系统功能正常发挥，维护计算机信息系统的安全运行。[1]而对数据的增、改、删等行为则损害了数据本身的完整性与可用性、保密性。

破坏数据的行为并不必然导致计算机信息系统受损，数据也具有被独立保护的意义。如果完全通过破坏计算机信息系统罪实现对数据完整可用性的保护，会偏离本罪的规范目的，也容易出现处罚间隙，难以实现罪责刑相适应。[2]因此，应当将未经授权删除、修改、增加从而影响数据完整可用性的行为从《刑法》第286条中剔除，设立为独立的构成要件。[3]

三、具体实践争议难题解决

利用爬虫抓取数据行为的定性是实践中针对一般数据的争议较大的问题，实践中行为人利用爬虫技术非法获取的数据大致指向两类：公民数据与企业数据，因此也就产生了认定为侵犯公民个人信息罪、非法获取计算机信息系统数据罪、无罪三类争议，在确立了刑法对一般数据的二元保护模式之后，可以妥善解决这类疑问。

---

〔1〕　高铭暄：《中华人民共和国刑法的孕育诞生和发展完善》，北京大学出版社2012年版，第513页。

〔2〕　付玉明：《数字足迹的规范属性与刑事治理》，载《中国刑事法杂志》2023年第1期。

〔3〕　参见刘双阳：《数据法益的类型化及其刑法保护体系建构》，载《中国刑事法杂志》2022年第6期。

（一）指向公民不具有身份识别性的数据

行为人未经许可获取不具有身份识别性的数据的，可以构成侵犯公民一般数据罪。例如，被告人马某利用在北京恒安嘉新公司实习的机会，未经网络运营者和用户的同意，利用爬虫技术大量搜集了公民个人数据，其中包括手机号码、访问时间、用户网页浏览记录等。这些信息涉及金融、股票、房产、贷款、保险等方面的用户手机号码，覆盖全国多个省市。之后，被告人将这些信息出售并获得了利润。[1]对此，马某的辩护人主张，马某所获取的手机号码是某号码生成器生成的，若不与其他信息结合，就不能识别特定自然人，因而不属于公民个人信息，而法院最终仍然认定为其构成侵犯公民个人信息罪。有学者反对这一判决结果，认为司法机关缺乏相应的证据证明这些生成的号码可以识别特定自然人身份，违背了疑罪从无原则和证据证明标准。[2]

在当前的立法体系中，行为人所非法获取的数据不具有身份可识别性时的确应当认定为无罪，但这一行为虽然没有侵犯公民核心隐私利益，却侵害了数据本身的处置利益，倘若公民对其设置了一定的防护措施，行为人的技术突破行为应当构成侵犯公民一般数据罪。

（二）指向企业数据

实践中还存在一类爬虫行为，指向的是企业或平台内的数据。例如，知名旅游网站"马蜂窝"使用爬虫技术，从携程、艺龙、美团等其他平台抓取或抄袭用户生成的点评数据，并将它们直接发布在自己

---

〔1〕 湖北省宜昌市中级人民法院（2018）鄂05刑终365号刑事判决书。
〔2〕 参见刘艳红：《网络爬虫行为的刑事规制研究——以侵犯公民个人信息犯罪为视角》，载《政治与法律》2019年第11期。

的网站上。[1] 对于用户所记录的点评数据而言，实际上既不涉及侵犯商业秘密罪，也不涉及侵犯公民个人信息罪，同时由于该数据处于网络平台的公共界面，也并非储存在计算机信息系统内部，点评数据也不属于司法解释所规定的身份认证信息，因而不构成非法获取计算机信息系统数据罪。因此，本案依照现行法的规定，不应属于犯罪。

但是，在修改了我国当前的计算机犯罪规定之后，本案就属于非法获取一般数据罪。第三方服务平台为了保护自己的名誉与评价，大多会设置"禁止复制""添加水印"或"禁止转发"等保护措施，以体现平台对数据具有处置的权利。因此，对于这些点评数据的获取，势必要突破保护措施，从而侵犯平台的数据处置权，符合本书对于一般数据犯罪的构成要件设置。

此外，指向企业数据的行为也有可能指向的是企业或组织内部储存的大数据，例如银行搜集求职网站的岗位数量，通过分析这类大数据推断就业率，或者投资机构搜集上市企业的相关数据，通过分析推断破产的可能性，或者购物平台搜集用户的关键词搜索记录，分析购物偏好等。这些零散的数据在尚未被加工时，只能被认定为企业内部的大数据集合，而不涉及知识产权，且由于多数情况下数据处于公开状态，也无法认定为企业的商业秘密。但倘若企业对这类数据设置了访问权限或保护措施，那么爬虫行为则将因为侵害到企业对数据的处置权，从而构成一般数据犯罪。

---

〔1〕 参见杨东、吴之洲：《数据抓取行为的法律性质——"马蜂窝事件"案例分析》，载《中国社会科学报》2018年12月5日，第5版。

第三节 财产犯罪在数据领域的发展方向

如第三章所述，由于立法时并未考虑到具有虚拟性的数据，因而在当前的财产犯罪表述中，"占有""转移""认识""毁坏"等概念用语都无法涵盖指向数据的行为，为了全面评价数据犯罪所侵犯的法益，有必要修改财产犯罪，以适应数据时代的发展。在具体构成要件设置上，可以参考德国已有的立法与实践经验，发展符合我国刑法体系逻辑的新的罪名。

一、增设数据变更罪

如前所述，毁坏包括毁灭与损坏，二者都指向的是物理层面的价值剥夺。[1] 所以毁坏的对象应当是有形的实物，根据文义解释，数据无法成为"毁坏"的对象。但是，数据的完整性也承载着财产价值，对数据的增加、更改、删减也往往会给数据所有人带来财产损失。因而有必要增设变更数据罪，填补对数据财产性的保护空白。

（一）德国数据变更罪的构成要件借鉴

《德国刑法典》在第 303 条毁损物品罪的基础上发展出了第 303a 条虚拟空间的对数据的损坏（变更）行为——数据变更罪。数据变更罪的保护目的是数据可用性不受损害和破坏，换句话说，数据变更罪也保护的是一般意义上的数据处置权，数据权利人在任何时候都可以不受干扰地使用数据的权利。[2]《德国刑法典》中数据变更罪具体包含四种行为类型：删除数据、压制数据、使数据无法使用、更改数据。

---

〔1〕 参见黎宏：《刑法学各论》，法律出版社 2016 年版，第 342 页。
〔2〕 Wieck, in: Münchener Kommentar StGB, 4. Aufl., 2022, §303a, Rn. 1.

行为对象是可被感知的一般数据，但是并不要求被特别保护以防止未经授权的访问，同样也不要求数据具有经济价值。

就具体行为而言，删除数据是指使数据"不可恢复地无法被识别"，而这种保护指向具体的数据载体，即使另外的数据载体上存在数据的备份也不能排除犯罪。[1] 而压制数据则是使数据从其被授权者或使用者的访问处被撤回，或者直接阻止被授权者访问数据，例如封锁被授权者的账户，或为数据设置新的防护密码。[2] 使数据无法使用的行为意味着损害数据的使用性，从而导致数据使用的目的无法实现，包括部分删除、修改数据中的指令句、插入程序等。而更改数据是指对数据含义的修改，进而影响到数据功能的使用，不管这种无权修改使数据变好还是变坏，都构成数据变更罪。[3]

（二）我国构建数据变更罪的认定标准

我国的故意毁坏财物罪所规定的行为类型包括毁灭或损害公私财物，而破坏计算机信息系统数据罪所规定的行为类型则包括删除、修改、增加、干扰。通过参考德国数据变更罪的规定，结合我国现有立法体系的结构，可以将数据变更罪的具体行为类型设定为删除、修改、增加、压制数据，导致数据原有功能的丧失。

此外，德国的数据变更罪由于保护数据本身的可用性，因而无需数据具有经济价值，且《德国刑法典》中不存在罪量要素，成立德国的数据变更罪也无需导致一定的财产损失。而与《德国刑法典》不同的是，我国刑法中本就存在罪量要素，在设立数据变更罪时，有必要设置一定的入罪金额标准。而由于数据的市场价值往往并不固定，可以同时将被害人遭受一定数额的财产损失、行为人获取较为巨大的利

---

〔1〕　BT-Drs. 10/5058, 34.

〔2〕　Heger, in: Lackner/Kühl, StGB, 29. Aufl., 2018, § 303a, Rn. 3.

〔3〕　Rainer, in: Nomos Kommentar StGB, 5. Aufl., 2017, § 303a, Rn. 10.

益、其他严重情节设为本罪的罪量要素。

二、增设计算机诈骗罪

目前大部分电子支付中的争议案件都是由于传统盗窃罪与诈骗罪无法容纳虚拟财产导致的，为了维护盗窃罪与诈骗罪的构成要件限制功能，防止两类罪名被实质性扩张进而违背罪刑法定原则，有必要建立专门的计算机诈骗罪，规制互联网世界中指向数据的欺骗行为。对此，可以考察借鉴德国计算机诈骗罪的规范构造，并注意计算机诈骗罪和诈骗罪之间的区分适用问题。

（一）德国计算机诈骗罪的规范构造

从规范构造上来看，《德国刑法典》中的计算机诈骗罪主要规制了四种行为类型：制作不正确的程序；使用不正确的或者不充分的数据；无权限地使用数据；其他无权地作用于操作过程而影响数据处理的行为。

其一，制作不正确的程序。程序是对计算机的指令，如果行为人所制作的程序不符合被授权处理它的人的意愿或创造性想法，那么该程序就是不正确的。[1] 这类行为最为典型的情况是在已有的程序中插入新的序列，改变原有程序或绕过原有程序的进程，或者使用被授权人的处理方式之外的方式使用数据，导致程序在预期之外额外被使用，如绕开保护机制而不当使用程序。[2]

其二，使用不正确的或者不充分的数据。使用不正确或不充分的数据行为是指以错误的数据影响计算机程序进程，是计算机诈骗罪中与诈骗罪最具有可比性的行为，使用不正确的数据可以被类比为采用

---

〔1〕 BT-Drs. 10/318 S. 20.

〔2〕 BGH, Computerbetrug – Beeinflussung durch ,, unrichtige Gestaltung des Programms ", NStZ – RR 2016, 372.

欺骗行为，而操作数据所影响数据处理的结果可以被类比为诈骗罪的财产处分结果。[1] 此处的数据与《德国刑法典》第 202a 条所定义的一般数据大致相同，只是不需要权利人对数据进行特殊保护，因而可以说该款所指向的数据范围更广。

其三，无权限地使用数据。无权限地使用数据与使用不正确或不充分数据相对，并非数据本身错误，而是指未经授权的人通过"正确"的数据影响已授权的计算机程序，或将其对计算机的访问用于未经授权的目的。值得一提的是，德国刑法中并没有信用卡诈骗罪，因而对于恶意透支他人信用卡并提取现金的行为，以及无权使用他人银行卡和密码的行为，也被归于"无权限地使用数据"，从而被认定为计算机诈骗罪。

其四，计算机诈骗罪是结果犯，必须造成财产损失。计算机诈骗罪的财产损失含义与诈骗罪中相同，不过由于计算机程序操作的特殊性，在对财产存在具体危险的情况下，即倘若程序实现后就会产生实际损害的情况下，也认为存在财产损失。这种对数据处理操作与金钱损失之间也必须有属性上的联系，即损失是犯罪造成的危险的实现，而不是在进一步的犯罪行为发生后才发生的，因此类似于仅仅突破了安全锁的行为尚且无法构成本罪，因为实际损害是由行为人的进一步"拿走"行为所造成的。[2]

（二）计算机诈骗罪与诈骗罪的区分

计算机诈骗罪与诈骗罪在客观上都存在欺骗行为，而在主观上都要求行为人具有故意，且具有获利的目的。计算机诈骗的行为人必须意图通过操纵数据处理程序的结果为自己或第三方获得金钱利益，这

---

〔1〕　Tiedemann, in: Leipziger Kommentar, 12. Aufl., 2009, § 263a, Rn. 24.
〔2〕　BGH, Computerbetrug-Beeinflussung durch ,, unrichtige Gestaltung des Programms", NStZ-RR 2016, 372.

种获利与被害人所遭受的金钱损失具有相同的性质。[1] 计算机诈骗罪属于诈骗罪的特殊法条，在认定时有必要注意法条之间的区分与竞合。

首先，计算机诈骗罪的行为大多针对计算机程序。正是为了解决"机器不能被骗"的问题，才设立了计算机诈骗罪规制虚拟世界中的诈骗行为，因而实践中的利用技术手段影响计算机程序，进而获取或转移财产性数据的行为，应当被认定为计算机诈骗罪，而倘若处分财产的并非机器而是自然人，则应当仍被认定为诈骗罪。

其次，计算机诈骗罪非法获取的对象往往是虚拟数据。除了"机器不能被骗"之外，计算机诈骗罪增设的必要性还来源于盗窃罪无法处理对虚拟数据的"占有转移"难题。因此，计算机诈骗罪所保护的对象往往是虚拟财产、电子货币等财产性数据，并不涉及实体性财物的处分与转移。

最后，在两罪名竞合的情况下优先使用特别法。与金融诈骗罪一样，计算机诈骗罪保护的是特殊领域的财产权，即虚拟世界中的财产，因而计算机诈骗罪是诈骗罪的特别法，在行为同时符合诈骗罪与计算机诈骗罪的要件时，应当优先使用计算机诈骗罪。

三、具体实践争议难题解决

（一）非法获取虚拟财产行为定性

在同时设立了一般数据犯罪与计算机诈骗罪之后，最大的难点在于如何区分二者：财产权包括了处置权，因而计算机诈骗罪与一般数据犯罪之间存在一定的竞合。实践中，用户对自己所享有的虚拟财产势必设置了相应的保护措施，从行为定义上看，行为人的突破保护措

---

[1] Schönke/Schröder, Strafgesetzbuch § 263a, 30. Aufl., 2019, Rn. 29.

施获取数据的行为也同时构成一般数据犯罪与虚拟财产犯罪。

但是,两罪所保护的法益并不相同,指向的数据对象也不相同。计算机诈骗罪作为财产犯罪,保护的是财产法益,因而计算机诈骗的对象是能够被固定化为财产的数据,而一般数据犯罪保护的是数据的一般处置权。因而计算机诈骗罪对比一般数据犯罪而言更为特殊,只有那些既无法被确定为财产、又无法被确定为个人信息的数据,才被认定为一般数据,在被设置了保护措施的情况下受刑法保护。

例如前文所述的浏览记录、点评数据、访问数据等,这类数据都无法被确立财产权,非法获取这类数据也不会给权利人造成固定的财产损失,因而不能构成计算机诈骗罪。而只有行为人越过系统增加游戏账户中的游戏币、窃取他人电子货币等行为,才构成计算机诈骗罪。考察时,应当在排除了计算机诈骗罪之后,再考察行为是否突破了权利人的保护措施,进而侵犯了权利人对数据的处置权,进而构成一般数据犯罪。

(二) 非法删改数据行为定性

实践中的非法删改数据行为多发于交警系统、教务系统、税务系统中,这类行为一向被法院认定为破坏计算机信息系统罪,但是,删改行为指向的是数据本身,而非计算机信息系统的运行,因而也存在是否构罪的疑问。

例如在王某、刘某破坏计算机信息系统案中,两行为人利用对连云港市车管所外挂系统软件的维护便利,对市交警支队计算机信息系统中储存的交通违章数据进行删除,并从中牟利。法院认为,行为人违反国家规定,对计算机信息系统中储存的数据进行删除,构成破坏计算机信息系统罪。[1] 但是有学者认为,这种行为是针对数据法益的

---

〔1〕　江苏省灌云县人民法院 (2016) 苏 0723 刑初 394 号刑事判决书。

行为，而非典型的破坏计算机信息系统行为，这样认定只会导致本罪沦为其他数据违法行为或数据类犯罪的口袋罪。[1]

在将数据变更罪从破坏计算机信息系统罪中独立分离出来之后，能够妥善地解决此类问题。一方面，数据变更罪指向单纯的数据法益，不依赖于对计算机信息系统的破坏的认定，独立认定有利于分担当前破坏计算机信息系统罪的构成要件解释负担。另一方面，数据变更罪填补了对交管数据、教务数据、税务数据这类一般数据的毁损行为规制空白。

（三）流量劫持行为定性

随着数字市场的发展，实践中还存在着"流量劫持"类案件，主要是指行为人通过木马、插件、病毒等手段，锁定浏览器或自动跳转网页，强制用户访问某些网页。以"流量劫持第一案"为例，行为人使用恶意代码修改互联网用户路由器的 DNS 设置，使用户登录"2345.com"导航网站时自动跳转到"5w.com"导航网站，再将获取的用户流量出售给"5w.com"网站谋取利益。上海市浦东新区法院认为，行为人对计算机信息系统中储存的数据进行修改，后果特别严重，构成破坏计算机信息系统罪。[2]

但是，流量劫持行为直接指向流量数据的篡改，行为并没有造成用户无法上网或无法使用路由器，从民法上讲，这种"劫持"行为实际上侵犯的是用户的网络服务自主选择权，而不是计算机系统的正常运行。因此，针对流量劫持行为所侵害的数据法益，应当使用数据变更罪予以保护。

此外，由于流量这种具有经济价值的数据无法被确定财产权，因

〔1〕 参见周立波：《破坏计算机信息系统罪司法实践分析与刑法规范调适——基于 100 个司法判例的实证考察》，载《法治研究》2018 年第 4 期。

〔2〕 李俊、白艳利、王潇：《流量劫持行为的司法认定》，载《人民法院报》2017 年 1 月 5 日，第 7 版。

而通过经济犯罪规制数据在市场中的流通管理秩序也成为保护与发展数字经济必不可少的环节，其中，主要涉及的罪名是非法经营罪。倘若本案是发生在市场主体之间的流量劫持行为，则涉及不正当竞争的问题。例如行为人多次大量篡改他人流量，导致数字市场秩序被严重扰乱，有可能被认定为数据变更罪与非法经营罪，由于二者分别规制不同的法益，根据全面评价原则，应当数罪并罚。

第四节　小结

数字时代，刑法具有权利保障与社会治理双重功能。数据作为当下新型犯罪的重点指向对象，势必将成为未来刑法典中重要的规制部分。结合解释论上的分析，针对目前难以被刑法纳入保护范畴的数据，有必要结合刑罚正当性标准，讨论相应法条的增设与修改必要性与可行方案。

从立法的立场选择上来看，积极刑法观成为立法活性化时代的重要观念。刑事立法应当在宽严相济的刑事政策指导下，进行以宽为主，以严为辅，严以济宽的犯罪化改造。[1] 在综合治理和宽严相济的基本刑事政策之下，刑事立法正向着使用轻罪实现控制、治理、预防的转向上发展。数字社会带来了更低的犯罪成本与更高的犯罪风险，因而未来刑法治理的观念应当以安全为导向，强调风险规避规制，进而实现对数据法益的宏观保护。

同时，新罪的增设必须经过合理性与必要性的论证。传统的刑法立法评价标准主要围绕法益保护展开，同时兼顾刑法的最后手段性。但随着法益理论的发展，法益概念不足以实现限制和理性审查功能，

---

〔1〕　参见郑丽萍：《轻罪刑事政策的独立品格与基本释义》，载《法学评论》2013 年第 2 期。

进而产生了更为精准的标准。[1] 同时，积极刑法观与风险社会的理论背景也成为利益合理性考察中的新的衡量要素，应当结合新的法益合理性标准，使用宪法上的比例原则确定刑罚规范正当性，并置于刑法的现有结构中作进一步检视，评价刑事立法是否实现了刑罚目的，并兼顾保障了行为人的基本权利。

在具体立法方案上，主要涉及增设一般数据犯罪与修改财产犯罪。首先，一般数据需受到二元保护，即修改侵犯公民个人信息罪所在法条，设置与侵犯公民个人信息罪并列的《刑法》第 253 条之二条款。同时修改计算机犯罪，扩张《刑法》第 285 条第 1 款的非法侵入计算机信息系统的范围，纳入普通计算机信息系统，而将涉及国家重大利益的计算机信息系统作为加重情节考量。其次，修改《刑法》第 285 条第 2 款非法获取数据的定义，拓展行为对象为所有被设置了特殊保护的数据，并将行为类型设定为突破防护措施获取、处理数据，或截取数据传输系统中的数据。最后，调整《刑法》第 286 条破坏计算机信息系统的罪状，破坏数据的行为并不必然导致计算机信息系统受损，数据也具有被独立保护的意义，应当将未经授权删除、修改、增加从而影响数据完整可用性的行为从《刑法》第 286 条中剔除，设立为独立的数据变更罪。

在财产犯罪的修改上，首先，数据变更罪被类比于"虚拟世界的损坏财物罪"，数据的完整性也承载着财产价值，对数据的增加、更改、删减也往往会给数据所有人带来财产损失，因而应当将数据变更罪设定于财产犯罪中，可以参考德国的相关构成要件设置，将行为类型设定为删除数据、压制数据、使数据无法使用、更改数据。同时设

---

[1] 参见 [德] 米夏埃尔·库比策尔、托马斯·魏根特：《评价刑法立法的学理标准》，张志钢译，载《南大法学》2023 年第 2 期。

置入罪的罪量标准，如被害人遭受一定数额的财产损失、行为人获取较为巨大的利益、其他严重情节等。其次，有必要增设计算机诈骗罪作为诈骗罪的特别法，规制实践中指向虚拟财产并导致被害人有固定的财产损失的不当数据使用行为，包括制作不正确的程序、使用不正确的或者不充分的数据、无权限地使用数据、其他无权地作用于操作过程而影响数据处理的行为，同时，行为必须造成了财产损失。

通过立法修改与新增，可以妥善处理当前实践中争议较大的几类案件：爬虫抓取类案件或非法获取大数据类案件，可能构成侵犯一般数据犯罪；非法获取虚拟财产类案件构成计算机诈骗罪；非法删改公务系统中的数据、流量劫持行为等构成数据变更罪。

结　论

　　数据刑法领域中大量的理论实践争议实际上源于概念争议，尤其是对"数据""信息"之间的交叉领域，以及"数据犯罪""网络犯罪"之间的内涵和外延重叠部分，存在大量歧义，而我国刑法的相关立法用语中也并没有给"数据"和"数据犯罪"以明确的定义，基于数据本身的复杂性，加之立法与司法中的混合使用，导致了大量认定上的难题，也导致了讨论中杂糅了新旧问题，难以捋清真正的理论脉络。因而本书提出了"核心数据刑法"的范畴，将实践中利用数据实施的传统犯罪排除于新型数据犯罪研究领域之外，而将研究对象进一步限制在指向数据的犯罪，即非法获取或非法利用数据的行为中。

　　刑法研究上对数据分类的意义在于将经验实践中各种数据犯罪行为，通过规范价值判断，按照所涉及的法益进行再类型化，以此实现更为实质的数据犯罪研究。在经验类型与规范类型之间，以法益评价作为连接点，将行为归入某类犯罪中，最终逐步形成较为清晰的数据犯罪外延和类别。这种概念和类型互相补充的努力，也同样有利于对数据犯罪框架的构建。基于这样的研究思路，本书将数据区分为个人信息数据、财产性数据、一般数据。

　　个人信息数据以"身份可识别性"为核心，体现了公民的人格权。由个人信息数据的刑法保护根据，可以决定个人信息数据的分级保护制度：影响信息自决权的保护程度的要素主要是信息的私密程度和公民授权的范围，其中，信息的私密程度决定了刑法对信息的需保护性，公民授权或公开的程度决定了刑法对信息的应保护性。以二者为标准，可将信息分为三级：核心信息，公民使用了加密保护措施、不愿被他人所知悉的私密性信息；一般信息，公民有条件或部分授权他人使用或传输的信息；公共信息，公民主动将其在互联网世界公开、未加任何限制的信息。

　　核心信息必须是涉及公民核心隐私领域的，或者公民拒绝授权与公开使用的信息。刑法对公民的核心信息应当进行严格的保护，核心信息只有在公民明示同意授权或公开的前提下，才能被他人获取或使用。在公民并未表示同意或拒绝时，只能依照客观情况推定公民"不同意授权"，而不能推定同意。一般信息是指具有一定身份可识别性的、公民部分授权他人使用的信息。在针对一般信息的犯罪中，涉及信息公共流通价值与公民个人信息权的衡量。应当根据比例原则，衡量信息使用的目标重要性和现实性，考察收益与成本是否成比例，判断行为是否在"合理使用"的范畴中。同时结合客观合目的性原则，在信息的收集和使用者明确告知公民其收集和使用信息的目的并遵循这一目的时，或者公民没有明确表示拒绝信息收集与使用，而收集与使用行为又符合社会一般用途时，可以阻却使用者的责任。公共信息是指已经被公民公开的信息，是全社会共享的公共资源，社会公众有权获取已公开的个人信息数据，因而刑法应当侧重于从秩序维护的角度保护公共信息，转向风险预防的理念。而在个人信息权保护层面，则应当认为对于公开信息的通常使用行为都处于可期待的合理使用范围，符合公民处理信息的目的，只有该公民明确提出拒绝，或由于存在重大利益损失而能够推断该公民拒绝此种处理时，该处理行为才违背了公民的信息自决权，从而具有法益侵害性。

不同类别的个人信息数据所反映出的信息主体隐私不同，法益侵害程度不同也就导致了行为可罚性不同，这势必导向个人信息数据的分级与行为的分类治理。个人信息数据的受保护程度一方面由以身份可识别性为客观体现的私密程度所决定，另一方面也由权利人的自决权使用程度所决定，通过身份可识别性的客观标准和权利人决定的主观标准，能够进一步限定个人信息数据分级保护的划分。根据个人信息数据的性质界定和权利本质研究，能够推出信息犯罪所保护的法益，并最终得出信息分级治理的实质根据与规范标准。

财产性数据是指具有可被利用的经济价值且该价值能被市场客观化确定的数据。本书将具有经济价值的数据分为四类：依托区块链技术而以数据形式存在的数字货币；依托算力实现服务需求的数据，包括大量承载用户信息并具有分析价值的大数据集合，以及通过采集整合一般数据，使用算法进行统计、分析，进而得出预测或结论的大数据产品；虚拟财产；具有经济价值且能够变现的流量。针对财产性数据的判断，不能忽视数据流通与集合的特点，大部分具有财产价值的数据实际上并不能被确认为财产，原因在于其价值本身就来源于流动，而确立财产权会形成流通上的壁垒，不利于数据价值的形成。但是，许多相对固定的数据产品上可以被确立财产权，因而对财产性数据的判断需要结合该数据价值能否被固定与客观确认。

此外，从我国的财产犯罪体系上来看，应当区分对财物的犯罪和对财产性利益的犯罪，盗窃罪、侵占罪和故意毁坏财物罪所指向的对象应当限定在具有绝对物权的有体物上，因而无法保护财产性数据；而诈骗罪的对象则可以包含债权等财产性利益，但是将计算机程序自动转移财产的行为解释为"被害人陷入错误认识"，也具有扩张解释该构成要件的风险。无论是数据本身的属性，还是针对数据的获取、修改、删除、利用等新型操作，都与传统的财产犯罪所规定的对象与行为模式存在悖论，最好的办法是建立新的财产性数据刑法保护体系。

互联网世界中还存在大量数据，既不具有身份可识别性，无法被作为个人信息数据保护，又无法被确立财产权，无法被归为财产性数据的范畴。例如浏览数据、购物记录，以及上述讨论中无法被确权的流量、大数据集合等。这类数据被称为一般数据，一般数据也在一定程度上反映了公民的信息，一般数据的处置权能够区隔公民私人领域的心理人格与公共领域的社会人格，出于保护公民互联网生活安宁权，从而保障公民人格自由发展的目的，也有必要保护一般数据。我国《刑法》第285条规定了非法侵入计算机信息系统罪、非法获取计算机信息系统数据罪、非法控制计算机信息系统罪，可以部分涵盖对一般数据的保护。但是，我国当前计算机犯罪所保护的法益是计算机管理秩序，并非公民生活安宁权，如何确立专门指向一般数据的刑法规范仍值得结合域外立法进一步讨论。

《德国刑法典》对于一般数据的保护具有较为完整的体系，从预备阶段到实行阶段规制了侵犯一般数据的行为，具有一定的借鉴意义。《德国刑法典》所保护的一般数据法益是一般意义上的通信不公开的权利所产生的处置性利益，而并不在于数据所反映出的人格权利益。因此，《德国刑法典》从第202a条到第202d条所保护的一般数据也不需要基于数据所有人的秘密，只需该数据受到权利人的特殊保护即可。而在行为类型上，《德国刑法典》规制了三种针对一般数据的侵害行为：刺探行为、截取行为、赃物行为。刺探行为是指对一般数据特殊保护措施的突破，截取行为是指在数据加密传输过程中通过技术手段获取数据，赃物行为则包括了对所获取的一般数据的出售、转让、分发或非法提供等。通过考察《德国刑法典》的具体条文设置，审视德国司法实践中目前存在的问题，有利于构造我国相应的一般数据保护体系，并提前对相应问题给予关注。

通过对现行法条的解释论分析，有必要结合刑罚正当性标准，针对目前难以被刑法纳入保护范畴的数据，讨论相应法条的增设与修改必要性与可行方案。首先，一般数据需受到二元保护，即修改侵犯公民个人信息罪所在法条，设置与侵犯公民个人信息罪并列的《刑法》第253条之二条款。同时修改计算机犯罪，扩张《刑法》第285条第1款的非法侵入计算机信息系统的范围，纳入普通计算机信息系统，而将涉及国家重大利益的计算机信息系统作为加重情节考量。其次，修改《刑法》第285条第2款非法获取数据的定义，拓展行为对象为所有被设置了特殊保护的数据，并将行为类型设定为突破防护措施获取、处理数据，或截取数据传输系统中的数据。最后，调整《刑法》第286条破坏计算机信息系统的罪状，破坏数据的行为并不必然导致计算机信息系统受损，数据也具有被独立保护的意义，应当将未经授权删除、修改、增加从而影响数据完整可用性的行为从《刑法》第286条中剔除，设立为独立的数据变更罪。

而财产犯罪中则有必要增设数据变更罪与计算机诈骗罪。可以参考德国的相关构成要件设置，将数据变更罪的行为类型设定为删除数据、压制数据、使数据无法使用、更改数据。同时设置入罪的罪量标准，如被害人遭受一定数额的财产损失、行为人获取较为巨大的利益、其他严重情节等。而计算机诈骗罪作为诈骗罪的特别法，可以规制实践中指向虚拟财产并导致被害人有固定的财产损失的不当数据使用行为，包括制作不正确的程序、使用不正确的或者不充分的数据、无权限地使用数据、其他无权地作用于操作过程而影响数据处理的行为，同时，行为必须造成了财产损失。

　　一方面，以数据为对象的核心数据犯罪突破了刑法分则教义学原理，本书针对数据犯罪所带来的冲击与突破，试图提出刑法的理论与观念转向。另一方面，刑法的基本原则与教义学理论的基本原理也贯穿于数据犯罪研究，对数据刑法的研究也无法脱离刑法研究的范式。因而本书在构建数据犯罪体系时，以刑法保护目的，即法益侵害与规范违反作为研究主干，同时借助既有的归责理论作为研究模型，并最终使用罪刑法定原则与责任主义原则等刑法基本原则检验立法与司法结论的正当性、合理性与必要性。

　　此外，对数据犯罪的研究必须在整体法秩序统一的视野下进行。本书在确立数据保护规范时，关注宪法上的人格尊严与人权条款的数字时代表达，在确立数据价值秩序时，也考察了权力的新型运作形态与数字人权的新功能。同时，本书关注民法上对数据知识产权和数据财产权的证成思路，为刑法上使用财产犯罪保护财产性数据提供了前置法讨论依据。最后，在数字市场调控中，本书考察了经济法上对市场主体所赋予的义务和权利，强调在认定时区分从经济违法行为到经济犯罪行为之间的质与量的变化，为未来构建更精细的数据犯罪体系提出前瞻性理论基础。

参考文献

一、中文文献

（一）中文专著

1. 张明楷：《刑法学》，法律出版社 2021 年版。

2. 高铭暄、马克昌主编：《刑法学》，北京大学出版社、高等教育出版社 2017 年版。

3. 高铭暄、赵秉志主编：《新中国刑法立法文献资料总览》，中国人民公安大学出版社 2015 年版。

4. 赵秉志主编：《刑法论丛（第 3 卷）》，法律出版社 2019 年版。

5. 胡元义主编：《数据结构教程》，西安电子科技大学出版社 2012 年版。

6. 江波：《虚拟财产司法保护研究》，北京大学出版社 2015 年版。

7. 林立：《法学方法论与德沃金》，中国政法大学出版社 2002 年版。

8. 刘艳红：《网络犯罪的法教义学研究》，中国人民大学出版社 2021 年版。

9. 钟宏彬：《法益理论的宪法基础》，元照出版有限公司 2012 年版。

10. 张明楷：《外国刑法纲要》，法律出版社 2020 年版。

11. 申柳华：《德国刑法被害人信条学研究》，中国人民公安大学出版社 2011 年版。

12. 王作富主编：《刑法分则实务研究》，中国方正出版社 2010 年版。

13. 周道鸾、张军主编：《刑法罪名精释》，人民法院出版社 2013 年版。

14. 胡云腾等主编：《刑法罪名精释》，人民法院出版社 2022 年版。

15. 高铭暄：《中华人民共和国刑法的孕育诞生和发展完善》，北京大学出版社 2012 年版。

16. 喻海松：《网络犯罪二十讲》，法律出版社 2018 年版。

17. 黎宏：《刑法学各论》，法律出版社 2016 年版。

18. 谢望原、郝兴旺主编：《刑法分论》，中国人民大学出版社 2016 年版。

19. 刘艳红主编：《刑法学》，北京大学出版社 2016 年版。

（二）期刊论文

1. 杨志琼：《美国数据犯罪的刑法规制：争议及其启示》，载《中国人民大学学报》2021 年第 6 期。

2. 连雪晴：《人工智能时代美国个人数据保护研究》，载《上海法学研究》集刊 2021 年第 6 卷。

3. 韩芳等：《北京首例出售公民个人信息案宣判——三被告人都曾在机场巴士工作 法院建议加强教育管理》，载《人民法院报》2010 年 6 月 12 日，第 3 版。

4. 王华伟：《数据刑法保护的比较考察与体系建构》，载《比较法研究》2021 年第 5 期。

5. 杨志琼：《我国数据犯罪的司法困境与出路：以数据安全法益为

中心》，载《环球法律评论》2019 年第 6 期。

6. 周立波：《破坏计算机信息系统罪司法实践分析与刑法规范调适——基于 100 个司法判例的实证考察》，载《法治研究》2018 年第 4 期。

7. 杨志琼：《非法获取计算机信息系统数据罪"口袋化"的实证分析及其处理路径》，载《法学评论》2018 年第 6 期。

8. 俞小海：《破坏计算机信息系统罪之司法实践分析与规范含义重构》，载《交大法学》2015 年第 3 期。

9. 王肃之：《我国网络犯罪规范模式的理论形塑——基于信息中心与数据中心的范式比较》，载《政治与法律》2019 年第 11 期。

10. 高富平、王文祥：《出售或提供公民个人信息入罪的边界——以侵犯公民个人信息罪所保护的法益为视角》，载《政治与法律》2017 年第 2 期。

11. 姜涛：《新罪之保护法益的证成规则——以侵犯公民个人信息罪的保护法益论证为例》，载《中国刑事法杂志》2021 年第 3 期。

12. 胡胜：《侵犯公民个人信息罪的犯罪对象》，载《人民司法》2015 年第 7 期。

13. 曲新久：《论侵犯公民个人信息犯罪的超个人法益属性》，载《人民检察》2015 年第 11 期。

14. 敬力嘉：《大数据环境下侵犯公民个人信息罪法益的应然转向》，载《法学评论》2018 年第 2 期。

15. 江海洋：《侵犯公民个人信息罪超个人法益之提倡》，载《交大法学》2018 年第 3 期。

16. 王肃之：《被害人教义学核心原则的发展——基于侵犯公民个人信息罪法益的反思》，载《政治与法律》2017 年第 10 期。

17. 凌萍萍、焦冶：《侵犯公民个人信息罪的刑法法益重析》，载《苏州大学学报（哲学社会科学版）》2017 年第 6 期。

18. 吕炳斌：《个人信息权作为民事权利之证成：以知识产权为参照》，载《中国法学》2019 年第 4 期。

19. 劳东燕：《个人数据的刑法保护模式》，载《比较法研究》2020 年第 5 期。

20. 石坚强、王彦波：《将他人支付宝账户内资金私自转出构成诈骗罪》，载《人民司法（案例）》2016 年第 11 期。

21. 吴波：《秘密转移第三方支付平台资金行为的定性——以支付宝为例》，载《华东政法大学学报》2017 年第 3 期。

22. 陈兴良：《网络犯罪的类型及其司法认定》，载《法治研究》2021 年第 3 期。

23. 庄绪龙：《侵犯公民个人信息罪的基本问题——以"两高"最新颁布的司法解释为视角展开》，载《法律适用》2018 年第 7 期。

24. 蔡军：《侵犯个人信息犯罪立法的理性分析——兼论对该罪立法的反思与展望》，载《现代法学》2010 年第 4 期。

25. 张磊：《司法实践中侵犯公民个人信息犯罪的疑难问题及其对策》，载《当代法学》2011 年第 1 期。

26. 郑朝旭：《论侵犯公民个人信息罪的司法适用误区及其匡正》，载《财经法学》2022 年第 1 期。

27. 黄陈辰：《侵犯公民个人信息罪"情节严重"中信息分级保护的结构重塑》，载《东北大学学报（社会科学版）》2022 年第 1 期。

28. 冯洋、李珂、张健：《侵犯公民个人信息罪司法裁量的实证研究》，载《山东大学学报（哲学社会科学版）》2023 年第 1 期。

29. 张忆然：《"虚拟财产"的概念限缩与刑法保护路径重构——以

数据的三重权利体系为参照》，载《湖南科技大学学报（社会科学版）》2021 年第 2 期。

30. 任丹丽：《民法典框架下个人数据财产法益的体系构建》，载《法学论坛》2021 年第 2 期。

31. 冯晓青：《数据财产化及其法律规制的理论阐释与构建》，载《政法论丛》2021 年第 4 期。

32. 程啸：《论大数据时代的个人数据权利》，载《中国社会科学》2018 年第 3 期。

33. 季境：《互联网新型财产利益形态的法律建构——以流量确权规则的提出为视角》，载《法律科学（西北政法大学学报）》2016 年第 3 期。

34. 汤道路：《算力盗用：一种新型财产侵害》，载《政法论丛》2022 年第 3 期。

35. 高艳东、李诗涵：《数字时代财产犯罪中财物的扩张解释：以数据服务为例》，载《吉林大学社会科学学报》2020 年第 5 期

36. 梅夏英：《数据的法律属性及其民法定位》，载《中国社会科学》2016 年第 9 期。

37. 孙道萃：《"流量劫持"的刑法规制及完善》，载《中国检察官》2016 年第 8 期。

38. 余剑：《财产性数据的刑法规制与价值认定》，载《法学》2022 年第 4 期。

39. 王隆：《虚拟财产的法律属性》，载《中国检察官》2021 年第 4 期。

40. 陈罗兰：《虚拟财产的刑法意义》，载《法学》2021 年第 11 期。

41. 苏青：《认识网络犯罪：基于类型思维的二元视角》，载《法律评论》2022 年第 2 期。

42. 刘艳红：《Web3.0 时代网络犯罪的代际特征及刑法应对》，载《环球法律评论》2020 年第 5 期。

43. 刘品新：《论数据刑事合规》，载《法学家》2023 年第 2 期。

44. 郭旨龙：《信息时代犯罪定量评价的体系化转变》，载《东方法学》2015 年第 6 期。

45. 张明楷：《法益保护与比例原则》，载《中国社会科学》2017 年第 7 期。

46. 马长山：《智慧社会背景下的“第四代人权”及其保障》，载《中国法学》2019 年第 5 期。

47. 高兆明：《人权与道德基础——现代社会的道德奠基问题》，载《哲学研究》2014 年第 11 期。

48. 郑智航：《数字人权的理论证成与自主性内涵》，载《华东政法大学学报》2023 年第 1 期。

49. 李忠夏：《数字时代隐私权的宪法建构》，载《华东政法大学学报》2021 年第 3 期。

50. 程啸：《论个人信息权益》，载《华东政法大学学报》2023 年第 1 期。

51. 申卫星：《论数据用益权》，载《中国社会科学》2020 年第 11 期。

52. 冯果、薛亦飒：《从“权利规范模式”走向“行为控制模式”的数据信托——数据主体权利保护机制构建的另一种思路》，载《法学评论》2020 年第 3 期。

53. 梅夏英：《在分享和控制之间 数据保护的私法局限和公共秩序

构建》，载《中外法学》2019 年第 4 期。

54. 张守文：《数字经济发展的经济法理论因应》，载《政法论坛》2023 年第 2 期。

55. 叶名怡：《论个人信息权的基本范畴》，载《清华法学》2018 年第 5 期。

56. 冀洋：《法益自决权与侵犯公民个人信息罪的司法边界》，载《中国法学》2019 年第 4 期。

57. 刘艳红：《侵犯公民个人信息罪法益：个人法益及新型权利之确证——以〈个人信息保护法（草案）〉为视角之分析》，载《中国刑事法杂志》2019 年第 5 期。

58. 马永强：《侵犯公民个人信息罪的法益属性确证》，载《环球法律评论》2021 年第 2 期。

59. 马春晓：《现代刑法的法益观：法益二元论的提倡》，载《环球法律评论》2019 年第 6 期。

60. 孙国祥：《集体法益的刑法保护及其边界》，载《法学研究》2018 年第 6 期。

61. 姜涛：《论集体法益刑法保护的界限》，载《环球法律评论》2022 年第 5 期。

62. 何荣功：《经济自由与经济刑法正当性的体系思考》，载《法学评论》2014 年第 6 期。

63. 熊琦：《刑法教义学视阈内外的贿赂犯罪法益——基于中德比较研究与跨学科视角的综合分析》，载《法学评论》2015 年第 6 期。

64. 周光权：《侵犯公民个人信息罪的行为对象》，载《清华法学》2021 年第 3 期。

65. 卢志坚、白翼轩、田竞：《出卖公开的企业信息谋利——检察机关认定行为人不构成犯罪》，载《检察日报》2021 年 1 月 20 日，第 1 版。

66. 蔡云：《公民个人信息的司法内涵》，载《人民司法》2020 年第 2 期。

67. 喻海松：《侵犯公民个人信息罪司法疑难之案解》，载《人民司法（案例）》2018 年第 32 期。

68. 王华伟：《已公开个人信息的刑法保护》，载《法学研究》2022 年第 2 期。

69. 刘艳红：《民法编纂背景下侵犯公民个人信息罪的保护法益：信息自决权——以刑民一体化及〈民法总则〉第 111 条为视角》，载《浙江工商大学学报》2019 年第 6 期。

70. 张新宝：《从隐私到个人信息：利益再衡量的理论与制度安排》，载《中国法学》2015 年第 3 期。

71. 赵天书：《比特币法律属性探析——从广义货币法的角度》，载《中国政法大学学报》2017 年第 5 期。

72. 邓建鹏：《ICO 非法集资问题的法学思考》，载《暨南学报（哲学社会科学版）》2018 年第 8 期。

73. 孙道萃：《网络财产性利益的刑法保护：司法动向与理论协同》，载《政治与法律》2016 年第 6 期。

74. 侯国云、么惠君：《虚拟财产的性质与法律规制》，载《中国刑事法杂志》2012 年第 4 期。

75. 芮文彪、李国泉、杨馥宇：《数据信息的知识产权保护模式探析》，载《电子知识产权》2015 年第 4 期。

76. 徐实：《企业数据保护的知识产权路径及其突破》，载《东方法学》2018 年第 5 期。

77. 崔国斌：《大数据有限排他权的基础理论》，载《法学研究》2019 年第 5 期。

78. 吴沈括、李涛：《流量劫持的刑法应对》，载《人民检察》2022 年第 8 期。

79. 马永强：《论区块链加密货币的刑法定性》，载《苏州大学学报（法学版）》2022 年第 2 期。

80. 徐凌波：《虚拟财产犯罪的教义学展开》，载《法学家》2017 年第 4 期。

81. 沈健州：《数据财产的权利架构与规则展开》，载《中国法学》2022 年第 4 期。

82. 高郦梅：《网络虚拟财产保护的解释路径》，载《清华法学》2021 年第 3 期。

83. 胡凌：《数字经济中的两种财产权 从要素到架构》，载《中外法学》2021 年第 6 期。

84. 车浩：《占有概念的二重性：事实与规范》，载《中外法学》2014 年第 5 期。

85. 田宏杰：《侵犯知识产权犯罪的几个疑难问题探究》，载《法商研究》2010 年第 2 期。

86. 车浩：《盗窃罪中的被害人同意》，载《法学研究》2012 年第 2 期。

87. 敬力嘉：《个人信息保护合规的体系构建》，载《法学研究》2022 年第 4 期。

88. 王华伟：《数据刑法保护的比较考察与体系建构》，载《比较法研究》2021 年第 5 期。

89. 王华伟：《破坏计算机信息系统罪的教义学反思与重构》，载

《东南大学学报（哲学社会科学版）》2021年第6期。

90. 劳东燕：《个人信息法律保护体系的基本目标与归责机制》，载《政法论坛》2021年第6期。

91. 于冲：《网络犯罪罪名体系的立法完善与发展思路——从97年刑法到〈刑法修正案（九）草案〉》，载《中国政法大学学报》2015第4期。

92. 王利明：《生活安宁权：一种特殊的隐私权》，载《中州学刊》2019年第7期。

93. 刘保玉、周玉辉：《论安宁生活权》，载《当代法学》2013年第2期。

94. 龙卫球：《数据新型财产权构建及其体系研究》，载《政法论坛》2017年第4期。

95. 唐要家：《数据产权的经济分析》，载《社会科学辑刊》2021年第1期。

96. 高富平：《数据流通理论 数据资源权利配置的基础》，载《中外法学》2019年第6期。

97. 张忆然：《大数据时代"个人信息"的权利变迁与刑法保护的教义学限缩——以"数据财产权"与"信息自决权"的二分为视角》，载《政治与法律》2020年第6期。

98. 欧阳本祺：《侵犯公民个人信息罪的法益重构：从私法权利回归公法权利》，载《比较法研究》2021年第3期。

99. 郑丽萍：《轻罪刑事政策的独立品格与基本释义》，载《法学评论》2013年第2期。

100. 周光权：《论通过增设轻罪实现妥当的处罚——积极刑法立法观的再阐释》，载《比较法研究》2020年第6期。

101. 刘宪权：《刑事立法应力戒情绪——以〈刑法修正案（九）〉为视角》，载《法学评论》2016 年第 1 期。

102. 孙国祥：《积极谨慎刑法发展观的再倡导——以〈刑法修正案（十一）〉为视角》，载《西南民族大学学报（人文社会科学版）》2021 年第 9 期。

103. 欧阳本祺、秦长森：《积极刑法观的实践修正与功能完善》，载《东南大学学报（哲学社会科学版）》2023 年第 2 期。

104. 劳东燕：《公共政策与风险社会的刑法》，载《中国社会科学》2007 年第 3 期。

105. 张明楷：《"风险社会"若干刑法理论问题反思》，载《法商研究》2011 年第 5 期。

106. 叶良芳：《为风险刑法理论辩护》，载《四川大学学报（哲学社会科学版）》2022 年第 4 期。

107. 姜涛、韩辰：《数字经济时代刑法规制网络犯罪的困境与出路》，载《苏州大学学报（哲学社会科学版）》2023 年第 1 期。

108. 刘艳红：《网络时代社会治理的消极刑法观之提倡》，载《清华法学》2022 年第 2 期。

109. 付玉明：《数字足迹的规范属性与刑事治理》，载《中国刑事法杂志》2023 年第 1 期。

110. 刘双阳：《数据法益的类型化及其刑法保护体系建构》，载《中国刑事法杂志》2022 年第 6 期。

111. 刘艳红：《网络爬虫行为的刑事规制研究——以侵犯公民个人信息犯罪为视角》，载《政治与法律》2019 年第 11 期。

112. 杨东、吴之洲：《数据抓取行为的法律性质——"马蜂窝事件"案例分析》，载《中国社会科学报》2018 年 12 月 5 日，第 5 版。

（三）中文译作

1．［德］克劳斯·罗克辛：《刑法的任务不是法益保护吗?》，樊文译，载陈兴良主编《刑事法评论（第 19 卷）》，北京大学出版社 2007 年版。

2．［德］乌尔里希·齐白：《全球风险社会与信息社会中的刑法：二十一世纪刑法模式的转换》，周遵友、江溯等译，中国法制出版社 2012 年版。

3．［德］M·雷炳德：《著作权法》，张恩民译，法律出版社 2005 年版。

4．［德］乌尔里希·齐白：《安全法的新格局：全球风险社会中的犯罪控制》，李岚林、周遵友译，载江溯主编：《刑事法评论：刑法的转型（第 46 卷）》，北京大学出版社 2022 年版。

5．［日］佐伯仁志：《刑法总论的思之道·乐之道》，于佳佳译，中国政法大学出版社 2017 年版。

6．［德］乌尔斯·金德豪伊泽尔：《安全刑法：风险社会的刑法危险》，刘国良编译，载《马克思主义与现实》2005 年第 3 期。

7．［德］米夏埃尔·库比策尔、托马斯·魏根特：《评价刑法立法的学理标准》，张志钢译，载《南大法学》2023 年第 2 期。

8．［德］罗伯特·阿列克西：《论宪法权利的构造》，张龑译，载《法学家》2009 年第 5 期。

二、外文文献

1. Gramm-Leach-Bliley Act of 1999.

2. Consumer Financial Protection Act of 2010.

3. Fair Credit Reporting Act of 2006.

4. Electronic Communications Privacy Act of 1986.

5. Katz v. United States, 389 U. S. 347 (1967).

6. Family Educational Rights and Privacy Act of 1974.

7. Children's Online Privacy Protection Act of 2000.

8. California v. Greenwood, 486 U. S. 35 (1988).

9. United States v. Miller, 425 U. S. 435 (1976).

10. *Records, Computers and the Rights of Citizens: Report of the Secretary's Advisory Committee on Automated Personal Data Systems*, U. S. Department of Health, Education and Welfare, 1973, p. xxiii.

11. United States v. Drew, 259 F. R. D. 449 (C. D. Cal. 2009).

12. BVerfGE 65

13. Weichert, NJW 2001, 1463 (1464).

14. Sebastian J. Golla, Die Straf-und Bußgeldtatbestände der Datens-chutzgesetze, 2015.

15. Ullmann, AfP 1999.

16. Ladeur, DuD 2000.

17. MK-StGB/Wieck-Noodt, 2. Aufl. , § 303a.

18. Wolff/Brink, in: BeckOK Datenschutzrecht Kommentar, BDSG, 2. Aufl. , 2022.

19. Claus Roxin/Luís Greco, Strafrecht Allgemeiner Teil, Band 1, 5. Aufl. , 2020.

20. Albers, Marion: Informationelle Selbstbestimmung, Baden-Baden, 2015.

21. Heghmanns, in: Hans Achenbach/Andreas Ransiek/Thomas Rönnau (Hrsg.), Handbuch Wirtschaftsstrafrecht, 4. Aufl. , 2015.

22. § 42I II BDSG.

23. § 1I BDSG.

24. BGH NJW 2013, 2530 (2533).

25. Hilgendorf/Valerius, Computer – und Internetstrafrecht, 2. Aufl. , 2012.

26. Kühling/Buchner, DS–GVO BDSG.

27. Golla, Die Straf – und Bußgeldtatbestände der Datenschutzgesetze, 2015.

28. Sieber, Computerkriminalität und Informationsstrafrecht, 1995.

29. Schönke/Schröder, Strafgesetzbuch § 263a, 30. Aufl. , 2019.

30. Wieck, in: Münchener Kommentar StGB, 4. Aufl. , 2022.

31. Opinion 4/2007, WP 136.

32. Di Fabio, in: Maunz/Dürig, GG, 73. EL 2014, Art. 2.

33. BVerfGE 65, 1, (45).

34. Schünemann, Strafrechtssystem und Betrug, Centaurus Verlag, Herbolzheim, 2002.

35. Kindhäuser/Zimmermann, Strafrecht Allgemeiner Teil, 10. Aufl. , 2022.

36. N. Luhmann, Soziologische Aufklärung 6: Die Soziologie und der Mensch, Westdeutscher Verlag, Opladen 1995.

37. Bundersdatenschutzgestz Kommentar. 12. Aufl. , 2020.

38. BVerfGE 65, S. 1, 41.

39. Winfried Hassemer, Theorie und Soziologie des Verbrechens: Ansätze zu einer praxiorientierten Rechtsgutslehre, Frankfurt am Main: Athenäum Fischer Taschenbuch Verlag 1973.

40. Roland Hefendehl, Kollektive Rechtsgüter im Strafrecht, Köln u. a. : Carl Heymann Verlag 2002.

41. Maxi Nebel, Schutz der Persönlichkeit – Privatheit oder Selbst-bestimmung? Verfassungsrechtliche Zielsetzungen im deutschen und euro-päischen Recht, ZD 2015.

42. Erman-Ehmann, BGB, 10. Aufl.

43. EDPS, Guidelines on assessing the proportionality of measures that limit the fundamental rights to privacy and to the protection of personal data (2019).

44. BVerfG NJW 2000, 1021.

45. Schünemann, Strafrechtssystem und Betrug, Centaurus Verlag, Her-bolzheim 2002.

46. Hoven in: Hilgendorf/Kudlich/Valerius, Handbuch des Strafrechts, Band 5, 1. Aufl. , 2020, 2. Der Besitz.

47. Hoven in: Hilgendorf/Kudlich/Valerius, Handbuch des Strafrechts Band 5, 1. Aufl. , 2020, 3. Unterschiedliche Angriffsformen bei Vermögens-und EigentumsdeliktenZitiervorschlag in die Zwischenablage kopieren.

48. Kindhäuser/Böse, Strafrecht Besonderer Teil II, 11. Aufl. , 2021.

49. Tidemann/Valerius, Leipziger Kommerntar zum StGB, 12. Aufl. , 2009.

50. Kindhäuser/Böse, Strafrecht Besonderer Teil II, 10. Aufl. , 2019.

51. Kargl, in: Nomos Kommentar StGB, 5. Aufl. , 2017.

52. James Spigelman, The forgotten freedom: freedom from fear, Inter-national & Comparative Law Quarterly (2010).

53. Ronald Coase, *The Problem of Social Cost*, 3 Journal of Law and E-

conomics 3, 1 (1960).

54. Charles Jones, Christopher Tonertti, *Nonrivalry and the Economics of Data*, 110 American Economic Review 2819, 2858 (2020).

55. Kindhäuser/Neumann/Päffgen, Strafgesetzbuch, 5. Aufl., 2017.

56. Jessen, Zugangsberechtigung und besondere Sicherung im Sinne von § 202a StGB, 1994.

57. Kochheim, Cybercrime und Strafrecht in der Informations—und Kommunikationstechnik, 2. Aufl., 2018.

58. Kindhäuser/Schramm, Strafrecht Besonderer Teil I, 10. Aufl., 2022.

59. Haft, in: NStZ 1987, 9.

60. Heghmanns, in: Achenbach/Ransiek/Rönnau (Hrsg.), Handbuch des Wirtschaftsstrafrechts, 4. Aufl., 2015, VI 1.

61. Stephan Beukelmann, Prävention von Computerkriminalität, 1. Aufl., 2001.

62. Schoch, Das Recht auf informationelle Selbstbestimmung, in: Jura, 2008.

63. Stefan Ernst, Das neue Computerstrafrecht, in: NJW 2007.

64. Ernst Jessen, Zugangsberechtigung und besondere Sicherung im Sinne von § 202a StGB, 1994.

65. Schumann, Das 41. StRÄndG zur Bekämpfung der Computerkriminalität, in: NStZ 2007.

66. Popp, § 202c StGB und der neue Typus des europäischen ,, Software—Delikts ", in: GA, 2008.

67. Golla, Der Entwurf eines Gesetzes zur Strafbarkeit der Datenhe-

hlerei, in: JZ, 2014.

68. Hilgendorf, in: Leipziger Kommentar, 12. Aufl. , 2009.

69. Maier, in: Münchener Kommentar StGB, 4. Aufl. , 2021.

70. Schmitz, Ausspähen von Daten, § 202a StGB, in: JZ, 1995.

71. Graf, in: Münchener Kommentar, 4. Aufl. , 2021.

72. § 3IV Nr. 1 BDSG.

73. BayObLG 5, 5 (93), wistra 1993.

74. Hilgendorf, Grundfälle zum Computerstrafrecht, in: JuS, 1996.

75. Schmitz, Ausspähen von Daten, § 202a StGB, in: JA, 1995.

76. Meier, Softwarepiraterie –eine Straftat?, in: JZ, 1992.

77. BT-Drucks. 10/5058.

78. Ernst, Wireless LAN und das Strafrecht, in: CR, 2003.

79. BT-Drucks. 16/3656.

80. Höfinger, Zur Straflosigkeit des sogenannten ,, Schwarz–Surfens ", in: ZUM, 2011.

81. Sauter/Schweyer/Waldner, Der eingetragene Verein, 21. Aufl. , 2021.

82. Hilgendorf, in: Leipziger Kommentar, 12. Aufl. , 2009.

83. Schönke/Schröder, Strafgesetzbuch, 30. Aufl. , 2019.

84. BT-Drs. 18/5088.

85. Reinbacher, Daten-oder Informationshehlerei? in: GA, 2018.

86. Hoyer, in: Systematik Kommentar.

87. Eisele, Computerstrafrecht, in: Hilgendorf/Kudlich/Valerius, Handbuch des Strafrechts Band 6, 1. Aufl. , 2022.

88. Stuckenberg, Der missratene Tatbestand der neuen Datenhehlerei,

in：ZIS，2016.

89. Brodowski/Marnau，Tatobjekt und Vortaten der Datenhehlerei，in：NStZ，2017.

90. Hoppen，Leistungsbeschreibungen bei Software，in：CR，2015，S. 802；Reinbacher，Daten-oder Informationshehlerei?，in：GA，2018.

91. Prittwitz，Strafrecht und Risiko－Untersuchung zur Krise von Strafrecht und Kriminalpolitik in der Risikogesellschaft，Verlag Vittorio Klostemann，Frankfurt am Main，1999.

92. Prittwitz，Strafrecht als propria ratio，in：Festschrift für Claus Roxin zum 80. Geburtstag.

93. Wieck，in：Münchener Kommentar StGB，4. Aufl.，2022.

94. Heger，in：Lackner/Kühl StGB，29. Aufl.，2018.

95. Rainer，in：Nomoskommentar StGB，5. Aufl.，2017.

96. BT-Drs. 10/318.

97. BGH，Computerbetrug－Beeinflussung durch，，unrichtige Gestaltung des Programms "，NStZ-RR 2016，372.

98. Tiedemann，in：Leipziger Kommentar StGB，12. Aufl.，2009.